세계사를 뒤흔든 19가지 비행 이야기

일러두기

· 외국 인명과 지명, 비행기명 등은 국립국어원의 외래어 맞춤법 기준에 따랐으며 관용으로 굳어진 경우 그 용례에 따랐습니다.

· 인명과 비행기명, 기업명은 필요한 경우 처음 원문을 함께 밝혔으나 널리 알려진 경우 이를 생략했습니다.

· 국가명과 지명은 시대적 배경 이해를 위해 당시의 명칭에 따랐으나 때에 따라 오늘날 명칭을 썼습니다.

· 책에 사용한 이미지는 확인 가능한 범위 안에서 저작권 및 사용 허가 권한 유무의 확인을 거쳤습니다. 추후 다른 정보가 확인되는 경우 이에 따른 적법한 절차를 따르겠습니다.

· 비행기명과 닉네임, 편명 등은 때에 따라 더 통용되는 이름으로 사용했습니다.

· 이 책의 전체 흐름은 역사적 사건의 순서보다 각 주제에 연결된 이야기에 중점을 두었습니다. 각 부의 이야기에 따라 다양한 시대를 오가며 읽으면 됩니다.

세계사를 뒤흔든
19가지 비행 이야기

생텍쥐페리와 매케인, 비행선에서 블랙버드까지
시대의 운명을 결정지은 사건들

김동현 지음

EDEN
HOUSE

20세기를 써 내려간
서른세 개의 인생

비행기가 목적 공항에 도착하면 곧바로 다음 비행 준비가 시작된다. 여객기는 공중에 떠 있는 시간만큼 수익을 창출하기 때문에 항공사는 지상 준비 시간을 최대한 단축한다. 객실 청소와 기내식 탑재, 연료 보급이 동시에 이루어지고, 조종사는 항법 컴퓨터와 조종실 시스템을 다음 비행에 맞춰 재설정한다. 숙련된 조종사는 단 10분 만에도 백여 개의 스위치를 정확히 세팅할 수 있다. 머리에 앞서 손이 스스로 스위치를 조작하는 것이다.

무언가에 익숙해진다는 것은 의식을 하지 않게 된다는 뜻이다. 같은 일을 반복하거나 비슷한 주장을 반복해 접할 때 우리의 의식은 꺼진다. 기계적으로 절차를 수행하는 '멍키 파일럿Monkey Pilot'이 시스템의 오류를 알아채지 못하는 것처럼, 보이고 들리는 대로만 생각하는 사람은 사회의 흐름을 인식하지 못한다.

나는 학창 시절 지리와 세계사를 무척 재미있게 공부했다. 그중에서도 아메리카 개척사와 산업혁명, 2차 대전은 너무나 흥미로웠다. 한동안 나는 서구를 동경했다. 영화에 등장하는 유럽과 미국 사회는 세련되고 우아해 보였다. 캘리포니아에서 비행 훈련을 받던 1990년대 초 나는 미국으로 건너가 살 구체적인 계획까지 세웠다.

장거리 비행을 시작하며 나의 세계관은 바뀌기 시작했다. 경쟁이 없던 옛 소련 시절을 그리워하는 모스크바의 노점상, 마거릿 대처 전 수상을 "마녀"라고 부르는 런던의 대학생, 미국의 '침략'과 패배를 비꼬는 베트남 가이드 등 현대사의 주요 사건과 인물을 대하는 다양한 시각을 접하며 세상에 대한 내 생각을 의심하기 시작한 것이다. 나는 머릿속에 단단하게 굳어 있는 익숙한 역사적 사건들을 '의식적'으로 해석하기 시작했다.

유럽은 눈부신 과학 기술과 산업혁명을 통해 부를 축적했다.
생텍쥐페리는 문학만큼 비행을 사랑했다.
일본은 항복을 거부하여 세계 유일의 원자폭탄 피해국이 되었다.
아랍인들의 배타적 종교관은 세계의 평화를 위협해 왔다.
미국은 자국과 국제 사회의 안녕과 질서를 위해 막강한 군사력을 유지한다.

정말 그럴까?

근현대사를 대변하는 익숙한 사건들에 대해 우리가 알고 있는 역사적 상식은 대부분 20세기의 승자인 서구인들이 찍은 스냅숏들이다. 사실 역사의 내면은 너무나도 구체적인 사건이 복잡하게 얽혀 있어 상식이라는 이름으로 재단할 수 없다. 역사의 현장 위에 두 발을 딛고 살았던 사람들의 다양성과 해석의 주관성을 인정하지 않는다면 우리는 그 내면으로 한 발짝도 들어가지 못할 것이다.

나는 이 책에서 역사적 사건의 나열이나 일방적 해석 대신 그 시대를 온몸으로 살아낸 사람들을 가까이서 들여다보고자 했다. 내 분야가 비행과 운항 시스템인 만큼, 이 책에 소개된 내용 역시 20세기를 관통한 하늘의 역사에 초점이 맞추어져 있다. 인류 최초의 비행선이었던 제플린으로부터 『남방우편기』와 『야간비행』의 주인공 포테즈 25, 제로센을 타고 가미카제 돌격대가 된 조종사들과 베트남전의 '영웅' 존 매케인, 그리고 남미 카르텔의 마약을 실어 나른 CIA 조종사들까지, 나는 그들을 통해 익숙할 대로 익숙해져 버린 이 세상의 이면을 독자들과 함께 돌아보고 싶었다.

각자의 인생은 개인의 선택이며 그 누구도 결코 시대를 벗어날 수 없다. 나는 이 책에 등장하는 서른세 명의 선택을 비판하지 않았다. 하늘에 올라가면 대륙과 바다의 배치가 한눈에 보이는 것처럼, 우리가 사는 이 시대 역시 한걸음 떨어져서 볼 때 비로소 그 모습이 보인다. 30년간 전 세계 역사의 현장을 비행하며 다양한 기록과 사람들을 통해 내가 서 있는 시공간을 깨달은 것처럼, 이 책을 읽는 독자들이 우리가 사는 이 세상의 가려진 욕망과 아름다움을 발견하는 기회가 되길 희망한다.

목차

프롤로그_20세기를 써 내려간 서른세 개의 인생　　　　　5

1부　하늘의 개척자들

1장 레드 제플린, 대서양을 건너라
- 탐욕의 바다 대서양　　　　　　　　　　　　　　15
- 최초의 대륙 간 여객선 그라프 제플린　　　　　　21
- 비행선 시대의 종말　　　　　　　　　　　　　　34

2장 프랑스에서 칠레까지, 대장정의 시작
- 항공우편의 개척자 라테코에르　　　　　　　　　39
- 초장거리포를 찾아낸 정찰기　　　　　　　　　　44
- 냉정한 열정가 디디에 도라　　　　　　　　　　　47

3장 지중해로 뛰어든 어린 왕자
- 개척 조종사를 동경한 보헤미안　　　　　　　　　51
- 영감의 근원 서사하라 사막　　　　　　　　　　　54
- 조종석에 앉은 작가　　　　　　　　　　　　　　58
- 소행성 B-612로 날아간 파일럿　　　　　　　　　61

4장 세상 끝까지 날아간 조종사
- 파이오니어 파일럿 장 메르모즈　　　　　　　　　68
- 존재에 충실한 자, 두려울 것이 없다　　　　　　　71
- 남십자성이 되어 사라진 크루아뒤쉬드　　　　　　77

5장 대서양 상공의 총성 없는 공중전
- 대서양을 서쪽으로 횡단한 세 명의 조종사　　　　83
- 속도의 미국, 항속거리의 유럽　　　　　　　　　97
- 저무는 대영제국의 꿈 코밋　　　　　　　　　　100
- 대서양을 장악한 보잉 707　　　　　　　　　　104

2부   시대와의 불화

6장 식민지 조종사의 마지막 비행

- 경성 하늘에 뜬 비행기   113
- 파일럿이 된 식민지 청년   121
- 못다 이룬 꿈, 광복군 비행학교   127

7장 제국의 꽃인들 어떠랴, 날 수만 있다면

- 원통이로 살지 않겠다   131
- 고이즈미를 사로잡은 콤팩트 파일럿   133
- 시대에서 자유로운 삶은 없다   138

8장 민항기를 격추한 나카지마 전투기

- 주강에 추락한 퀠린호   144
- 일본의 광기를 무시한 아메리칸 캡틴   148

9장 바람은 멈추지 않는다

- 조종사가 되지 못한 소년   153
- 제국의 꿈을 위해 탄생한 제로센   155
- 가미카제 돌격의 허상   160

10장 태평양을 넘본 대가

- 저항할 수 없는 힘 리틀보이   166
- "때가 차매 그 아들을 보내사"   170
- 꿈에서 깨어난 일본 제국   175

3부   **문명과 야만의 경계에서**

11장 하늘의 기사, 파일럿

- 무기로 변신한 비행기들   183
- 그들만의 룰, 에어맨십   193
- 그로틀리 호텔의 만찬   197

12장 미군을 호위한 나치 공군

- 퍼플하트 코너의 '예올드펍'   207
- 탈출하는 조종사를 쏘지 마라   212
- 루프트바페 조종사의 명예   217

13장 전장의 영웅인가, 정치의 희생자인가

- 프랑스령 인도차이나, 베트남의 해방 전쟁   220
- 체크인 하노이 힐튼   224
- 석방을 거부한 매케인, 징집을 거부한 트럼프   228

4부   **1퍼센트의 꿈, 아메리칸 드림**

14장 CIA 요원이 된 조종사

- 제트엔진을 단 글라이더 U-2   237
- 데탕트를 걷어찬 그랜드 슬램 작전   241
- 죽느냐 사느냐 그것이 문제로다   244
- '고결한 자살'을 거부한 대가   250

15장 자본주의 세계로 날아간 미그-25

- 궁극의 비행기 A-12 블랙버드   253
- 미사일을 따돌린 소련의 괴 비행기   257
- 수고한 그대 떠나라   262

16장 권력과 돈을 실어 나른 조종사들

- 대서양을 향한 '죽음의 비행'   270
- CIA의 무기를 수송한 민간 항공사 기장   277
- 운송비 1억 달러, 아메리칸 딜리버리 파일럿   284
- 루이지애나 법정의 대리 사형 선고   289

5부   **하늘을 지배한 자본주의**

17장 금단의 하늘

- 폴 버니언, 미루나무를 베어라   295
- 청와대 상공을 침범한 UFO   299
- 여객기를 격추한 이스라엘 전투기   306

18장 비극의 근원

- 월스트리트 최고의 비즈니스   312
- 미국 방위산업의 최대 시장 중동   317
- 생존을 위한 본능, 두려움   320
- 끝나지 않는 우크라이나의 비극   325
- 마르지 않는 샘물 영공 통과료   330

19장 하늘에는 경계가 없다

- 카셈 솔레이마니를 참수하라   332
- 피의 복수에 희생된 여객기   336
- 목적으로서의 비행   342

에필로그_Souls On Board   345

1부

하늘의
개척자들

1장

레드 제플린,
대서양을 건너라

탐욕의 바다 대서양

중앙아시아에서 유럽까지 다양한 국가와 민족을 통합한 쿠빌라이 칸은 1271년 베이징에서 대원대몽골국 수립을 선포했다. 쿠빌라이는 일찌감치 자신에게 충성을 맹세한 이방인들을 몽골인들과 차별하지 않았다. 몽골인들은 푸른 눈을 가진 유럽인들을 색목인이라고 불렀다. 『동방견문록』을 쓴 마르코 폴로Marco Polo도 베네치아 출신의 색목인이었다. 17년 동안 쿠빌라이의 신하로 일하다 고향으로 돌아간 마르코 폴로는 "아시아 대륙을 가로질러가면 이탈리아와는 비교할 수 없을 정도로 부유하고 거대한 제국이 있다"고 떠벌렸다. 그때까지 유럽과 오스만 제국을 세계의 전부로 알고 있던 유럽인들은 마르코 폴로가 거짓말을 한다고 생각했지만, 정교하게 세공된 금두꺼비와 은화를 보자 점점 그의 이야기를 믿지 않을 수 없었다.

당시 유럽 경제무역의 중심지는 지중해였다. 이슬람 상인들은 인도와 중국에서 향료와 비단, 금은 세공품을 들여와 비싼 값으로 유럽에 팔았다. 반면 유럽인들은 오스만 제국과 거친 사막에 가로막혀 동방 세계로 가는 길을 원천적으로 차단당하고 있었다. 동방으로 갈 수 있는 유일한 통로는 바다였다.

당시 유럽인들은 대서양의 크기를 실제보다 세 배 이상 크게 생각했다. 콜럼버스가 자신만만하게 대서양 횡단에 도전할 수 있었던 것은 그가 지구의 크기를 잘못 계산했기 때문이었다. 1492년 8월 3일 콜럼버스는 스페인의 이사벨 여왕에게 하사받은 3척의 배로 팔로스 항을 출발했다. 두 달이 지나도 육지는 나타나지 않았고, 물과 식량은 어느새 바닥을 드러냈다. 콜럼버스는 흥분한 선원들에게 일주일 안에 육지가 보이지 않으면 스페인으로 돌아가겠다고 약속했다.

콜럼버스의 항해 경로. 콜럼버스는 죽을 때까지 자신이 도착한 곳을 쿠빌라이가 지배하는 인도의 일부라고 생각했다. 당시 유럽인들은 이곳을 서인도 제도West Indies, 진짜 인도를 동인도East Indies라고 불렀다.

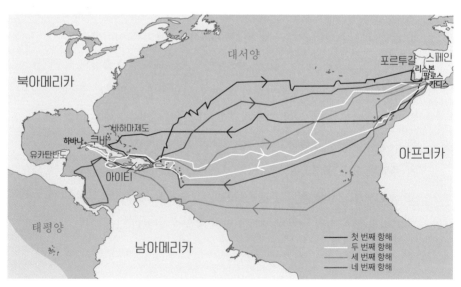

사흘째 되던 날 앞서가던 핀타호에서 "육지다"라는 고함이 들려왔다. 바하마 제도의 산살바도르섬이었다.

콜럼버스가 황금이 넘쳐나는 신대륙을 발견했다는 소문은 삽시간에 퍼졌다. 스페인 전역에 신대륙 광풍이 불었고 리스본과 팔로스항에는 일확천금을 꿈꾸며 아메리카로 가려는 사람들로 북적거렸다. 스페인은 원정대를 보내 쿠바와 아이티를 점령하고 식민지 총독부를 설치했다. 1519년 2월 10일 스페인의 쿠바 총독부는 600여 명의 정복군을 조직해 아메리카 본토 원정길에 올랐다. 유카탄반도에 도착해 정글 속을 탐험하던 원정대장 에르난 코르테스^{Hernán Cortés}는 고원 위의 거대한 호수 한가운데서 유럽 어느 나라에서도 보지 못한 웅장한 도시를 발견했다. 아즈텍 제국의 수도 테노치티틀란이었다. 코르테스는 테노치티틀란이 원주민들이 말하는 전설 속의 황금 도시일 것으로 확신했다.

아즈텍 제국은 거대한 태양신전에서 살아 있는 사람을 제물로 바치는 풍습을 가진 잔인한 정복 국가였다. 코르테스는 반짝이는 철제 갑옷을 입고 아즈텍 제국의 황제 앞에 나타나 태양신 행세를 했다. 아즈텍 황제는 코르테스를 진짜 태양신으로 믿었다. 코르테스가 황제를 사로잡고 황금을 요구하자 그가 태양신이 아니라는 것을 눈치챈 아즈텍 전사들은 거세게 대항했다. 대포와 총으로 무장한 코르테스의 병사들은 아즈텍 전사들을 단숨에 제압하고 테노치티틀란의 새 주인이 되었다.

16세기 스페인 선원의 1년치 급여는 금 0.5파운드였다. 코르테스의 정복군이 1인당 금 90파운드씩을 받았다는 소문이 퍼지자 스페인에는 신대륙 정복선에 오르기를 희망하는 사람들로 넘쳐났다. 168명

테노치티틀란 벽화를 배경으로 한 테노치티틀란 모형. 멕시코시티 인류학 박물관

의 정복군을 이끌고 잉카 제국의 수도 쿠스코에 도착한 프란시스코 피사로Francisco Pizarro도 이들 중 하나였다. 당시 잉카 제국은 아메리카 대륙에서 가장 강력하고 부유한 국가였다. 피사로는 병력을 숨겨놓은 회견장으로 잉카 황제를 유인해 그를 사로잡고 금을 내놓으라고 위협했다. 황제가 자신을 놓아주면 방 하나를 금으로 채워주겠다고 제안하자, 피사로는 아예 황제를 죽이고 신전과 무덤을 파헤쳐 잉카 제국의 금을 모두 빼앗았다.

코르테스와 피사로가 황금 제국을 찾아냈다는 소식을 들은 유럽인들은 광분했다. 대서양을 건널 수 있
는 배를 가진 사람들은 너나없이 신대
륙으로 건너가 아메리카 대륙 곳곳을 헤
집고 다녔다. 1545년 스페인인들은 볼리
비아 포토시에서 은줄기가 박힌 돌이 굴
러다니는 바위산을 발견했다. 마드리드
에서 온 학자들이 분석한 결과 4,782미
터 높이의 산은 은광석으로 채워져 있
었다. 아무리 갱도를 깊이 파고 내려가

볼리비아에 있는 포토시 위치

도 은은 끝없이 쏟아져 나왔다. 5백 년을 채굴해도 다 못 캘 만큼의 은
광을 발견했다는 보고를 받은 카를 5세는 너무나 감격해 포토시에 '제
국의 도시Imperial City'라는 이름을 수여했다.

이후 2백 년 동안 스페인은 포토시에서 4만 톤 이상의 은을 채굴
했다. 같은 기간 전 세계에서 채굴된 은의 60퍼센트가 넘는 양이었
다. 채굴된 은은 스페인 왕실이 소유한 리스본과 카디스, 세비야 항구
를 거쳐 유럽으로 들어왔다. 20퍼센트의 입항세는 스페인 왕실에 귀
속되었다. 스페인은 곧 유럽 최강국으로 부상했다. 절정기 스페인 위
세는 전체 유럽 대륙의 3분의 2를 지배할 정도로 강력했다.

계속된 전쟁과 화려한 성당 건축에 국가 수입의 대부분을 소모
한 스페인은 은의 유입량이 감소하면서 급격히 쇠퇴했다. 프랑스
와 영국, 네덜란드는 일제히 노쇠한 스페인의 틈을 파고 들었다. 이
들은 각기 다양한 지원을 약속하며 아메리카 식민지를 건설할 정착
민들을 모집했다. 본국에서 유죄 판결을 받은 사람은 감옥에 들어가
는 대신 아메리카로 이주할 수 있는 선택권을 받았다. 전쟁에 동원

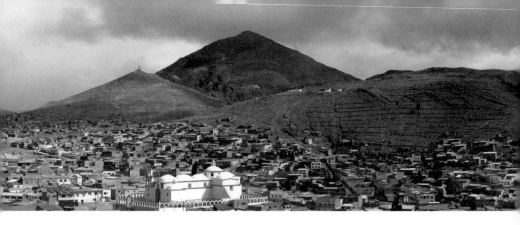

볼리비아의 안데스 기슭에 위치한 포토시. 스페인이 은을 채굴하는 동안 800만 명의 광부가 규폐증으로 사망했다. 원주민들은 포토시 산을 "사람을 잡아먹는 산 montaña que come hombres"이라고 불렀다.

되는 것을 피해 온 독일인, 정부와 지주의 수탈을 못 이겨 고향을 떠난 아일랜드인 등 유럽 각지에서 모여든 이민자들로 아메리카 정착민의 수는 불과 반 세기 만에 열 배 이상 증가했다.

18세기 영국은 대서양의 패권을 놓고 프랑스와 벌인 네 차례의 전쟁에서 모두 승리했다. 1805년 넬슨 제독이 이끄는 영국 해군이 프랑스와 스페인의 연합함대를 격파한 이후 영국은 두 번 다시 누구의 도전도 받지 않았다. 대서양의 제해권을 장악한 영국은 노예무역을 독점했다. 오늘날의 영국을 만든 자본의 원천은 이들이 노예를 팔아 챙긴 돈이었다. 부자가 된 영국인들은 육체 노동 대신 문화 예술과 금융업에 종사하며 품위 있는 삶을 영위했다.

신대륙을 발견한 이후 대서양 횡단은 유럽인들에게 꿈과 희망의 상징이 되었다. 18세기 대서양의 제해권을 두고 벌어진 유럽 열강의 군사적 경쟁은 20세기로 접어들며 기술 경쟁으로 변모했다. 대서양을 논스톱으로 횡단할 수 있는 능력은 배와 비행기의 설계 기준이 되었고, 신뢰성이 검증되지 않은 비행기로 대서양 횡단에 성공한 조종사는 영웅이 되었다.

최초의 대륙 간 여객선 그라프 제플린

1863년 독일 제국은 남북전쟁이 한창인 미국에 페르디난트 폰 체펠린Ferdinand von Zeppelin 대위를 파견했다. 현대전의 작전 개념과 전술을 배워오는 것이 그의 임무였다. 버지니아에 도착한 체펠린은 열기구에 올라타는 정찰 장교에게 동승을 요청했다. 맑은 날 300미터 상공의 열기구에서 가시거리는 60킬로미터가 넘었다. 정찰 장교가 적군의 배치와 이동 상황을 지상에 실시간으로 전송하는 것을 본 체펠린은 그날부터 열기구에 대해 미국이 갖고 있는 모든 정보를 수집했다.

독일로 돌아온 체펠린은 수년간의 연구 끝에 11마력 가솔린 엔진 2발을 장착한 117미터 길이의 비행선 설계도를 군 당국에 제출했다. 천으로 덮인 견고한 알루미늄 프레임 내부의 수소셀은 서로 분리되어 있어 외부로부터 손상을 입어도 추락하지 않도록 설계되어 있었다. 그러나 당국은 "금속으로 된 비행선은 뜰 수 없고, 설령 뜬다고 해도 너무 크기 때문에 이동하지 못한다"며 체펠린의 비행선 프로젝트를 반려했다.

17년 후 52세의 나이로 퇴역한 체펠린은 10명이 탑승할 수 있는 2톤짜리 비행선의 설계도를 들고 기업가들을 찾아다니며 투자를 요청했다. 비행선 프로젝트는 많은 독일 기업의 관심을 끌었다. 투자 금을 확보한 체펠린은 1900년 7월 프리드리히스하펜의 수상 격납고에서 길이 128미터의 제플린 1호 LZ1을 완성했다. 그러나 보덴 호수를 이륙한 LZ1은 순항고도에 이르기도 전에 강풍에 휘말려 조타장치가 떨어져 나갔다. 체펠린은 급히 조타장치를 수리하고 다시 이륙했지만 이번에는 엔진이 꺼져버렸다. 실망한 투자자들은 자금을 회수하기 시작했고 체펠린은 LZ1을 팔아 대출금을 상환했다.

6년 후 체펠린은 엔진과 동체 강도를 개선한 LZ2로 다시 장거리 비행에 도전했다. 순조롭게 상승하던 LZ2는 500미터 상공에서 강한 상승 기류에 휘말려 방향을 잃고 흔들리다 취리히 동부의 들판에 불시착했다. 공기보다 가벼운 수소 가스로 채워진 제플린 비행선은 강풍을 만나면 방향을 유지하지 못하고 안정성을 잃었다. 구조적으로 바람에 취약한 비행선이 강풍을 극복하는 방법은 덩치와 속도를 키우는 것뿐이었다.

이듬해 84마력 다임러 엔진 2발을 장착한 LZ3는 웬만한 바람을 극복할 수 있는 수준으로 발전했다. 체펠린은 평소 비행선 프로젝트에 관심을 갖고 있던 빌헬름 왕세자를 태우고 80킬로미터를 날아가 황제가 기다리고 있는 도나우에싱겐 궁전에 무사히 착륙했다. 거대한 비행선이 하늘을 나는 모습은 유럽인들의 큰 관심을 불러일으켰다. 운송수단으로서 비행선의 가능성을 확인한 독일 정부는 체펠린에게 독수리 훈장을 수여하고 국가 차원에서 제플린 프로젝트를 지원하기 시작했다.

1909년 체펠린은 세계 최초 항공사인 DELAG(독일 비행선 여행사)

1908년 11월 도나우에싱겐 상공에 도착한 체펠린의 세 번째 비행선 LZ3.《도나우에싱겐》1908년 11월호

를 설립했다. DELAG의 주요 고객은 호화로운 크루즈선을 타고 유람선 여행을 즐기던 유럽의 부유층이었다. 승객들은 사방이 트인 제플린의 객실에서 장엄하게 펼쳐진 자연과 도시를 내려다보며 하늘을 날고 있다는 것을 실감했다. 제1차 세계대전이 발발하기 전까지 체펠린의 비행선 티켓은 3개월을 기다려야 할 정도로 큰 인기를 끌었다.

독일 제국은 루프트바페(독일 공군)에 제플린을 도입했다. 독일 제국군의 제플린 함대는 여객선처럼 순조롭게 운영되지 않았다. 첫 번째 군용 제플린인 Z1은 폭풍우를 만나 승무원 14명이 사망했고, Z2 역시 시험 비행 중 화재가 발생해 탑승자 전원이 사망했다. 항로 이탈도 잦았다. 1913년 4월 악천후를 만난 제플린 함대는 프랑스 영공

역사상 최초의 상용 여객선인 DELAG의 슈바벤Schwaben. 1911년 7월 16일 취역해 다음 해까지 218편을 운항했다.
빌헬름 왕자는 조종사 면허를 따고 직접 슈바벤을 조종했다.《라이프》

을 무단 침범해 들판에 불시착했다. 프랑스는 제플린의 영공 침범
이 우발적 사고임을 인정하면서도 전문가를 투입해 제플린의 구조
를 샅샅이 분석했다.

　제1차 세계대전이 발발하자 독일 제국군은 곧바로 제플린을 전
투에 투입했다. 전쟁 초기 서부전선에서 제플린이 이륙했다는 정
보를 입수할 때마다 영국과 프랑스는 극도로 예민한 반응을 보였지
만, 3천 미터 이상의 고고도에서 시계에 의존한 폭격은 애초에 정확
도를 기대할 수 없었다. 느리면서 덩치가 큰 제플린은 저고도로 내려

오면 대공포 사격에 매우 취약했다. 8월 한 달간 서부전선에서만 무려 6대의 제플린이 격추되자 독일은 전략을 수정해 영국 본토의 도심을 공습하기 시작했다.

1915년 1월 19일 밤 9시 영국 해협을 건넌 제플린 함대는 엔진을 끄고 조용히 영국 상공으로 진입했다. 잠시 후 구름 아래로 비치는 불빛으로 도시를 확인한 제플린 승무원들은 24발의 소이탄을 투하했다. 폭탄은 관공서와 민가를 가리지 않았다. 그동안 전쟁을 바다 건너 서부전선에 한정된 것으로 생각하고 있던 영국인들은 자신들의 집 앞마당에 폭탄이 떨어지고 있는 현실에 엄청난 충격을 받았다. 4개월 후 제플린 함대는 런던을 공습했다. 한밤 중에 소리 없이 투하되는 소이탄은 런던 시민들을 공포로 몰아넣었다. 독일은 영국에서 전쟁을 끝내자는 목소리가 나오길 기대했다.

영국은 런던 외곽에 수십 개의 탐조등을 설치하고 서부전선에 투입한 왕립비행단을 불러들였다. 조종사들은 제플린이 출몰할 때마다 요격을 시도했지만 당시 영국군이 사용하는 납탄은 동체의 가스셀에 작은 구멍을 뚫을 뿐 제플린을 격추시키지 못했다. 제플린을 폭발시킬 수 있는 탄알 연구에 착수한 영국은 8개월 만에 염소산칼륨과 인을 채운 소이탄알을 개발했다.

1916년 9월 2일 자정 영국군은 런던을 향해 날아오는 16대의 제플린 함대를 포착했다. 왕립비행단의 윌리엄 로빈슨William Leefe Robinson 중위는 소이탄창이 장전된 BE2C를 몰고 출격했다. 로빈슨은 폭탄을 투하하고 복귀하는 제플린을 발견했지만, 고도를 따라잡지 못해 놓치고 말았다.

잠시 후 대공 기지의 탐조등이 또 다른 제플린 한 대를 잡아냈다. 런던 시민들은 거리로 나와 탐조등이 비추는 제플린과 로빈스의 공중전을 손에 땀을 쥐고 지켜보았다. 제플린의 후미를 잡은 로빈슨이 40발 들이 탄창 하나를 모두 발사했지만, 제플린은 유유히 고도를 높이며 독일 쪽으로 기수를 돌렸다. 로빈슨은 재빨리 두 번째 탄약통을 장전하고 제플린의 동체 아래에 바짝 붙어 2차 사격을 가했다.

영국이 개발한 소이탄알은 염소산칼륨이 수소와 결합하는 동안 인이 발화 작용하도록 만들어져 있었지만 거대한 제플린을 폭발시키기엔 너무 작았다. 마지막 탄약통을 장전한 로빈슨은 제플린의 동체 한 지점에 탄알을 모두 집중시켰다. 잠시 후 동체 깊숙한 곳에서 파란 불빛 하나가 피어올랐다. 불빛은 곧 화염으로 변해 동체 전체로 번져 조

추락하는 SL11. 제플린사의 초기 경쟁자였던 루프트십바우 슈텔란츠Luftschiffbau Schütte-Lanz가 제작한 군용 비행선으로 영국 공습 중 격추된 최초의 비행선이다.

1916년 9월 3일 새벽, 왕립비행단 39중대 동료들의 축하를 받고 있는 로빈슨(가운데). 1917년 4월 5일 루프트바페의 만프레드 폰 리히토펜에 격추되어 전쟁이 끝날 때까지 독일에서 포로 생활을 했다.

종실을 집어삼켰다. 시뻘건 불덩어리가 되어 추락하는 제플린은 런던 도심을 환하게 비추었다. 지난 몇 개월 동안 밤잠을 이루지 못하고 공포에 떨었던 런던 시민들은 호루라기와 사이렌을 울리며 밤새 축제를 벌였다.

비행장에서 로빈슨을 기다리고 있던 동료들은 그를 조종석에서 끌어내 헹가래를 치며 승리를 자축했다. 이틀 후 영국 왕실은 로빈슨은 윈저궁으로 불러 빅토리아 십자 훈장을 수여하고 3,500파운드의 포상금을 수여했다.

독일 제국은 막대한 비용이 투입된 제플린 작전을 포기하지 않았다. 제플린의 동체와 성능은 계속 발전해 종전 직전 등장한 제플린은 무려 6,400미터까지 상승했다. 문제는 아직 그 고도까지 올라가 본 사람이 없다는 점이었다. 6천 미터 이상으로 상승한 제플린 승무원들은 고산병과 저온증으로 임무를 시작하기도 전에 의식을 잃었다. 1917년 영국은 런던 외곽에 추락한 제플린의 선내에서 의식을 잃고 사지가 뻣뻣하게 굳어 있는 승무원들을 발견했다. 조타수의 목에서 암호 코드북을 입수한 영국은 한동안 독일군의 작전 교신을 실시간으로 해독해 선제 대응을 할 수 있었다.

1918년 11월 18일 연합국의 승리로 제1차 세계대전이 끝났다. 전쟁 중 독일은 51회의 제플린 공습 작전을 벌였지만 전과는 초라했다. 제플린 공습으로 사망한 영국군은 557명에 불과했고 군수 물자 피해 역시 150만 파운드에 지나지 않았다. 연합군은 패전국 독일에 루프트바페의 해산과 제플린 프로젝트의 완전한 폐기를 요구했다.

체펠린은 제1차 세계대전이 종료되기 직전 폐렴으로 사망했다. 그와 함께 DELAG를 운영했던 휴고 에케너Hugo Eckener는 알루미늄 주방기구를 만들어 팔며 제플린사의 명맥을 이어갔다. 베르사유 조약으로 비행선 개발이 금지되었지만 에케너는 제플린 프로젝트를 포기하지 않았다. 그는 승인을 받지 못할 것을 뻔히 알면서도 매년 당국에 베를린과 뮌헨을 정기 운항하는 제플린 여객선 사업 계획을 제출했다.

기회는 늘 우연한 곳에서 찾아온다. 1924년 자체적으로 비행선 프로젝트를 추진하던 미국에서 제1차 세계대전 중 정찰기로 쓰이던 제플린 R38을 시험 비행하다 44명의 승무원이 사망한 것이다. 미국은 에케너에게 완전한 새 제플린을 주문했다. 전쟁 배상금 때문에 비용은 독일 정부가 부담했지만, 에케너에게는 다시 비행선 프로젝트

캘빈 쿨리지 대통령의 초청으로 백악관을 방문한 에케너(왼쪽 네 번째)와 승무원들

를 시작할 수 있는 천금 같은 기회가 찾아온 셈이었다.

1924년 10월 12일 아침 7시 30분, 에케너는 126번째 제플린의 조종실에 올랐다. 목적지는 뉴욕이었다. 에케너는 대서양 상공에 발달한 태풍을 회피하며 80시간 만에 무사히 미국 영공에 진입했다. 맨해튼 상공을 유유히 지나가는 거대한 제플린은 미국인들의 시선을 사로잡았다. 캘빈 쿨리지 미 대통령은 에케너와 승무원들을 백악관으로 초청해 "새 제플린은 평화의 천사"라며 전쟁 배상금에 허덕이고 있는 독일 국민들을 치켜세웠다.

존폐의 위기에 몰려 있던 제플린사는 극적으로 부활했다. 뉴욕에 도착한 제플린이 미국 대통령의 환영을 받는 모습은 실의에 빠져 있던 국민에게 큰 위로와 희망을 주었다. 제플린 사업은 독일 부

맨해튼 상공의 LZ126. 미국에 인도된 후 해군에서 USS Los Angeles라는 이름으로 운용했다.

활의 상징이 되었고, 독일 국민들은 자발적으로 성금을 모아 제플린 사를 후원했다. 에케너는 곧바로 127호 제플린 건조 작업에 착수했다. 비행선은 체펠린의 이름을 딴 그라프 제플린Graf Zeppelin이었다.

1928년 9월 18일 5발의 마이바흐 엔진을 장착한 237미터의 그라프 제플린이 완성되었다. 10월 11일 아침 에케너는 미해군 수뇌부와 언론인 등 20명의 승객을 태우고 역사상 최초의 항공 여객 대서양 횡단 비행에 나섰다. 1년 5개월 전 찰스 린드버그가 미동부의 롱아일랜드를 출발해 파리까지 논스톱 대서양 횡단 비행에 성공했지만, 일반 승객을 태운 여객선의 대서양 횡단은 그라프 제플린이 처음이었다.

미국의 텔레비전 방송사와 신문 기자들은 에케너가 도착하기 하루 전부터 동부 해안의 주요 도시에 망원 카메라를 설치하고 그라프 제플린을 기다렸다. 에케너는 미국인들이 육안으로 그라프 제플린을 잘 볼 수 있도록 일부러 워싱턴과 필라델피아 도심을 거쳐 뉴욕 상공으로 진입했다. 미국인들은 맨해튼의 브로드웨이에서 성대한 퍼레이드를 열어 대서양을 건너온 에케너와 승무원을 열광적으로 환영했다.

이듬해 에케너는 역사상 첫 항공 여객 세계일주에 도전했다. 미국의 미디어 재벌인 윌리엄 허스트William Randolph Hearst는 그라프 제플린의 세계일주 영상에 대한 독점권을 갖는 대가로 비행 경비의 50퍼센트를 지불하겠다고 제안했다. 허스트의 유일한 조건은 세계일주 비행의 출발 지점이 미국이어야 한다는 것이었다. 그라프 제플린에 대한 독일인들의 자존심과 기대를 알고 있는 에케너는 독일에서 세계일주 비행을 출발해 뉴욕에 도착한 후, 다시 뉴욕에서 시작하는 세계일주 비행을 출발하기로 합의했다. 1929년 7월 27일 한 번의 비행으로 각각 독일과 뉴욕에서 출발하는 기묘한 세계일주 비행이 시작되었다.

8월 7일 뉴욕을 출발하는 그라프 제플린에는 《허스트》의 그레이스 마거릿 기자와 미 해군 제독, 일본과 소련 대표 등 모두 61명의 특급 승객이 타고 있었다. 세계일주 경로의 가장 긴 구간은 프리드리히스하펜에서 도쿄까지의 11,247킬로미터 구간이었다. 유라시아 대륙을 가로질러 8월 23일 동부 시베리아의 스타노보이산맥을 넘은 에케너는 사할린 열도를 따라 남하해 도쿄 상공에 진입했다. 일본은 제국비행대회에서 우승한 조종사를 내보내 공중에서 그라프 제플린을 맞이했다. 다음 날 일본 신문들은 일제히 황궁에서 에케너와 함께 차

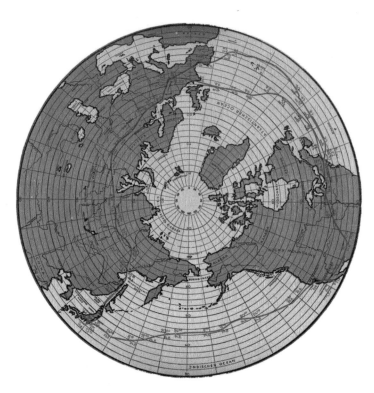

에케너의 그라프 제플린 세계일주 일정과 경로
프리드리히스하펜 → 레이크허스트 7.27~7.30
레이크허스트 → 프리드리히스하펜 8.7~8.10
프리드리히스하펜 → 도쿄 8.15~8.19

도쿄 → 로스앤젤레스 8.23~8.26
로스앤젤레스 → 레이크허스트 8.27~8.29
레이크허스트 → 프리드리히스하펜 9.1~9.4

를 마시는 히로히토의 사진을 톱기사로 뽑았다.

　이튿날 아침 에케너는 곧바로 로스앤젤레스를 향해 도쿄를 출발
했다. 그라프 제플린이 태평양을 횡단하는 동안 승객들은 바다가 내
려다보이는 라운지에 내려와 있는 것을 좋아했다. 누군가 피아노 연
주를 시작하면 제플린은 완벽한 그들만의 낙원이 되었다. 승무원들
은 10만 5천 세제곱미터의 고 인화성 가스가 채워져 있는 부양실 아

래에서 시가와 위스키를 즐기는 승객들을 통제하지 못했다.

8월 26일 새벽 미 서부 해안에 진입한 에케너는 남쪽 경로로 우회해 샌프란시스코 상공을 통과했다. 미국 기자들이 금문교 위를 지나는 그라프 제플린을 찍게 하려는 의도였다. 새벽 5시 35분 로스앤젤레스 상공에 그라프 제플린이 모습을 드러냈을 때, 착륙장인 마인즈 필드 비행장은 전날부터 모여든 5만여 명의 시민과 취재진들로 거대한 야영장이 되어 있었다. 공식 환영 행사를 마치고 이틀간 로스앤젤레스에서 휴식을 취한 에케너는 애리조나와 텍사스의 광활한 사막을 건너 8월 29일 아침 마침내 세계일주 비행의 종착지인 레이크허스트에 착륙했다.

에케너가 49,618킬로미터의 세계일주 비행을 기획한 의도는 전 세

그라프 제플린의 라운지에서 태평양을 내려다보고 있는 승객들

계에 제플린의 신뢰성을 과시하기 위해서였다. 그의 궁극적인 목표는 대서양을 정기적으로 횡단하는 항공사를 설립하는 것이었다. 1931년 에케너는 독일과 남아메리카를 연결하는 정기 항공 운항 서비스를 시작했다. 남미 노선은 사업적으로 그라프 제플린에 매우 이상적인 루트였다. 브라질과 아르헨티나에는 독일 사업체들과 비즈니스 관계로 연결되어 있는 독일 출신의 이민자가 많았다. 당시 남아메리카행 선박은 북대서양을 건너 뉴욕으로 가는 호화 여객선에 비해 매우 낙후된 배가 운영되고 있었는데, 그마저도 편도에 6주 이상이 소요되었다. 남대서양 노선을 단 3일 만에 주파하는 에케너의 항공 운항 서비스는 개설되자마자 유럽과 남미에서 큰 인기를 끌었다. 제2차 세계대전이 발발하기 전까지 그라프 제플린은 대서양을 총 136번 횡단했다.

비행선 시대의 종말

제플린의 성공과는 별개로 독일 경제는 급격히 무너지고 있었다. 아무리 생산량이 늘어도 막대한 전쟁 배상금을 갚고 나면 독일인들의 수중에는 남는 것이 없었다. 독일 정부는 더 많은 마르크를 찍어내는 것 말고는 달리 방도가 없었다. 제1차 세계대전 직전 1달러당 4.20 마르크였던 환율은 1923년 1월에 16만 마르크, 11월에는 무려 4조 2천억 마르크로 치솟았다. 화폐가 의미를 잃었고 사람들 간의 거래는 물물 교환으로 대체되었다. 독일 전역에서 먹을 것을 달라는 폭동이 일어났다. 정부는 통제력을 잃었다.

1934년 뉘른베르크에서 열린 나치 당대회에서 독일 국민들의 열렬한 환영을 받으며 입장하는 아돌프 히틀러

    히틀러는 연일 대규모 가두 행진을 벌이며 "독일인들은 전쟁 배상금을 갚을 책임이 없다"고 외쳤다. 히틀러의 연설은 배상금에 짓눌려 지칠 대로 지쳐 있는 독일인들의 심금을 울렸다. 1933년 독일의 정권은 나치에게 넘어갔다. 선전부 장관인 괴벨스는 제플린을 나치의 날아다니는 광고판으로 이용했다. 히틀러가 의회에 등장할 때마다 군중들의 머리 위에서는 하켄크로이츠(卐)가 새겨진 그라프 제플린에서 틀어대는 나치 행진곡과 히틀러의 연설이 흘러나왔다. 괴벨스는 무솔리니와의 회담을 위해 이탈리아를 방문할 때도 그라프 제플린을 타고 갔다. 로마에 도착한 괴벨스는 이탈리아의 장관들을 제플린으로 초청해 무솔리니가 대대적인 발굴 사업을 벌이고 있는 로마 유적지 상공을 순회하며 화려했던 로마 제국 시대를 주제로 대화를 주도했다.

나치는 129번째 제플린이자 역사상 가장 거대한 비행선인 힌덴부르크Hindenburg를 제작했다. 나치는 힌덴부르크에 불연성 가스인 헬륨을 주입할 계획이었지만, 헬륨의 유일한 생산 수출국인 미국은 독일에 헬륨 수출을 금지했다. 결국 힌덴부르크는 인화성 가스인 수소로 채워졌다. 나치는 프랑크푸르트와 뉴욕을 왕복하는 정기 항공편을 개설했다.

1937년 5월 3일 저녁 프랑크푸르트를 이륙한 힌덴부르크의 기장 프러스 대위는 대서양 상공에 넓게 퍼져 있는 폭풍우를 회피하느라 예정보다 3시간 늦게 미국 영공에 진입했다. 오후에 힌덴부르크가 맨해튼을 가로질러 갈 것이라는 소식을 들은 뉴욕 시민들은 비행선을 보기 위해 점심 무렵부터 거리로 몰려나왔다. 프러스 대위는 롱아일랜드 상공에 발달한 비구름이 지나가기를 기다렸다가 저녁 7시가 되어서야 레이크허스트 비행장에 도착했다.

힌덴부르크의 착륙 방식은 승무원이 계류 케이블을 떨어뜨리면 계류탑 돛대에서 이를 감아 비행선을 탑승장에 접현시키는 것이었다. 힌덴부르크가 계류탑 상공에 도착했을 때 뉴저지 일대에는 비가 내리고 있었다. 프러스 대위는 비행선을 정지시키기 위해 역추력 장치를 가동했다. 순간 돌풍에 휘말린 힌덴부르크가 요동을 치더니 동체 후미가 계류 돛대에 충돌했다.

엔진에서 발생한 화염은 수소로 채워진 가스 셀들을 순차적으로 폭발시켰다. 불길은 순식간에 연료 탱크로 번졌다. 연료 탱크에서 뿜어져 나온 화염유를 뒤집어쓴 승객들은 비명을 지르며 비행선에서 뛰어내렸다. 프러스 대위는 힌덴부르크가 지면에 충돌하는 순간 탈출했지만 아직 수십 명의 승객들이 객실에 남아 있었다. 그는 다

화염에 휩싸여 추락하는 힌덴부르크

시 불타는 힌덴부르크의 객실로 뛰어들어갔다.

미국인들은 티브이를 통해 힌덴부르크가 추락하는 장면을 실시간으로 목격했다. 거대한 비행선이 화염에 휩싸여 추락하는 모습은 끔찍했다. 탈출한 승객들은 심한 화상을 입고 병원에서 치료를 받던 중 사망했다. 프러스는 수차례 피부 재건 수술을 받았지만 얼굴의 피부가 녹아 붙어 눈을 뜨지 못했다.

나치는 비행선 프로젝트를 포기하지 않았다. 1938년 나치는 고도와 속도 성능을 향상시킨 그라프 제플린 II를 개발해 루프트바페에 배치했다. 다양한 현대식 정찰 장비를 갖춘 그라프 제플린 II는 제2차 세계대전이 시작되기 전까지 시험 비행을 반복하다 폴란드 영공에서 요격되었다. 전쟁이 시작된 직후 루프트바페는 그라프 제플린 II를 포함한 모든 제플린을 폐기했다.

2장

프랑스에서 칠레까지, 대장정의 시작

항공우편의 개척자 라테코에르

1903년 라이트 형제가 글라이더에 엔진과 프로펠러를 달아 만든 플라이어 1호의 성공은 유럽의 정치인과 사업가들에게 큰 영감을 주었다. 육상이나 해상 교통과 달리 비행기는 지형의 제한을 받지 않았다. 라이트 형제와 글렌 커티스Glenn Curtiss 간의 특허 분쟁으로 미국의 항공산업 발전이 정체되고 있는 동안 프랑스와 영국, 독일의 항공 기술은 하루가 다르게 발전했다. 1914년 유럽에서 전쟁이 시작되었을 때 프랑스군은 이미 260대의 항공기와 171명의 조종사를 보유하고 있던 반면, 미군에는 단 6대의 비행기와 14명의 조종사밖에 없었다.

19세기 아메리카 식민지는 인간을 대상으로 한 예민한 과학 기술의 거대한 실험장이었다. 유럽 학자들은 살충제나 비료와 같은 간단한 농약부터 백신, 피임약까지 인체에 영향을 미치는 거의 모든 분야의 신기술을 아메리카 원주민을 대상으로 실험했다. 유럽에서는 결코 승인될 수 없는 방대한 인체 실험을 통해 축적한 높은 과학 기술력은 20세기를 유럽의 시대로 만든 힘의 원천이 되었다.

아메리카에서 유럽으로 가는 배에는 항상 유럽인들이 본국으로 보내는 수만 통의 연구물과 표본, 서신들이 실려 있었다. 비행기가 탄생한 지 불과 십여 년 만에 프랑스 정부는 열차로 보름이 넘게 걸리던 아프리카 식민지의 우편물을 단 하루 만에 받아보았다. 비행기로 대서양을 횡단할 수만 있다면 두 달이 걸리는 아메리카 식민지의 우편물도 이틀이면 도착할 수 있었다. 항공우편은 정부 문서뿐만 아니라 수표나 계약서 등 시간에 민감한 문서를 신속히 교환하는 데 있어서도 획기적인 운송 수단이었다.

가장 먼저 항공우편 프로젝트에 뛰어든 나라는 프랑스였다. 프랑스 정부는 국가 전략 차원에서 일찍부터 항공사업을 지원했고, 자동차와 열차, 선박을 만들던 회사들이 속속 비행기 개발에 뛰어들었다. 젊은 사업가 피에르 라테코에르Pierre Latécoère도 그들 중 하나였다. 아버지에게 물려받은 열차 제조 사업을 접고 비행기 제작을 시작한 라테코에르는 툴루즈에 비행장을 건설하고 제1차 세계대전 중에만 무려 천 대가 넘는 샘슨Salmson 비행기를 생산했다.

유인 비행기가 탄생한 순간부터 유럽의 모든 항공 기술자와 조종사의 목표는 대서양을 논스톱으로 횡단하는 것이었다. 라테코에르의 궁극적인 목표 역시 남아메리카를 왕래하는 항공우편회사를 운영하는 것이었다. 당시 유럽은 남아메리카의 주요 도시와 매년 2천 톤 이상의 우편물을 교환하고 있었고, 배와 육로에 의존한 우편 시장의 규

1917년 샘슨 비행기를 제작하는 라테코에르의 툴루즈 공장 ©Foundation Latecoere

모는 연간 500억 프랑이 넘었다.

라테코에르는 조종사와 엔지니어, 은행가들을 만나 대서양 횡단 항공우편사업에 대한 자문을 의뢰했다. 전문가들은 한결같이 대륙 간 항공우편 프로젝트는 실패할 것이라고 경고했다. 캐노피도 없는 비행기로 나침반 하나에 의존해 대서양을 정기적으로 횡단하는 것은 불가능하다는 이유였다. 라테코에르는 이들의 조언을 따르지 않았다. 항공우편사업의 장애물이 단지 기술적 문제라면 해결은 시간문제일 뿐이었다.

1918년 5월 25일 라테코에르는 아프리카와 브라질을 왕복하는 항공우편사업 신청서를 제출했다. 프랑스 정부는 1차 대전이 끝날 때까지 사업 승인을 보류했다. 6개월 후 휴전 협정이 조인된 날 라테코

툴루즈 비행장에서 이륙 준비를 하는 라테코에르 에어라인의 1호 조종사 르네 코르네몽René Cornemont(오른쪽)과 라테코에르. ©Foundation Latecoere

에르는 '라테코에르 에어라인'을 설립하고 당국에 국제 항공우편사업 요청서를 제출했다. 그해 12월 25일, 라테코에르는 편지와 소포를 가득 실은 군용 샘슨 2A를 타고 툴루즈 비행장을 출발했다. 목적지는 스페인의 바르셀로나였다.

프랑스 관리들이 바르셀로나까지 가려면 열차를 타고 피레네산맥을 돌아 17시간을 달려야 했다. 르네와 함께 툴루즈를 출발한 라테코에르는 나르본 항구 상공까지 일직선으로 날아간 후 프랑스 동부 해안을 따라 2시간 20분 만에 바르셀로나에 도착했다. 아침에 툴루즈를 출발한 라테코에르가 당일 오후 바르셀로나의 문서 행낭을 싣고 돌아오자 프랑스 정부는 항공우편사업의 미래 가치를 확신했

다. 꼬박 사흘이 걸리던 외교 문서가 반나절 만에 교환된 것이다.

이듬해 3월 3일, 봄비가 내리는 바르셀로나를 이륙한 라테코에르
는 스페인 동부 해안을 따라 3시간 만에 알리칸테에 도착했다. 라테
코에르의 1차 목표는 서사하라 사막을 건너 세네갈 다카르에 대서
양 횡단 노선의 중간 기지를 세우는 것이었다. 문제는 다카르까지 가
기 위해서는 반드시 서사하라 사막을 횡단해야 한다는 점이었다. 제1
차 세계대전 중 정찰기로 사용되었던 브레게Breguet 14는 거의 매 비
행마다 크고 작은 고장이 발생했다. 서사하라 사막에서는 시도 때
도 없이 모래 폭풍이 불어닥쳤는데, 사막에 거주하는 무어족은 말

을 타고 추락하는 비행기를 추격해 조종사를 납치했다. 정해진 기한 내에 몸값을 지불하지 못한 조종사는 가차 없이 참수되었기 때문에 조종사들은 서사하라 사막 횡단 비행에 극도의 공포심을 갖고 있었다. 라테코에르는 신문에 사막을 횡단할 수 있는 경험과 용기를 가진 조종사를 찾는다는 광고를 냈다.

초장거리포를 찾아낸 정찰기

제1차 세계대전 말기 연합군과 독일군의 공중전이 소모전 양상으로 전개되면서 영국과 프랑스는 끝없이 조종사를 양산했다. 전쟁이 끝난 후 넘쳐나는 조종사를 기다리고 있는 곳은 없었다. 곡예비행이나 에어 레이싱으로 대중적 인기를 얻은 조종사도 있었지만 대부분의 조종사는 직업으로서의 비행을 포기했다. 이런 상황에서 탄생한 라테코에르 에어라인은 조종사들에게 구세주나 다름없었다. 라테코에르는 조종사 선발과 훈련의 전권을 디디에 도라Didier Daurat에게 위임했다.

프랑스 항공 역사의 전설인 디디에 도라는 다섯 살 때부터 보일러 회사의 운전기사인 아버지를 따라다녔다. 어린 도라는 운전석 옆자리에서 기어가 바뀔 때마다 높낮이가 변하는 엔진음을 입으로 흉내 냈다. 공장 구석에 쪼그리고 앉아 하루 종일 돌아가는 기계를 관찰하면서도 도라는 도통 지루한 줄을 몰랐다. 열다섯 살이 되어 파리 기계학교에 입학할 무렵 기계에 대한 도라의 지식은 이미 상당한 수준에 올라 있었다.

1911년 군에 징집된 도라는 부르고뉴에 있는 통제실로 배치되었다. 1차 대전이 발발하자 도라는 동료들의 등 뒤에 숨어 있고 싶지 않다며 부대장을 찾아가 전투 부대로 보내달라고 요청했다. 163보병연대로 전출된 도라는 동부전선의 참호 소대로 배치되었다. 참호 안에서 도라는 포탄에 맞아 숨진 동료의 시신 옆에 쭈그리고 앉아 밥을 먹고 잠을 잤다. 참호 밖 구덩이에는 적군과 아군의 시체가 뒤엉켜 쌓여 있었다.

1916년 4월 도라는 베르됭 전투에서 다리에 총상을 입고 비시병원으로 후송되었다. 비시병원은 공중전에서 부상을 입은 조종사들이 후송되는 곳이었다. 밤마다 조종사들의 무용담에 빠져든 도라는 사령부에 편지를 보내 비행대대로의 전출을 요청했다. 전쟁 중 조종사는 아무리 뽑아도 부족했다. 부상에서 회복된 도라는 비행 훈련을 마친 후 공중 정찰대에 배속되었다.

조종사의 감각은 타고나는 것이 아니라 물리학적 지식에 기반한 계산된 반응이다. 비행기의 성능을 백 퍼센트 활용할 수 있었던 도라는 조종사로서 금방 두각을 나타냈다. 1917년 동료들과 함께 정찰 작전에 투입된 도라는 루프트바페 포커Fokker 편대의 공격을 받았다. 함께 출격한 동료들이 모두 격추되었지만, 도라는 어깨에 총알이 박힌 채 홀로 귀환해 독일군의 위치와 이동 정보를 보고했다. 독일군의 위장 작전에 속아 고립 지역으로 들어갈 뻔했던 프랑스군은 무사히 포위망을 벗어났다. 프랑스 정부는 대규모 희생을 막은 도라에게 국가 최고 훈장인 레지옹 도뇌르를 수여했다. 이듬해 프랑스가 고착된 참호 전선을 타개하기 위해 루프트바페와 나흘간 벌인 대대적인 공중전에서 유일하게 살아남은 조종사도 디디에 도라뿐이었다.

1918년 3월 23일 아침, 파리에 21발의 대형 폭탄이 비처럼 떨어졌다. 도시가 폐허가 되도록 프랑스군은 폭탄이 어디서 떨어지는지도 파악하지 못했다. 일주일 후 파리 시청 옆 교회에서 유럽 의회 대표단과 프랑스의 장군들이 참석하는 음악회가 열렸다. 공연이 시작되고 얼마 지나지 않아 폭탄 6발이 지붕을 뚫고 들어와 75명이 사망하고 90명이 중상을 입었다. 프랑스군은 루프트바페의 제플린 함대가 고고도 공습 작전을 벌인 것으로 생각했다. 프랑스는 샘슨 정찰기를 출격시켰지만 샘슨기는 제플린이 순항하는 고도의 절반도 올라가지 못했다.

포탄은 한 달 반 동안 320발이나 떨어졌다. 정체를 알 수 없는 폭격이 밤낮을 가리지 않고 계속되자 시민들은 파리를 탈출하기 위해 오르세역으로 몰려들었다. 포탄의 파편을 분석한 프랑스 과학자들은 폭탄의 정체가 대포에서 발사된 포탄이라는 사실을 밝혀냈다. 프랑스군은 공중 정찰대를 보내 독일 포대가 숨어 있을 만한 곳을 샅샅이 수색했지만 아무것도 찾아내지 못했다. 포탄의 궤적을 역으로 추적한 과학자들은 포탄이 파리에서 120킬로미터 떨어진 곳에서 발사된 것으로 추정했다. 당시 대포의 사정거리는 기껏해야 8킬로미터 정도였다. 육군은 물론 정찰대 조종사들도 과학자들의 분석 결과를 믿지 않았지만, 도라는 혼자 정찰기를 몰고 나가 독일의 대공포 주둔지 일대를 수색했다. 이틀 후 도라는 파리에서 백여 킬로미터 떨어진 코르비Corbie 외곽의 숲속에서 이제껏 아무도 본 적이 없는 거대한 대포를 찾아냈다.

파리 시민들을 공포에 떨게 한 독일의 초장거리포를 찾아낸 도라는 다시 한번 프랑스를 구한 영웅으로 부상했다. 신문마다 도라

제1차 세계대전 중 독일이 파리를 포격하는데 사용한 초 장거리포 그로세 베르타Grosse Bertha. 프랑스인들은 파리포 Paris Gun라고 불렀다

의 사진과 활약을 소개한 기사가 실렸고, 동료들은 도라와 마주칠 때마다 걸음을 멈추고 그에게 거수경례를 했다. 나날이 높아지는 지위와 명성에 무관하게 도라는 전쟁이 끝날 때까지 선두에서 출격했다.

1918년 11월 11일 독일의 항복으로 전쟁이 끝났다. 도라는 전역을 앞둔 한 조종사로부터 라테코에르라는 사람이 유럽과 아프리카, 남아메리카를 잇는 항공사를 설립한다는 소식을 들었다. 이듬해 8년간의 군 생활을 마치고 제대한 도라는 라테코에르를 찾아갔다.

냉정한 열정가 디디에 도라

에어라인을 설립한 라테코에르의 가장 큰 어려움은 조종사를 선발하고 관리하는 일이었다. 군에서 막 제대한 조종사들은 같은 비행기를 탔다는 것이 믿기지 않을 정도로 실력의 격차가 컸다. 유일한 공통점은 누군가로부터 지시받는 것을 끔찍하게 싫어하고 남들이 하지 못하는 일을 한다는 특권 의식에 젖어 있다는 것이었다. 도라를 영입하기 전까지 라테코에르의 조종사들은 심각한 모럴 해저드에 빠져 있었다. 운항 시간도 지키지 않았고, 비행 임무 중 사적인 용무로 다른 곳을 경유하기도 했다. 이들에게 회사의 비행기는 말 그대로 "My Plane"이었다.

라테코에르는 한눈에 도라의 카리스마를 알아보았다. 도라는 맹렬한 성격이었지만 놀라울 정도로 냉정했고 곤란한 개인적 질문에도 눈썹 하나 흔들리지 않았다. 도라를 면접하던 라테코에르는 오히려 도라가 자신을 관찰하고 있다는 것을 알았다. 도라가 입사한 날 라테코에르는 그에게 조종사의 훈련과 인사에 대한 전권을 부여했다.

도라는 자부심이 강한 조종사들을 어떻게 지휘해야 하는지 알았다. 그는 새로 입사한 조종사를 정비팀으로 보내 비행기를 닦는 일부터 시켰다. 군에서의 비행 경력을 내세우며 정비 인턴십을 게을리하는 조종사는 그 자리에서 해고했다. 긴 인턴십을 마치고 라인에 투입된 조종사들에게는 엄격한 규정이 제시되었다. 첫째, 정해진 시간에 목적지에 도착할 것, 둘째, 비행기를 손상하지 말 것. 도라는 정시 안전운항을 달성한 조종사에게는 보너스를 지급하고, 부주의로 운항을 지연하거나 비행기를 손상한 조종사에게는 벌금을 물렸다. 사적인 의도로 비행 경로를 이탈해 목적지가 아닌 곳에 착륙한 조종사는 예외 없이 해고했다.

디디에 도라는 프랑스 국민들로부터 깊은 존경을 받았지만 막상 조종사들은 그를 두려워했다. 생텍쥐페리의 책 『야간비행』에 등장하는 단호한 조종사 리비에르의 모델이 바로 디디에 도라다. 1년이 지나자 라테코에르 에어라인의 모든 조종사들은 도라가 제시한 '안전과 정시'라는 명제를 엄중하게 받아들였다.

도라는 지중해를 가로질러 스페인과 모로코, 북아프리카 다카르까지 연일 노선을 확장했다. 모로코의 카사블랑카까지 가는 첫 비행은 늘 그랬던 것처럼 도라가 직접 조종간을 잡았다. 새벽에 비행기를 점검하기 시작한 도라는 해가 뜨자마자 툴루즈를 이륙해 오후 5시 카사블랑카에 착륙했다. 그날 이후 라테코에르 에어라인의 조종사들은 날씨에 상관없이 항상 동이 트면 툴루즈를 이륙해 당일 오후 카사블랑카에 도착했다. 이런 정시성은 유럽 전역에 라테코에르 에어라인의 이름을 알리는 기반이 되었고, 정부 당국뿐 아니라 일반 무역상들과 거주자들이 라테코에르 항공우편을 이용하게 만든 원동력이었다.

도라는 카사블랑카-다카르 노선에서 심각한 위기에 부딪혔다. 사하라를 횡단 중 비행기 고장이나 악천후로 불시착한 조종사들이 무어족에게 납치되기 시작한 것이다. 대대로 서사하라 사막 일대에 살고 있는 무어인들은 자신들의 땅을 무단으로 점령한 유럽인들에게 극도로 적대적이었다. 다카르 노선을 운영하기 시작한 첫 해에만 무려 15명의 조종사가 무어족에게 희생되자, 라테코에르 조종사들은 서사하라 횡단 비행을 거부하기 시작했다. 도라는 이들을 해고하지 않았다.

항공우편 조종사들이 서사하라 사막에서 죽어 나간다는 소식이 신문에까지 실렸지만 라테코에르 에어라인에 들어오려는 조종사들은 줄을 이었다. 도라는 에어 레이싱 대회에 참석해 눈여겨본 조종사들에게 면접을 보러 오라고 제안했다. 라테코에르가 직접 도라에게 조종사를 추천하는 경우도 있었다. 생텍쥐페리도 라테코에르가 도라에게 보낸 조종사 중 한 사람이었다.

3장

지중해로 뛰어든
어린 왕자

개척 조종사를 동경한 보헤미안

생텍쥐페리는 부유한 귀족 집안에서 태어나 어머니의 극진한 사랑을 받고 자랐다. 열두 살 때 우연히 만난 조종사의 호의로 동승 비행을 경험한 생텍쥐페리는 5년 후 해군사관학교 조종사 후보생으로 지원했다. 그는 시험에서 탈락했다. 파리 미술학교에 다니며 호텔과 카페를 전전하던 생텍쥐페리는 이듬해 군에 징집되어 정찰대 정비병으로 배치되었다. 부대에서 조종사 후보생으로 선발되면 장교로 진급하는 것은 물론 모든 면에서 특별 대우를 받았다. 전쟁이 끝나 많은 조종사가 필요 없게 된 프랑스군은 입대 전 비행 경력이 있는 사람만 조종사 요원으로 선발했다. 생텍쥐페리는 부대 인근의 민간인 비행 강사에게 개인 훈련을 받고 그 경력을 근거로 비행대대 편입을 요청했다. 프랑스군은 그를 모로코에 주둔하고 있는 제34항공연대에 편입시켰다.

프랑스 공군 중위 시절의 생텍쥐페리

　비행 훈련을 마치고 중위로 진급한 생텍쥐페리는 브레게Breguet 14를
배정받았다. 몇 달 후 첫 휴가를 받은 생텍쥐페리는 루브르제 비행장
을 찾았다가 주기장에 서 있는 HD.14에 여자 친구를 태우고 무단으
로 이륙했다. 조종사는 면허와 별개로 각 기종마다 별도의 자격 증명
을 받아야 한다. HD.14를 타본 적 없는 생텍쥐페리는 이륙 직후 추
락했다. 고도가 낮아 사상자는 없었지만 육군은 갓 조종사 훈련을 마
친 초급 중위가 자격이 없는 비행기에 민간인을 태우고 이륙했다는
사실을 믿을 수 없었다. 사고 조사관이 왜 면허가 없는 비행기에 일

반인을 태우고 이륙했는지 묻자 그는 엄숙한 표정으로 이렇게 대답했다.

"명예로운 프랑스 공군 중위인 저는 전투기 조종사가 되기 위해 태어났습니다. 다른 유형의 비행기를 너무나 시험해 보고 싶은 열망에 저도 모르게 그 비행기에 올라탔습니다."

육군은 생텍쥐페리에게 전역 처분을 내렸다.

생텍쥐페리는 파리에 머물며 회계원, 자동차 정비공, 여행 판매원으로 일했다. 1926년 그는 관광회사 조종사로 취직해 다시 비행기를 타기 시작했지만, 좁은 비행기 안에서 큰 소리로 떠드는 손님들의 비위를 맞추는 것이 불쾌했다.

제1차 세계대전이 발발하기 전까지 실제로 비행기를 타본 유럽인은 거의 없었다. 당시 비행은 자유 그 자체였고 낭만이었다. 비행에 대한 열정으로 가득한 라테코에르의 젊은 조종사들은 매일 툴루즈의 호텔에서 광활한 사막과 들쭉날쭉한 산봉우리 사이를 누비며 겪은 아찔한 비행 이야기로 밤을 새웠다. 투숙객들은 물론 호텔 종업원들까지 조종사들의 무용담에 빠져 저녁 식사 비용을 청구하는 것도 잊어버렸다. 생텍쥐페리는 라테코에르 에어라인에 들어가고 싶었다. 그는 루브르제에서의 추락 사고 경위를 비행에 대한 열정에서 비롯된 해프닝으로 묘사해 라테코에르에게 입사를 희망한다는 편지를 보냈다. 그의 편지에 흥미를 느낀 라테코에르는 도라에게 생텍쥐페리를 만나보라고 지시했다.

도라는 생텍쥐페리의 조용한 음성과 진지한 태도에서 묘한 매력을 느꼈다. 상상력이 지나치게 풍부해 보이기는 했지만, 사장인 라테코에르의 요청을 거절할 만큼 큰 단점은 아니었다. 생텍쥐페리를 정비고에 보낸 도라는 그가 일하는 태도를 유심히 관찰했다.

영감의 근원 서사하라 사막

정비 일을 시작한 지 3개월 만에 생텍쥐페리는 첫 비행 임무를 받았다. 보통 첫 비행은 툴루즈와 바르셀로나를 왕복하는 가장 짧은 노선을 타는 것이 관례였지만, 도라는 생텍쥐페리에게 서사하라 사막을 횡단하는 다카르 비행을 지시했다. 자칫 모래 폭풍에 휘말려 불시착이라도 하면 목숨을 잃을 수 있는 임무였지만 생텍쥐페리는 도라에게 인정을 받았다고 생각했다. 생텍쥐페리는 다카르 비행을 무사히 완수했다.

다카르 노선은 나날이 수요가 폭증했다. 좁은 브레게 14에 매번 3만 통 이상의 우편물이 실렸고 정부 관리가 승객으로 탑승하는 일도 있었다. 증가하는 비행편 수에 비례해 사고도 늘어났다. 시도 때도 없이 불어닥치는 모래 폭풍에 10대 이상의 비행기가 추락했고 그중 3명의 조종사는 무어족에게 끌려갔다.

1927년 도라는 카사블랑카와 다카르 사이의 사막 한가운데 위치한 케이프 주비Cape Juby에 비행장을 건설했다. 케이프 주비를 실효 점령하고 있는 스페인 정부는 연료 보급과 긴급 구조 활동 목적에 한해 사용하는 조건으로 비행장 사용을 허가했다. 기지의 책임자인 스페인 대령은 무어족과의 협상을 도와달라는 라테코에르의 요청을 한 번도 들어준 적이 없을 정도로 프랑스를 싫어하는 사람이었다. 도라는 생텍쥐페리를 케이프 주비의 책임자로 선발했다. 그의 임무는 스페인 대령과 우호적인 관계를 형성하고, 비상시 사막으로 날아가 무어인들보다 빨리 추락한 조종사를 구조하는 것이었다.

케이프 주비의 스페인 기지는 한쪽은 바다, 다른 한쪽은 사막으로 둘러싸인 고립된 요새였다. 철조망에 에워싸인 기지 안에서 생텍쥐페리는 수도사처럼 궁핍한 생활을 했다. 가재도구라고는 얇은 매트리스가 깔린 나무 침대와 세면대, 그리고 물 한 병이 전부였다. 일주일에 한 대씩 착륙하는 비행기를 기다리는 일 외에는 할 일이 없었다.

생텍쥐페리는 권총을 차고 나가라는 스페인 대령의 조언을 무시하고 맨몸으로 요새 주변을 돌아다녔다. 비행기가 오지 않는 날, 그는 요새 앞마당에 테이블을 펼쳐놓고 현지 어부가 갓 잡아온 생선으로 식탁을 차렸다. 생텍쥐페리는 요새 주변을 힐끔거리는 무어족 아이들에게 들어오라고 손짓을 했지만 아이들은 소리를 지르며 달아났다. 다음 날 그는 요새 밖으로 나가 도화지를 펼쳐놓고 뛰어노는 아이들을 그렸다. 멀찌감치 떨어져서 생텍쥐페리를 바라보던 무어족 아이들은 어느새 다가와 도화지에 그려진 자신의 모습을 보며 깔깔거렸다. 아이들은 생텍쥐페리의 식탁에 앉아 그가 차린 빵과 생선 요리를 먹고 해가 질 무렵이 되어서야 집으로 돌아갔다.

생텍쥐페리는 아이들을 비행기에 태우고 이륙해 요새 주변의 바다와 모래 언덕 상공을 보여주었다. 아이들은 집에 돌아가 입이 마르도록 비행기를 타고 내려온 얘기를 늘어놓았다. 다음 날 아이들의 부모는 생텍쥐페리를 저녁 식사에 초대했다. 생텍쥐페리는 그의 책『바람, 모래, 그리고 별들』에서 무어인들이 유럽인을 살해하는 이유는 침입자를 증오해서가 아니라 자존심을 훼손당했기 때문이라고 말했다. 당시 유럽인들은 백인을 제외한 모든 인종을 야만인savage이라고 불렀다.

브레게 14의 추락 사고는 끊이지 않았다. 그때마다 무어인들은 낙타와 말을 타고 무리를 지어 추락하는 비행기를 추격했다. 생텍쥐페리는 무어족보다 먼저 비행기를 찾아내야 했다. 끝없이 펼쳐진 사막에서 연락이 끊어진 비행기를 찾아 이틀 동안 8백 킬로미터를 비행한 적도 있었다. 조종사가 무어족에 끌려갈 때마다 생텍쥐페리는 비행기를 태워준 아이들의 부모에게 구명을 부탁했다.

매일 밤 생텍쥐페리는 자신의 낡은 책상에 앉아 글을 썼다. 차가운 사막의 밤공기는 외로움과 죽음에 대한 상념마저 아름답게 승화시켜 주었다. 생텍쥐페리는 케이프 주비에 있는 동안 끝없이 펼쳐

생텍쥐페리가 머물렀던 케이프 주비의 스페인 군사기지

생텍쥐페리(왼쪽 세 번째)의 케이프 주비 요새에 부모를 데리고 온 무어족 아이들 ©Foundation Latecoere

진 사막과 바다, 그리고 별을 사랑하는 법을 배웠고 그 거친 아름다움을 『어린 왕자』의 배경으로 사용했다.

1928년 라테코에르 항공우편 노선은 대서양을 넘어 아메리카까지 확장되었다. 도라는 케이프 주비에서 복귀한 생텍쥐페리를 아르헨티나 지점의 관리자로 임명했다. 남아메리카 노선의 개척은 장 메르모즈, 앙리 기욤과 같은 라테코에르의 수석 조종사들이 맡았다. 생텍쥐페리는 이들과 함께 남아메리카의 동부 해안을 돌며 새 비행장을 건설할 지역을 물색했다.

메르모즈가 새 항로를 개척하는 동안 생텍쥐페리는 부에노스아이레스의 아파트에서 『야간비행』을 집필했다. 리비에르는 디디에 도라였고 파비앵은 메르모즈였다. 『야간비행』은 미국과 유럽에서 큰 대중적 성공을 거두었지만, 라테코에르의 동료들은 생텍쥐페리가 목숨을 건 사막 횡단 비행의 현실을 왜곡하고 있다고 비난했다. 동료들은 생텍쥐페리를 조종사로 인정하지 않았다. 오랫동안 함께 지낸 동료들로부터 비난을 받는 것은 큰 고통이었다.

조종석에 앉은 작가

제1차 세계대전으로 피폐해진 세계 경제는 1920년대 들어 수직 반등했다. 특히 전쟁 기간 중 유럽에 군수물자를 팔아 막대한 차익을 남긴 미국의 호황은 절정에 달했다. 기업들은 앞다투어 생산 설비를 확장했고, 투자가들은 물론 일반인들까지 주식 투자에 뛰어들며 주가는 연일 최고 기록을 경신했다. 월가는 폭발을 앞둔 활화산 같았다. 1929년 10월 24일 '검은 목요일'의 주가 폭락은 대공황의 시작에 불과했다. 이후 3년간 월스트리트의 시가 총액은 89퍼센트가 증발했다. 미국 시장에 의존하고 있던 유럽도 상황은 마찬가지였다. 대형 은행들이 잇달아 파산하며 일반인들의 예치금은 허공에 사라졌고 실업률은 40퍼센트가 넘었다. 미국은 수입을 줄이기 위해 관세를 인상했다. 전 세계는 대공황의 늪으로 빠져들었다.

정상적인 방법으로 사태 수습이 불가능해지자 각국 정부는 과격한 경제 정책들을 단행했다. 항공산업도 예외는 아니었다. 1933년 8월 30일 프랑스 정부는 국영 항공사인 에어프랑스를 설립하고 난립한 민간 항공사들을 흡수 통합했다. 에어프랑스는 '진짜' 조종사들만 남기고 관리자와 사고 이력이 있는 조종사들을 모두 해고했다. 디디에 도라 역시 탁월한 비행 실력을 지닌 훌륭한 조종사였지만 에어프랑스는 조종사들을 장악하고 있는 그의 카리스마를 부담스러워했다.

정부의 통합 제안을 거부한 라테코에르는 항공 사업권을 잃고 비행기 제작사로 변신했다. 라테코에르는 생텍쥐페리를 테스트 파일럿으로 고용했지만 그는 신형 비행기를 테스트할 수 있는 조종사가 아니었다. 첫 시험 비행에서 터무니없는 실수로 추락 사고를 일으킨 생텍쥐페리는 라테코에르사를 나와 에어프랑스의 홍보 담당으로 들어갔다.

1939년 9월 제2차 세계대전이 발발했다. 생텍쥐페리는 공군 대위로 징집되어 툴루즈 기지의 예비 장교로 배치되었다. 생텍쥐페리는 정찰대대 편입을 희망했지만 프랑스 공군은 수차례 추락 사고를 낸 그에게 비행기를 맡기지 않았다. 비행 임무에서 배제된 생텍쥐페리는 자신이 강등되었다고 생각했다. 그는 영내에서 조종사들과 마주칠 때마다 시선을 피했다. 일주일 후 생텍쥐페리는 국방부 장관을 찾아가 "지금 우리 공군에 필요한 것은 육체적인 젊음이 아니라 침착하고 경험 많은 조종사"라며 비행 작전에 참가시켜 달라고 요청했다. 두 달 후 생텍쥐페리는 샹파뉴의 정찰비행대에 배치되었다.

1940년 5월 프랑스를 침공한 독일은 6주 만에 파리를 점령했다. 나치의 2인자 헤르만 괴링은 대중들에게 큰 영향력을 갖고 있는 생텍쥐페리를 찾아가 함께 새 세상을 만들자고 회유했다. 괴링은 최대한 예의를 갖춰 생텍쥐페리에게 비시정부의 요직을 제안했지만 생텍쥐페리는 즉답을 피했다. 그해 12월 생텍쥐페리는 미국으로 망명했다.

미국에 도착한 생텍쥐페리는 케이프 주비에서의 경험과 상념을 담은 『어린 왕자』의 집필에 몰두했다. 『어린 왕자』는 생텍쥐페리 자신이었다.

생텍쥐페리의 감성적인 문장은 두 차례의 전쟁과 대공황을 거치며 피폐해진 현대인들의 가슴을 파고들었다. 『어린 왕자』는 전 세계 독자들로부터 큰 반향을 불러일으켰고 생텍쥐페리는 세계적인 명사로 떠올랐다. 반면 프랑스에서 망명 정부를 이끌고 있던 샤를 드골은 공개 석상에서 생텍쥐페리를 친나치 인물이라고 비난했다. 프랑스를 떠난 후 우울증에 시달리고 있던 생텍쥐페리는 드골의 비난에 무너졌다.

몇 달 후 생텍쥐페리는 돌연 미군이 지휘하는 자유 프랑스 공군(FAFL)에 자원 입대를 신청했다. 나치에 맞서 싸우는 모습을 보임으로써 친나치 인물이 아니라는 것을 증명하기 위해서였다. 미국은 대중적 영향력을 가진 생텍쥐페리가 공군에 합류하는 것을 환영하면서도 그를 비행 임무에서 배제했다. 당시 미 공군은 프랑스 전선에서 록히드마틴이 개발한 P-38을 운영하고 있었다. P-38은 6분 만에 2만 피트까지 상승해 시속 710킬로미터를 낼 수 있는 최신예 전투기였다. 급격한 압력 변화와 가속력을 온몸으로 받아내야 하는 P-38 조종사는 나이와 신체 기준이 엄격히 제한되어 있었다.

소행성 B-612로 날아간 파일럿

43세의 생텍쥐페리는 혼자 비행복을 입지 못할 정도로 비대했다. 당시 그는 반복된 추락 사고로 목과 어깨가 굳어 있어 공중전에 필수적인 후방 인식 자체가 불가능했다. 비행 임무에서 제외된 생텍쥐페리는 『야간비행』의 애독자로 알려진 미군 사령관을 찾아가 P-38 조종사로 비행할 수 있게 해달라고 요청했다. 사령관의 특별 지시로 그는 P-38 과정에 입과했지만, 막상 훈련이 시작되자 커리큘럼을 제대로 소화해내지 못했다. 생텍쥐페리는 산소마스크를 쓰는 것을 갑갑해했고, 고성능 비행기 조종에 필수

35세의 생텍쥐페리(오른쪽). 반복된 사고와 관리 소홀로 30대 후반부터는 조종사로서 요구되는 정상적인 신체 활동이 불가능했다.

적인 계기비행을 할 줄 몰랐다. 훈련이 끝날 때까지 그는 P-38의 빠른 속도에 눌려 출발 경로조차 제대로 따라가지 못했다.

7주의 훈련 기간이 끝난 날 미군은 생텍쥐페리에게 P-38 조종사 자격을 부여했다. 사고는 예견된 것이었다. 생텍쥐페리는 두 번째 비행에서 착륙 실수로 추락해 두개골이 함몰되는 중상을 입었다. 생텍쥐페리가 병원에서 치료를 받는 동안 P-38 비행대대는 코르시카로 진격했다. 8개월 후, 퇴원을 앞둔 생텍쥐페리는 프랑스 공군 사령부를 찾아가 평소 교분이 있던 샤신 대령에게 P-38을 탈 수 있게 도와달라고 부탁했다. 샤신 대령은 미군 장성에게 생텍쥐페리를 정찰비행

에 합류시켜 달라고 요청했다. 다음 날 P-38 비행대대장은 5회에 한
해 정찰비행만 하는 조건으로 생텍쥐페리의 P-38비행을 허가했다.

마지막 정찰비행 전날, 생텍쥐페리는 해가 질 때까지 사르데냐 해
변을 거닐었다. 전쟁 중에도 바다는 평온했다. 생텍쥐페리는 해변
에서 만난 마을 소녀에게 『어린 왕자』의 이야기를 들려주었다. 소녀
가 어린 왕자는 어떻게 되었느냐고 묻자 그는 어린 왕자의 대사를 들
려주었다.

"네가 가진 독은 좋은 거니? 오래 아프게 하지 않을 자신 있니?"

1944년 7월 31일 오전 4시 생텍쥐페리는 마지막 정찰 임무를 떠났
다. 귀환 예정 시각은 오후 1시 30분이었지만 5시가 지나도 생텍쥐
페리는 돌아오지 않았다. 밤 8시 30분 비행기의 연료가 모두 고갈되
었을 시점이 지나자 부대에서는 그가 어딘가에 추락했을 것이라 생

1944년 사르데냐 해안 상공을 비행하는 생텍쥐페리의 록히드 P-38 라이트닝. ©John e Annamaria Phillips Foundation

각했다. 수색 작전이 개시되기 전, 그의 방
을 살펴본 동료가 책상 위에서 편지를 발
견했다.

> "좌표를 계산해 스위치로 조작하는 비행
> 기는 조종사를 회계사로 변질시켰습니
> 다. 이번 작전에서 돌아온다면 나에게 남
> 은 질문은 하나입니다. 나는 이제 무엇
> 을 할 수 있을까요?"

생텍쥐페리의 『어린 왕자』 본문 삽화

생텍쥐페리는 '글 쓰는 조종사'가 아니라 비행기를 좋아한 작가였
다. 그는 주변의 사물과 현상을 실체가 아닌 관념으로 보았다. 1922년 처
음 조종사 자격을 획득했을 때부터 생텍쥐페리는 비행에 재능을 보
이지 못했다. 라테코에르에서 우편 비행을 하는 6년 동안 생텍쥐페리
는 조종사에게 생명과도 같은 로그북조차 기록하지 않았다. 『어린 왕
자』를 출간했을 당시 한 기자가 그에게 비행시간을 묻자 그는 이렇
게 대답했다.

> "모르겠습니다. 당신은 엘리베이터에서 보낸 시간을 기록합니까?"

생텍쥐페리는 복잡한 현대식 항공기를 싫어했을 뿐 아니라 기본
적인 비행 규칙을 습관적으로 무시했다. 라테코에르 에어라인 시절
에는 사막을 횡단하는 중에 조종석에서 글을 썼다. 기지에 복귀해서
도 책을 읽는다며 한 시간 동안 비행장 상공을 선회하는 생텍쥐페리

의 기행에 동료들은 머리를 내저었다. 남미에서는 하드 랜딩을 해 동체를 두 동강 내고는 마을 대장장이를 불러 대충 수리하고 복귀한 적도 있었다. 부에노스아이레스에 착륙한 비행기에서 동체를 가로지르는 균열을 발견한 정비사는 두 번 다시 그가 조종하는 비행기를 타지 않았다.

조종사로서의 생텍쥐페리는 믿기 어려운 실수들을 반복적으로 저질렀다. 미국에서는 관제사의 허가를 받지 않고 착륙해 활주로를 이동하던 다른 비행기와 충돌할 뻔했고, P-38 훈련 중에는 고고도에서 산소마스크를 쓰지 않아 의식을 잃기도 했다. 첫 번째 P-38 정찰비행을 출발하는 날엔 한쪽 엔진을 시동하지 않고 이륙을 시도하다 비행기가 활주로에서 팽이처럼 돌아버린 일도 있었다.

라테코에르 시절부터 P-38 비행대대에서 실종될 때까지 동료들은 그를 조종사로 인정하지 않았다. 생텍쥐페리가 실종된 직후 그의 비행 실력과 무성의한 태도를 알고 있던 사람들은 그가 또 산소마스크를 쓰지 않고 상승하다 의식을 잃어 추락했을 것이라고 믿을 정도였다.

생텍쥐페리는 비행기와 운항 시스템의 발전을 두려워했다. 어린 왕자가 스스로 죽음을 택하는 결말은 그 자신에 대한 암시이기도 했다. 그는 비행 중 동승한 동료에서 종종 죽음을 암시했고 심지어 죽음을 갈망하는 것처럼 말하기도 했다. 실종 일주일 전 공중에서 생텍쥐페리와 조우했던 루프트바페 조종사는 그가 독일군 편대와 마주친 후에도 항로를 바꾸지 않고 그대로 자신들을 향해 날아왔다고 증언했다. 생텍쥐페리는 총격에 대한 두려움이 전혀 없는 것처럼 보였고, 어쩌면 그런 일이 일어나기를 기다리는 것처럼 보였다는 것이다. 그날 루프트바페 조종사들은 생텍쥐페리의 비행기가 고장 난 것으로 생각해 공격하지 않았다.

1998년 마르세유 연안에서 고기잡이를 하던 한 어부가 반짝이는 장신구 하나를 건져 올렸다. 생텍쥐페리라는 이름이 새겨진 은색 팔찌였다. 언론은 생텍쥐페리의 실종 미스터리를 풀 열쇠가 발견되었다며 그의 팔찌를 대서특필했다. 며칠 후 팔찌가 발견된 주변을 수색한 프랑스는 일련 번호(2743L)가 선명한 생텍쥐페리의 P-38을 찾아내 인양했다.

독일에서 티브이로 생텍쥐페리의 비행기가 인양되는 장면을 보고 있던 전 루프트바페 조종사 리퍼트는 50여 년 동안 자신을 짓누르

1998년 9월 프랑스의 어부 장 클로드 비앙코의 저인망에 걸려 올라온 생텍쥐페리의 팔찌. ©The Morgan Library & Museum, New York

고 있던 짐을 내려놓았다. 제2차 세계대전 당시 리퍼트는 생텍쥐페리가 실종된 1944년 7월 31일, 그의 비행기 잔해가 발견된 위치 근처에서 P-38 한 대를 격추했다. 생텍쥐페리의 실종 소식이 전해진 후 리퍼트는 자신이 그를 격추한 것일 수도 있다는 사실을 아무에게도 말하지 않았다. 그러나 54년 후 수거된 생텍쥐페리의 P-38에서는 외부 총격의 흔적은 물론 어떤 형태의 외상도 발견되지 않았다. 그의 비행기에는 격추된 비행기에서 보이는 수직 추락이 아니라 비행기가 해수면에 수평 자세로 돌진했을 때의 흔적들이 남아 있었다. 조사관들은 생텍쥐페리의 P-38이 정상 상태에서 전속력으로 해수면에 충돌해 폭발한 것으로 결론을 내렸다.

어린 왕자가 장미꽃을 사랑한 것처럼 사람들은 앙투안 드 생텍쥐페리를 사랑했다. 그의 실종에 대한 진실을 밝히기 위해 많은 사람이 오랜 세월 노력을 기울인 것이 그 증거다. 그가 어떤 조종사였든 그의 문학적 유산은 삶의 위로를 필요로 하는 사람들에게 영원한 영감의 근원이 될 것임에는 분명하다.

반면 조종사로서의 생텍쥐페리는 그가 처음 비행을 시작한 시점에서 성장을 멈췄다. 그는 개척 조종사를 동경했지만 지상에서는 비행 연구를 하지 않았고 비행 중에도 늘 다른 생각을 했다.

조종사는 누구나 처음 탔던 비행기를 기억한다. 『어린 왕자』의 고향인 소행성 B-612는 생텍쥐페리가 라테코에르에서 처음 우편 비행을 시작했던 비행기의 등록부호 A-612에서 따온 이름이었다. 그가 돌아가고 싶었던 곳은 도라의 지휘를 받으며 메르모즈와 함께 사막을 횡단하던 우편 조종사 시절이었다.

50프랑 프랑스 지폐에 새겨진 생텍쥐페리의 우편 비행기와 소행성 B-612 위에 서 있는 어린 왕자

4장

세상 끝까지
날아간 조종사

파이오니어 파일럿 장 메르모즈

에어프랑스의 모태가 된 라테코에르의 성공은 인간과 비행기를 관통하는 디디에 도라의 통찰이 없었다면 불가능했다. 라테코에르 에어라인 초기에 도라는 직접 브레게 14 비행기를 몰고 아프리카 항로를 개척했다. 그러나 남아메리카까지 노선이 확장되면서 도라는 자신을 대신해 안데스 항로를 개척할 조종사가 필요했다. 라테코에르 에어라인에 들어오고 싶어하는 조종사는 넘쳐 났지만, 비행 실력과 책임감 있는 태도를 함께 갖춘 조종사는 흔치 않았다. 도라는 지원자들의 자질과 실력을 꼼꼼하게 분석했다.

장 메르모즈Jean Mermoz는 생텍쥐페리처럼 작가를 꿈꾸던 내성적인 청년이었다. 메르모즈가 군에 입대한 1920년 겨울 프랑스는 아프리카 주둔지에 공중 정찰대를 파견했다. 조종사 후보생으로 선발된 메르모즈는 비행 훈련을 마치고 시리아로 파견되었다. 1922년 8월 메르모즈는 정찰비행을 나갔다가 엔진 고장으로 시리아 사막에 불시착했다. 인간은 음식 없이 3주까지도 버틸 수 있지만 탈수로 몸이 마비되는 데는 24시간도 걸리지 않는다. 사막에 추락한 조종사들은 대부분 마실 물을 찾아 이리저리 헤매다 죽음에 이르곤 했다. 체내의 수분을 유지하고 사막을 벗어날 수 있는 최단 거리로 걸어가라는 지침을 기억하는 조종사는 거의 없었다.

비행기 날개 아래서 구조대를 기다리던 메르모즈는 막막한 사막에서 구조대가 자신을 발견할 가능성이 없다는 사실을 받아들였다. 섭씨 50도의 모래밭을 걷는 것은 자살 행위였다. 메르모즈는 낮에는 그늘에서 쉬고 밤에는 선인장 열매를 따 먹으며 4일 밤 동안 꼬박 200킬로미터 이상을 걸었다. 추락 5일째 되는 날 메르모즈는 얼굴의 피부가 모두 벗겨진 채 스스로 기지로 걸어 들어왔다.

병원에서 몸을 추스르는 동안 전역을 결심한 메르모즈는 라테코에르 에어라인에 이력서를 보냈다. 한 달이 지나도 회신은 오지 않았다. 메르모즈는 시에서 제공하는 무료 급식소에서 끼니를 해결하며 자전거 수리소와 건설 현장을 전전했다.

한편 디디에 도라는 매일 백여 통 넘게 쏟아지는 이력서를 검토하느라 정신이 없었다. 사막에 불시착한 후 나흘을 걸어 부대로 복귀했다는 메르모즈의 이력서는 서사하라 노선을 준비 중인 도라의 관심을 끌었다. 도라는 메르모즈에게 면접을 보러 오라는 편지를 보냈다.

도라는 지원자들이 자신의 비행 경력을 소개하면 항상 그 기종의 기본적인 제원과 최고 속도와 같은 제한사항을 물었다. 수백 시간을 조종한 비행기의 제원을 기억하지 못하는 조종사는 그 자리에서 탈락했다. 면접을 통과한 조종사는 전체 지원자의 10분의 1도 되지 않았다. 도라는 이들을 비행장으로 데리고 나가 브레게 14로 장주비행(이륙 후 활주로 상공을 한 바퀴 돌아내리는 과목)을 해보라고 했다. 비행기에 올라 장주비행을 마친 메르모즈는 돌연 급상승해 스핀(빙글빙글 돌며 급강하하는 기동)을 한 차례 시연하고 착륙했다. 도라는 비행기에서 내려온 메르모즈를 쳐다보며 말했다.

"우리는 곡예비행사가 아니라 항공우편 조종사를 뽑고 있습니다."

메르모즈는 얼굴이 화끈 달아올랐다. 비행 실력을 과시하기 위해 불필요한 기동을 했다는 것은 메르모즈 자신도 알고 있었다. 도라로부터 합격 판정을 받은 메르모즈는 다음 날부터 엔진을 분해하

라테코에르 에어라인 초기 주력기로 사용된 브레게 14. 매일 고장이 발생할 정도로 결함이 많은 비행기였다.

고 청소하기를 반복했다. 정비 훈련은 단순히 신입 조종사를 길들이기 위한 것이 아니었다. 성능을 확신할 수 없는 비행기로 아프리카와 남미의 험한 항로를 비행하기 위해서는 조종사 스스로 고장 난 비행기를 되살릴 수 있어야 했다. 3주 후 메르모즈는 스페인 노선의 조종사로 임명되었다.

존재에 충실한 자, 두려울 것이 없다

메르모즈는 비행을 출발하기 전 항로에 관한 어떤 사전 정보도 요구하지 않았다. 도라는 카사블랑카에서 디카르로 이어지는 신항로 개척 임무를 메르모즈에게 맡겼다. 메르모즈는 라디에이터가 끓는 사막의 열기와 모래 폭풍을 뚫고 무사히 항로를 완성했지만, 그가 개척한 서사하라 노선을 비행하는 라테코에르 조종사들은 매일같이 생명의 위협을 느꼈다. 오일이 줄줄 새는 브레게 14로서 사하라 사막을 횡단하는 비행은 용기를 넘어 무모함이 필요했다.

모래 폭풍은 사람을 가리지 않았다. 이듬해 5월 격렬한 모래 폭풍에 휩싸인 메르모즈는 서사하라 사막 한복판에 불시착했다. 멀리서 비행기 소리를 듣고 달려오는 무어족 기병대가 보였다. 메르모즈는 낙타 등에 거꾸로 매달려 무어족 마을로 끌려갔다. 마을에는 라테코에르 조종사 2명을 포함한 15명의 유럽인들이 포로로 잡혀와 있었다. 다음 날 무어인들은 몸값을 지불하지 못한 포로 한 명을 참수했다. 동료가 산 채로 참수되는 광경을 눈앞에서 본 포로들은 정신을 잃었다.

메르모즈가 추락했다는 소식은 곧바로 카사블랑카 지점으로 전해졌다. 도라는 즉시 무어족에 메르모즈의 몸값을 지불하겠다는 전갈을 보냈다. 하루 종일 사막의 뙤약볕 아래 묶여 있으면서도 메르모즈는 정신을 잃지 않았다. 한 달 후 메르모즈는 풀려났지만 동료 조종사 2명은 몸값이 도착하기 전날 탈진해 사망했다. 프랑스 언론은 라테코에르 에어라인이 조종사들의 희생을 강요하고 있다고 비난했다. 도라는 동요하는 조종사들에게 "실패는 성공으로 가는 과정일 뿐이며 라테코에르의 비행은 어떤 경우에도 멈추지 않을 것"이라고 강조했다. 조종사들은 도라의 말을 개척 비행이 싫으면 회사를 나가라는 의미로 이해했다.

1927년 남아메리카로 진출한 라테코에르는 회사 이름을 에어로포스탈레Aéropostale로 변경하고 낡은 브레게 14를 라테Latecoere 25로 대체했다. 대서양 횡단 노선을 개설할 무렵 에어로포스탈레는 이미 100대가 넘는 비행기로 연간 3백만 통의 편지와 1,344명의 승객을 운송할 정도로 커져 있었다. 디디에 도라는 남아메리카 항로 개척의 책임자로 또 다시 메르모즈를 임명했다.

남북으로 뻗어 있는 안데스산맥을 우회할 경우, 연료를 채우기 위해 적어도 두 곳 이상의 중간 기착지를 경유해야 했다. 대신 안데스산맥을 가로질러 가면 1,600킬로미터를 단축시킬 수 있었다. 최대한 낮은 봉우리 사이로 안데스 항로를 설계한 메르모즈는 비행이 가능한지 직접 확인하기로 했다. 메르모즈의 비행 계획서를 받은 도라가 너무 위험한 루트라며 항로 변경을 지시했지만, 메르모즈는 자신이 성

라테 25. 1926년 에어로포스탈레가 남아메리카 노선 개척을 위해 개발한 비행기로 4,200미터까지 상승할 수 있다.

공하면 다른 조종사들도 따라올 수 있을 것이라며 시험 비행을 강행했다.

1929년 3월 9일 메르모즈는 자신의 라테 25에 올라 부에노스아이레스를 출발했다. 멘도자를 경유해 칠레의 산티아고까지 가는 남아메리카 노선의 마지막 구간이었다. 라테 25가 상승할 수 있는 최대 고도는 4,200미터였지만 안데스산맥의 봉우리들은 7천 미터를 훌쩍 넘었다. 메르모즈는 계곡 사이로 비행기를 몰고 들어가 막다른 절벽에 발생하는 상승 기류를 타고 7천 미터 봉우리를 넘을 계획이었다.

멘도자를 출발한 지 2시간 후 메르모즈의 눈앞에 병풍처럼 솟아 있는 봉우리들이 나타났다. 계곡 안은 거짓말처럼 고요했다. 절벽을 회피해 돌아 나올 수 있는 마지막 지점에서 메르모즈는 파워 레버를 끝까지 밀어 넣고 기수를 힘껏 들어 올렸다. 속도가 뚝뚝 떨어지던 비행기는 돌연 보이지 않는 거대한 손이 던져 올린 것처럼 하늘로 솟구쳤다. 상승 기류에 올라탄 것이다.

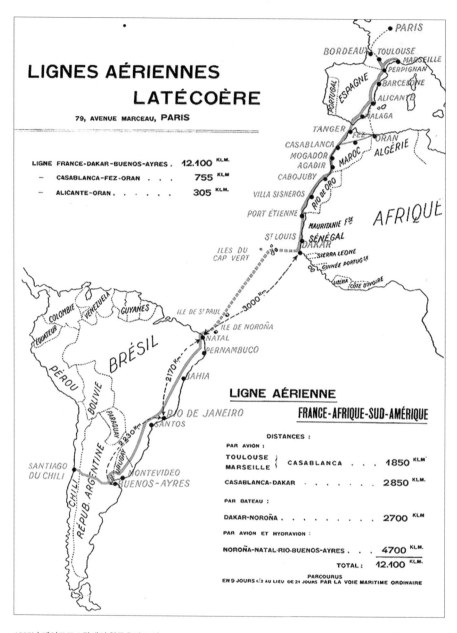

1927년 에어로포스탈레의 항공우편 노선도

74

메르모즈가 정상을 넘었다고 생각한 순간 갑작스러운 하강 기류가 그의 비행기를 찍어 눌렀다. 메르모즈는 절벽에 부딪히지 않기 위해 선회를 시도했지만 라테 25의 엔진은 강한 돌풍을 극복하지 못했다. 불쑥 튀어나온 바위에 내동댕이쳐진 비행기는 랜딩기어(착륙 장치)가 부러지며 낭떠러지 끝에 멈춰 섰다. 메르모즈가 할 수 있는 것은 아무것도 없었다. 메르모즈는 칼바람이 스며드는 조종석에 쪼그리고 앉아 잠을 청했다.

다음 날 일찍 메르모즈는 비행기를 살펴보았다. 밤새 엔진의 라디에이터는 동파되었고, 모직으로 덮인 날개는 찢어져 바람에 흩날리고 있었다. 메르모즈는 이번에도 구조될 가능성이 없다는 사실을 받아들였다. 맨몸으로 절벽을 내려가는 것은 불가능했다. 낭떠러지에서 탈출할 수 있는 유일한 방법은 그가 타고 온 비행기뿐이었다. 한낮에도 기온은 영하 30도까지 떨어졌다. 이틀 동안 아무것도 먹지 못한 메르모즈는 비행복을 파고드는 냉기에 급격히 체력이 떨어졌다.

사흘째 되던 날 아침 메르모즈는 안데스산맥의 절벽에 앉아 죽음을 기다리는 대신 목숨을 걸고 탈출하기로 했다. 벼랑에서 비행기를 밀어 던진 후 활강하면 5분을 비행할 수 있다는 계산이 나왔다. 활강하는 사이에 윈드밀링으로 얼어붙은 프로펠러가 돌아가면 엔진이 시동될 가능성도 있었다. 결심을 한 이상 한시도 주저할 필요가 없었다. 메르모즈는 비행복을 잘라 찢어진 날개를 이어 붙인 뒤 랜딩기어 지지대를 잡고 낭떠러지 아래로 비행기를 밀었다. 비행기가 떨어지는 순간 메르모즈는 재빨리 조종석으로 기어 올라갔다. 날개가 있는 것은 추락하지 않는다. 비행기에 속도가 붙으면서 얼어붙어 있던 프로펠러가 돌기 시작했다. 메르모즈가 시동 장치를 돌리자 푸르르륵 하며 프로펠러가 돌기 시작했다. 그의 라테 25는 다시 하늘을 날고 있었다. 메르모즈는 마을 인근의 들판에 착륙했다.

마을 사람들의 도움으로 체력을 회복한 메르모즈는 이튿날부터 터진 라디에이터와 날개를 수리했다. 사흘 후 메르모즈는 초췌한 몰골로 최초 출발지인 부에노스아이레스로 복귀했다. 에어로포스탈레의 동료들은 메르모즈가 살아 돌아왔다는 소식을 믿을 수 없었다. 안데스산맥의 살인적인 겨울을 잘 알고 있는 칠레 현지인들은 메르모즈가 거짓말을 한다고 생각했다. 다음 날 메르모즈가 고립되었던 위치를 조사한 칠레 육군은 라테 25의 잔해를 발견했다.

고난은 메르모즈의 모험심과 의지를 더욱 자극했다. 세 번이나 죽음의 위기를 겪으면서도 메르모즈는 개척 비행을 멈추지 않았다. 라테 25로 안데스산맥을 넘어갈 수 없다는 보고를 받은 에어로포스탈레는 7,200미터의 고도 성능을 가진 포테즈Potez 25 다섯 대를 급파했다. 포테즈 25가 도착한 다음 날 메르모즈는 다시 부에노스아이레스를 출발했다. 나흘 후 메르모즈는 라테 25로 실패했던 산티아고 항로를 자신의 손으로 완성하고 돌아왔다.

안데스산맥을 가로지르는 부에노스아이레스 – 산티아고 노선은 남아메리카에서도 가장 위험한 구간이었다. 에어로포스탈레 조종사들은 항법 장비는커녕, 산소와 온도 조절 시스템도 없는 포테즈 25로 매일 안데스산맥의 7천 미터 봉우리들을 넘나들었다. 대가는 혹독했다. 에어로포스탈레가 툴루즈-산티아고 노선을 운영한 12년 동안 121명의 조종사가 목숨을 잃었다. 하늘의 개척자들은 그렇게 대서양과 안데스산맥의 별이 되어 사라져 갔다.

안데스산맥을 횡단해 내려오는 에어로포스탈레의 포테즈 25. 제1차 세계대전이 끝난 직후 프랑스에서 개발한 2인승 단발 복엽기로 고도 성능이 뛰어나 유럽과 미국에서 정찰기와 폭격기로 사용되었다.

남십자성이 되어 사라진 크루아뒤쉬드

20세기 초 새로 탄생한 비행기들은 각자 제작자의 DNA를 타고 났다. 보잉 비행기는 강직한 윌리엄 보잉 그대로이고, 융커스의 비행기는 금속 같은 그의 성격처럼 티 없이 매끈하다. 프랑스의 르네 쿠지네René Couzinet 역시 신중한 그의 스타일을 쏙 빼닮은 비행기를 탄생시킨 엔지니어 중 하나였다. 쿠지네의 천재성은 당시 아무도 생각조차 해본 적 없는 백업 시스템을 도입한 데서 확인할 수 있다.

1914년 조종사 면허가 도입된 이후 약 20년간 조종사 사망 사고의 가장 큰 원인은 비행기 고장이었다. 자동차나 배와 달리 비행기는 공중에서 고장이 나면 그 자리에 멈춰 설 수 없다. 초기 비행기들은 엔진이나 전기 계통에 고장이 발생하면 조종성을 잃고 그대로 추락했다. 파리 국립고등기술학교 학생인 쿠지네가 설계한 쿠지네Couzinet 10은 현대 비행기 설계의 핵심 개념인 백업 시스템을 도입한 최초의 항공기였다. 프랑스 항공 당국은 쿠지네의 혁신적 기술을 이해하지 못했고 그의 비행기는 오랫동안 정부의 인증을 받지 못했다. 당국에서 승인을 거부당한 쿠지네는 설계를 변경하는 대신, 오히려 전기와 유압 계통까지 백업 시스템의 범위를 넓혔다. 비행 중 엔진이나 전력 시스템이 고장 나도 추락하지 않는 비행기가 쿠지네의 비행기였다.

1932년 쿠지네는 6,800킬로미터를 논스톱으로 순항할 수 있는 초장거리 비행기 쿠지네 70을 개발했다. 비행기의 온전한 성능은 훌륭한 조종사를 만났을 때 발휘된다. 쿠지네는 메르모즈를 찾아가 대서양 횡단 노선을 정기편으로 운항할 수 있는 유일한 비행기는 쿠지네 70이라고 단언했다. 메르모즈는 그 자리에서 자신이 직접 쿠지네 70으로 파리와 부에노스아이레스를 왕복해 보이겠다고 제안했다.

1933년 1월 12일 메르모즈는 아크앤시엘(Arc en Ciel, 무지개)이란 닉네임의 쿠지네 70에 올라 루브르제 비행장을 이륙했다. 유일한 승객은 쿠지네 70의 설계자인 쿠지네였다. 유럽과 남미 언론들은 파리에서 부에노스아이레스까지 총 13,045킬로미터의 초장거리 노선을 개척하는 메르모즈와 쿠지네의 비행을 따라가며 매일 특집 기사를 쏜

아냈다. 라테코에르에서 처음 우편 비행을 시작했던 서사하라부터 대서양을 건너 남미 대륙을 종단하는 항로까지, 메르모즈는 자신이 개척한 파리-부에노스아이레스 노선을 58시간 만에 주파하고 무사히 부에노스아이레스에 도착했다.

부에노스아이레스에서 체류하는 동안 메르모즈는 아침부터 저녁까지 정치인들과 방송국이 마련한 빡빡한 환영 행사를 소화했다. 그가 움직이는 곳마다 사인을 받으려는 사람들이 몰려들어 발을 떼기가 어려울 정도였지만 메르모즈는 미소를 잃지 않았다. 프랑스 일간지들은 몬테비데오의 해변을 거닐다 레스토랑에 들러 와인을 마시는 메르모즈의 사진들을 편집해 특집 기사로 실었다. 모든 이들의 관심과 사랑을 받으며 29세의 메르모즈는 인생의 정점에 서 있었다.

툴루즈를 출발하기 전 메르모즈(가운데)와 르네 쿠지네(오른쪽 두 번째)

1936년 12월 7일 서른다섯 번째 생일을 맞기 이틀 전, 메르모즈는 다카르에서 라테 300 크루아뒤쉬드(Croix-du-Sud, 남십자성좌)를 몰고 24번째 남대서양 횡단 비행에 나섰다. 목적지는 브라질의 나탈이었다. 이륙 1시간 만에 우측 엔진의 프로펠러에서 이상을 확인한 메르모즈는 다카르 지점에 곧 회항할 테니 다른 비행기를 준비해 달라고 요청했다. 다카르에 도착하면 우편물을 대체기에 옮겨 싣고 곧바로 다시 출발할 생각이었다.

　막상 다카르에 도착했지만 기지에는 대체기가 없었다. 유일한 선택지는 크루아뒤쉬드를 최대한 빨리 정비해서 다시 이륙하는 것이었다. 메르모즈의 재촉에 1시간 만에 수리를 마친 정비사는 출발 준비가 되었다고 보고했다. 메르모즈는 다시 비행기에 올랐다. 나탈을 향해 재이륙한 지 3시간 반이 지난 10시 47분, 다카르 기지에 메르모즈의 짧은 메시지가 수신되었다.

　"우측 후방 엔진 고장."

　우측 후방 엔진이 떨어져 나가면서 동체가 파손된 메르모즈의 비행기는 대서양 한복판에 추락했다. 다카르 기지에서 수색팀을 파견했지만 메르모즈의 비행기는 발견되지 않았다. 모두가 죽었다고 생각한 세 번의 위기에서 메르모즈는 홀연히 살아 돌아왔다. 동료들은 또 한번의 기적을 기대했다.

　네 번째 기적은 일어나지 않았다. 프랑스는 공군과 해군을 동원해 사흘 동안 대대적인 수색 작전을 펼쳤지만 어디에서도 비행기의 흔적은 발견되지 않았다. 시대의 우상이자 진정한 하늘의 개척자

조종석 좌우 전후에 총 4발의 프로펠러 엔진이 장착되어 있는 라테 300. 1930년대 대서양 횡단 노선의 주력기였다. ⓒ Foundation Latecoere

였던 장 메르모즈는 8,200시간의 비행 끝에 그렇게 남십자성의 별
이 되어 사라졌다. 프랑스 정부는 그에게 프랑스 최고의 영예인 레지
옹 도뇌르 훈장을 수여했다.

미국 언론은 메르모즈의 죽음을 애도하며 그를 '프랑스의 찰스 린
드버그'라고 보도했다. 그러나 항공 역사에서 메르모즈가 남긴 업
적은 린드버그와 비교할 수준의 것이 아니었다. 서사하라 사막과 안
데스산맥, 대서양을 건너며 마주한 위기의 순간마다 메르모즈가 보
여준 용기와 품위는 인간이 얼마나 아름다울 수 있는지를 보여주었
다. 메르모즈는 파이오니어pioneer 파일럿 그 자체였다.

역사상 비범한 업적을 이룬 뛰어난 조종사는 모두 비행 그 자체

를 좋아했다. 하늘을 나는 것을 좋아한 메르모즈는 어떤 상황에서
도 비행을 두려워하지 않았다.

파리에서 거행된 메르모즈의 영결식

5장

대서양 상공의
총성 없는 공중전

대서양을 서쪽으로 횡단한 세 명의 조종사

제1차 세계대전 중 독일과 연합국 언론은 날마다 공중전 스코어와 새로운 에이스의 탄생을 보도했다. 당시 조종사들은 오늘날의 스포츠 스타와 다르지 않았다. 이런 분위기는 전쟁이 끝난 후에도 이어졌다. 로마인들이 마차 경주에 열광했던 것처럼, 유럽인들은 비행기의 속도와 고도, 기동력을 겨루는 에어 레이싱에 빠져들었다. 에어 레이싱은 신형 비행기들의 총성 없는 공중전이 되었고 퓰리처컵, 톰슨컵, 킹스컵 등 수많은 대회가 탄생해 오늘날의 월드컵에 버금가는 인기를 누렸다.

공학적 상상력과 재능을 겸비한 엔지니어들에 의해 비행기는 나날이 발전했다. 가장 큰 공기 저항을 유발하는 랜딩기어는 동체 안으로 접혀 들어갔고, 저속 체공을 가능하게 해주는 플랩(보조날개)이 탄

현대 비행기의 원형을 설계한 융커스

생했다. 말 그대로 비행기의 황금시대였다. 현대 비행기의 원형이 탄생한 것도 바로 이 시기다.

'날틀'을 오늘날의 비행기 수준으로 발전시킨 사람은 단연 휴고 융커스Hugo Junkers다. 융커스는 공학을 연구하는 대학 교수면서 엔진, 보일러, 정밀 계측기를 발명한 엔지니어였다. 융커스사의 제품은 유럽과 미국에서 큰 인기를 끌었고, 사업적으로 크게 성공한 그는 50세에 융커스 비행기 프로젝트를 시작했다.

유인 동력 비행기가 탄생한 이후에도 사람들은 여전히 쇳덩어리가 하늘을 난다는 것에 대해 비관적이었다. 비행기는 무엇보다 우선 가벼워야 했다. 나무로 만든 뼈대 위에 천을 씌워 만든 날개는 비바람에 찢어지기 일쑤였고 속도는 기차보다 조금 빠른 수준에 불과했다.

비행기를 더 빠르게 만드는 방법은 두 가지다. 엔진의 출력을 높이거나 공기 저항력을 줄이는 것이다. 융커스는 속도를 빠르게 하면 금속으로도 얼마든지 비행기를 만들 수 있다고 확신했다. 1915년 융커스는 일체형 날개로 공기 저항을 절반 이하로 줄인 J1을 개발했다. J1의 속도는 기존의 비행기보다 두 배 이상 빠른 시속 170킬로미터를 낼 수 있었다. 융커스의 계획은 대서양을 논스톱으로 횡단할 수 있는 여객기를 개발해 정기 항공 노선을 운영하는 것이었다.

트러스 구조로 제작된 프랑스의 뉴포르 12(위)와 일체형 날개를 가진 최초의 금속 비행기 융커스 J1. J1은 동시대의 다른 비행기에 비해 속도와 강도의 차원이 달랐다.

1927년 5월 린드버그의 논스톱 대서양 횡단 비행 성공은 단순히 한 미국 조종사의 모험이 아니라 대서양의 하늘을 미국이 선점했다는 의미였다. 린드버그의 성공은 강한 배풍의 덕분도 컸는데, 이는 반대로 유럽에서 미국으로 비행하려면 그만큼의 맞바람을 극복해야 한다는 것을 뜻했다. 유럽도 미국도 프로펠러 비행기로 대서양을 서쪽으로 횡단하는 논스톱 비행은 불가능하다고 생각했다.

유럽에서 미국으로의 논스톱 비행을 처음 계획한 사람은 독일 귀족 가문 출신의 에렌프리드 귄터 폰 허네펠트Ehrenfried Günther Freiherr von

Hünefeld 남작이었다. 허네펠트는 태어날 때부터 왼쪽 눈이 보이지 않았고 오른쪽 눈은 지독한 근시였으며 갖은 병으로 수차례 수술대에 오른 선천적 병약자였지만 "미친 남작"으로 불릴 만큼 활동적이었다. 베를린 대학 재학 중 비행을 배운 그는 제1차 세계대전이 발발하자 루프트바페에 자원했으나 신체검사에서 탈락했다. 군 입대가 좌절된 허네펠트는 외교관으로 발탁되어 네덜란드 주재 독일 부영사로 파견되었다.

1925년 위암이 발병한 그는 몰래 수술을 받고 귀국해 독일 해운회사(NGL, North German Lloyd)의 홍보 담당 이사로 들어갔다. 그가 상대하는 정부의 고위 관료와 항공사 사장들은 언변이 좋고 품위가 배어 있는 허네펠트를 좋아했다. 철학자이자 시인이기도 했던 허네펠트는 인간의 용기에 대해 강한 신념을 갖고 있었다. 4센티미터 짧은 왼쪽 다리 때문에 걸음이 부자연스러웠던 그는 외교관 시험에 응시하기 위해 오른쪽 다리뼈를 잘라 길이를 맞출 정도로 '불가능'이란 단어에 거부감이 컸다. 대서양 횡단에 성공한 린드버그가 "유럽에서 미국으로 오는 논스톱 비행은 불가능하다"고 하자 허네펠트는 자신이 직접 서쪽으로 대서양을 횡단하기로 하고 항공 전문가들에게 자문을 요청했다.

허네펠트 남작이 대서양 횡단 프로젝트를 시작했다는 소문은 삽시간에 퍼졌다. 평소 대서양 횡단에 큰 관심이 있던 루프트한자의 헤르만 쾰Hermann Köhl 기장은 휴가를 내고 허네펠트를 찾아가 자신이 함께 비행하겠다고 제안했다. 개인 비행 경험밖에 없던 허네펠트는 쾰의 합류를 환영하며 구체적인 실행 계획을 짜기 시작했다. 쾰은 대서양을 서쪽으로 횡단할 수 있는 비행기는 융커스사의 W33뿐이라고 단언했다.

W33은 출시 이후 전 세계 상용 항공기 시장을 지배하고 있는 융커스 F13을 업그레이드한 최신 모델이었지만 제1차 세계대전 이후 불어닥친 불황으로 유럽 시장에서 고전하고 있었다. 허네펠트에게 W33의 주문을 받을 당시 융커스는 정부로부터 회사를 루프트한자에 합병시키라는 압박을 받고 있었다. 루프트한자는 태생적으로 독일 제국의 은밀한 재무장을 위해 설립된 국영 회사였다. 강제 합병을 피하기 위해 필사적으로 북미 시장의 문을 두드리고 있던 융커스는 허네펠트의 대서양 프로젝트가 융커스 비행기의 우수성을 미국인들에게 증명해 주기를 기대했다. 허네펠트는 융커스가 반값에 제공한 W33에 '브레멘'이란 닉네임을 붙이고 대서양의 겨울 폭풍이 그치는 봄이 오기를 기다렸다.

1928년 4월 《Simplicissimus》 잡지 표지

여론은 우호적이지 않았다. 1927년 한 해에만 16명이 조종사가 대서양을 건너다 사망하자 유럽의 주요 언론들은 조종사들이 돈과 명예를 얻기 위해 목숨을 건 도박을 하고 있다며 이들의 모험을 비판했다. 1928년 4월 독일의 한 잡지에는 추락하는 비행기들의 그림과 함께 "작년의 끔찍한 교훈에도 불구하고 올해 여전히 대서양 횡단을 시도하는 조종사가 있다면 그는 바보이거나 자살을

꿈꾸는 자다"라는 기사가 실렸다. 암을 앓고 있는 허네펠트가 극적인 자살로 대서양 한복판에서 삶을 끝내려 한다고 비꼰 것이다.

융커스와 합병 문제로 갈등을 겪고 있는 루프트한자는 쾰에게 W33을 조종하지 말라고 경고했다. 쾰은 회사의 지시를 무시했다. 독일 정부가 대서양 횡단 비행을 전면 금지하는 법안을 추진하자 두 사람은 법적 제한이 없는 아일랜드로 건너가 더블린에서 뉴욕으로 대서양 횡단 비행을 출발하기로 했다.

이들의 계획을 눈치챈 독일 항공 당국은 관제사에게 '교활한 남작'이 제출한 비행 계획서가 대서양을 횡단할 수 있을 만큼의 이륙 중량일 경우 출발 허가를 내주지 말라고 지시했다. 대서양 횡단 프로젝트

독일 브레멘 공항에 전시되어 있는 융커스의 W33. 강하고 가벼운 알루미늄 합금을 사용해 항속 성능을 높였다.

가 시작도 하기 전에 좌초될 위기에 처하자 융커스는 미리 정비사를 아일랜드의 발도넬 비행장으로 보내 허네펠트와 쾰의 비행 준비를 지원했다.

1928년 3월 24일 쾰은 융커스사의 비행기 공장이 있는 데사우를 왕복하는 시험 비행으로 비행 계획서를 제출하고 당국의 출발 허가를 받았다. 쾰이 조종할 브레멘에는 전날 몰래 숨어든 허네펠트가 타고 있었다. 쾰은 혹시라도 자신들의 계획을 눈치챈 공항 당국이 활주로를 폐쇄할 것을 우려해 비행기를 잔디밭에 주기해 두었다. 다음 날 아침 허네펠트가 사라졌다는 보고를 받은 독일 정부가 브레멘 압수 명령을 내리자 쾰은 곧바로 아일랜드를 향해 이륙해 버렸다. 루프트한자는 즉시 쾰을 해고했다.

아일랜드에 도착한 쾰과 허네펠트는 발도넬 비행장의 책임자인 제임스 피츠모리스James C. Fitzmaurice를 자신들의 호텔로 초대했다. 1차 세계대전 당시 영국 공군의 에이스였던 그는 1927년 대서양 횡단을 시도했다가 악천후를 만나 되돌아온 경험이 있었다. 다시는 대서양 횡단 비행을 시도할 기회를 얻지 못할 피츠모리스에게 허네펠트는 함께 뉴욕으로 가자고 제안했다. 피츠모리스는 즉석에서 함께 가겠다고 대답했다. 루프트바페와 영국왕립비행단의 에이스가 대서양을 건너 미국으로 가는 비행에 한 팀이 된 것이다.

피츠모리스의 합류로 허네펠트와 쾰은 발도넬 비행장에서 원하는 만큼 시험 비행을 할 수 있었다. 다양한 고도와 속도로 체공시간을 분석한 이들은 브레멘이 뉴욕까지 갈 수 있다고 확신했다. 이들이 4월

12일 아일랜드를 출발한다는 계획이 알려지자 린드버그를 비롯한 유럽과 미국의 항공 전문가들은 한결같이 비행이 실패할 것이라고 전망했다. 월 스트리트에서 도박사들이 예측한 이들의 성공 확률은 1퍼센트에 불과했다.

4월 12일 새벽부터 발도넬 비행장은 세 명의 조종사를 배웅하기 위해 모여든 아일랜드 시민들로 가득했다. 몇몇 사람은 성당에서 가져온 성수를 브레멘에 뿌리며 이들의 무사 귀환을 기원했다. 비행기에 오르는 허네펠트의 안주머니에는 장전된 리볼버 권총이 들어 있었다. 그는 대서양에 추락할 경우 건강한 두 사람의 짐이 되지 않기 위해 자살할 생각이었다. 5시 38분 브레멘은 마침내 뉴욕을 향해 발도넬 비행장의 활주로를 이륙했다.

1928년 4월 12일 발도넬 비행장에 모여든 아일랜드 시민들. 스미스소니언 국립항공우주박물관

자정이 될 때까지 대서양 상공의 날씨는 맑았다. 새벽녘부터 발달한 뇌우로 하늘을 볼 수 없게 되자 쾰은 6천 피트까지 상승했다. 세 사람은 곧 자신들이 거센 폭풍우의 중심에 들어와 있다는 사실을 깨달았다. 자욱한 안개로 앞을 볼 수 없게 된 피츠모리스가 계기판을 확인하기 위해 손전등을 켠 순간 최악의 상황이 기다리고 있었다. 조종석 바닥은 온통 엔진에서 유출된 기름으로 덮여 있었다. 탱크 안에 남아 있는 연료는 채 4분의 1도 되지 않았다. 이대로 폭풍우가 몰아치는 대서양에 추락하는 순간 세 사람은 이미 죽은 목숨이었다. 미 동부 해안을 찾아 남서쪽으로 비행 중이던 이들은 연료가 유출되고 있는 이상 북서쪽으로 선회해 최대한 빨리 육지에 도달해야 했다. 문제는 나침반이 고장 나 정확한 방위각을 확인할 수 없다는 점이었다. 이들은 감각에 의존해 북서쪽으로 비행기를 몰았다.

브레멘이 뇌우 지역을 빠져나온 것은 다음날 새벽 7시였다. 맑게 갠 수평선 멀리 길게 펼쳐진 산맥이 시야에 들어왔다. 비록 눈 덮인 침엽수림으로 우거진 황량한 산악 지대였지만 살아서 착륙할 수 있다는 사실에 세 사람은 감격의 포옹을 나누었다. 뉴욕의 미첼 필드Mitchell Field에 도달할 수 있다는 희망은 이미 버린 지 오래였다. 최소한 이들이 대서양을 서쪽으로 건너 북아메리카 대륙에 도달한 사실은 분명했다. 세 명의 조종사는 산맥을 따라 남서쪽으로 내려가며 동이 트기를 기다리기로 했다.

17시 50분 피츠모리스는 캐나다 북동부의 그린리섬Greenly Island에서 비추는 등대 불빛을 발견했다. 마을이 있다는 증거였다. 브레멘은 얼어붙은 호수에 착륙했다. 아일랜드를 출발한 지 36시간 30분이 지난 시각이었다.

린드버그가 대서양을 건너 파리 상공에 도착했을 때 루브르제 비행장에는 10만여 명의 유럽 시민이 열광적으로 그를 맞이했었다. 반면 그린리섬에서 이들을 맞은 것은 비행기를 처음 본 캐나다인 8명과 이들을 끌고 온 썰매 개 7마리뿐이었다.

브레멘이 캐나다에 도착했다는 소식은 등대의 무선 연락망을 통해 곧 전 세계에 알려졌다. 이튿날 북미와 유럽에서 발행되는 모든 신문의 헤드라인은 이들의 특집 기사로 덮여 있었다. 허네펠트는 브레멘을 수리해 원래 계획했던 뉴욕까지 비행을 계속하려고 했지만 착륙 중 엔진이 파손되어 더 이상의 비행이 불가능했다. 3일 후 융커스의 딸이자 융커스사의 북아메리카 지부 부사장인 헤르타 융커스Herta Junkers는 F13을 몰고 허네펠트와 쾰, 피츠모리스를 뉴욕으로 데려오기 위해 그린리섬으로 날아갔다.

그린리섬에 착륙한 브레멘과 엔진 소리를 듣고 나온 섬 주민들. 스미스소니언 국립항공우주박물관

뉴욕에 도착한 세 사람은 200만 명의 미국 시민이 운집한 맨해튼에서 성대한 축하 퍼레이드를 받았다. 그동안 조종사들의 경쟁적인 대서양 횡단 비행 시도를 비판했던 미국 언론은 쾰과 피츠모리스, 허네펠트에 대해 "이들의 승리는 자연을 극복한 인류의 승리"라며 극찬을 아끼지 않았다.

이들은 두 달 동안 미국의 대도시를 돌며 환영식에 참석했다. 곧 유럽의 고향을 비행기로 자유롭게 오갈 수 있을 것이란 기대에 들뜬 미국인들은 서로 부둥켜안고 춤을 추며 축제를 벌였다. 세 사람은 여름이 되어서야 콜럼버스호를 타고 독일로 돌아왔다. 허네펠트와 쾰을

맨해튼에서 열린 환영식에 참석한 쾰, 피츠모리스, 허네펠트(왼쪽부터) ©Boston Public Library

범법자 취급했던 독일 정부도 대대적인 환영 퍼레이드로 이들을 맞았다. 쾰은 루프트한자에 다시 야간 비행 책임자로 복귀했지만, 허네펠트는 이듬해 2월 5일 36세의 나이로 사망했다. 사인은 위암이었다.

허네펠트의 대서양 횡단 비행 성공으로 정부의 강제 합병 압력에서 벗어난 융커스는 1930년 남아메리카에서 유럽을 거쳐 소련까지 비행할 수 있는 초장거리 비행기 Ju52를 출시했다. Ju52는 출시되자마자 단번에 베스트셀러로 등극했다. 강도와 고도, 속도 면에서 당대 최고의 비행기였던 Ju52는 무려 5천여 대가 생산되어 남미와 유라시아 노선 항공사들의 주력기로 운영되었다. 제2차 세계대전이 발발한 후 대부분의 Ju52는 수송기로 징집되어 1980년대까지 무기와 병력을 실어 날랐다. 히틀러와 장제스의 전용기도 Ju52였고, 프랑스가 베트남과의 디엔비엔푸 전투에서 공수부대원들을 실어 나른 비행기도 Ju52였다.

융커스의 꿈은 모든 승객들이 조종사처럼 비행기 전면에 앉아 하늘을 감상할 수 있는 초대형 여객기를 만드는 것이었다. 1932년 융커스는 비행기를 처음 제작할 때 그려두었던 디자인을 G38로 완성했다. G38은 당시 세계에서 가장 큰 비행기였다. G38 조종석 하단의 데크와 양 날개 전면에 배치된 일등석 승객들은 비행 내내 기장이 조종석에서 보는 것과 똑같은 외부 전경을 감상할 수 있었다.

금방이라도 전 세계 하늘을 지배할 것 같았던 융커스도 시대를 피해가진 못했다. 1933년 정권을 잡은 나치는 융커스에게 군용기 개발

최초의 전 금속 수송기이자 여객기인 융커스 Ju52. 시속 250킬로미터로 1천 킬로미터를 순항할 수 있는 탁월한 성능과 안정성을 바탕으로 2008년까지 남미와 유럽의 지역 항공사에서 운영되었다.

을 요청했다. 융커스는 자신의 비행기가 전쟁의 도구로 쓰이는 것을 거부했다. 나치는 융커스를 자택에 연금하고 그가 연구에 전념하기 위해 회사에서 물러났다고 발표했다. 2년 후 괴벨스는 융커스의 76번째 생일을 맞아 다시 그의 자택을 방문해 함께 새 조국을 건설하자고 설득했다. 융커스는 이번에도 나치의 요구를 거부했다. 괴벨스가 다녀간 후 융커스는 자택에서 사망했다. 정확한 사망 원인은 알려지지 않았다. 나치는 자신들에 대한 융커스의 저항 사실을 극비에 부치고 그의 장례식을 국가장으로 거행했다.

누구나 대서양을 자유롭게 횡단할 수 있는 비행기를 만들겠다는 융커스의 꿈은 나치를 만나 좌절되었지만, 시대를 앞서간 그의 디자

B737-800보다 날개 길이가 10미터나 긴 G38. 1910년 융커스가 특허를 받은 플라잉 윙flying wing 디자인으로 개발된 최초의 비행기다.

인은 지금도 그대로 적용되고 있다. 20세기 초 융커스가 고안한 날렵한 금속 동체와 일자형 날개, 유압 브레이크와 객실 공기 조절 시스템은 현대식 비행기의 원천이 되어 모험의 영역에 머물러 있던 비행을 일상의 교통 수단으로 바꾸어 놓았다. DC 시리즈로 한 시대를 풍미한 도널드 더글러스와 보잉사의 오리지널 엔지니어 웡쯔, 제로센을 제작한 호리코시 지로까지 수많은 제작자가 그의 디자인을 이어받아 뛰어난 비행기들을 탄생시켰다.

속도의 미국, 항속거리의 유럽

제2차 세계대전이 발발하기 전 북미 항공 여객 시장의 90퍼센트는 미국 더글러스사의 DC-3가 장악하고 있었다. 1940년대 후반 들어 개발된 DC-3와 록히드의 콘스텔레이션Constellation은 한동안 전 세계를 지배할 것처럼 보였다. DC-3의 소음과 진동은 대서양 횡단과 같은 장거리 비행에서는 심각한 피로 요인이었지만, 북미에는 비행기가 언제든 착륙할 수 있는 도시가 곳곳에 있었다. 지중해와 대서양 너

1950년대 상용 여객기 시장을 장악했던 더글러스 DC-4(위)와 록히드 콘스텔레이션

머 식민지를 장거리 비행기로 연결하려고 시도했던 유럽과 달리, 미국의 항공산업은 시간에 민감한 승객들을 위해 빠른 속도를 추구하는 방향으로 발전했다. 2차 대전 후 보잉이 뛰어들기 전까지 북미 프로펠러 여객기 시장의 최강자는 단연 더글러스사였다.

제2차 세계대전 중 군용기 사업에 전념하던 보잉이 전쟁 후 상용기 시장에 진입하면서 더글러스와 록히드의 독주는 끝났다. 전쟁

1947년 보잉이 출시한 스트라토크루저. 프로펠러 여객기 중 가장 성능이 뛰어난 비행기로 1960년대 초반까지 태평양 노선과 유럽 노선을 장악했다.

이 끝나자 보잉은 B-29 폭격기를 개조해 호화로운 복층 객실을 가진 스트라토크루저Stratocruiser를 출시했다. 스트라토크루저는 일반 여행객을 위한 비행기가 아니었다. 객실에는 에어컨 시스템이 장착되어 있었고 나선형 계단을 타고 아래층으로 내려가면 풀 베드 침실과 호화로운 라운지가 있었다. 뉴욕에서 런던까지 가는 스트라토크루저의 퍼스트 클래스 편도 티켓은 4백 달러(2022년 기준 5천 달러)였다. 스트라토크루저는 출시되자마자 대서양 노선을 장악하며 미국의 상징인 팬암과 북미 대륙을 운항하는 거의 모든 유럽 항공사들의 주력기로 자리잡았다.

스트라토크루저는 시속 560킬로미터를 낼 수 있는 우수한 항속 성

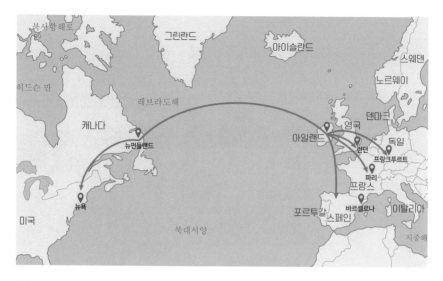

상업 비행 초기 대서양을 횡단하는 프로펠러 여객기들은 항속거리가 짧아 뉴펀들랜드와 아일랜드에 중간 착륙해 연료를 재보급했다.

능을 갖추고 있었지만 대서양을 횡단할 때에는 반드시 뉴펀들랜드나 아일랜드에 기착해 연료를 재보급해야 했다. 보잉의 독주에 위기감을 느낀 더글러스와 록히드가 DC-7과 콘스텔레이션의 성능을 개선하면서 항속거리가 다소 증가하기는 했지만, 수십 개의 실린더와 복잡한 엔진을 장착한 대형 프로펠러기는 이미 운영 효율의 한계에 도달하고 있었다.

저무는 대영제국의 꿈 코밋

회전 운동을 하는 제트엔진은 상하 운동을 하는 프로펠러기의 피스톤 엔진보다 기계적으로 훨씬 간단하다. 상업용 항공 여객 수요가 제한적인 상황에서 가장 큰 고려 사항은 연비였다. 제트기는 저고도에서 프로펠러기보다 최소 세 배 이상의 연료를 소모했다. 고고도로 올라가면 제트엔진의 연료 효율이 프로펠러기를 능가할 것이라고 생각한 엔지니어는 없었다.

20세기 최고의 엔진 회사는 1906년 영국의 천재 엔지니어 프레드릭 로이스와 찰스 롤스가 설립한 롤스로이스Rolls-Royce였다. 당시 영국은 제트엔진 분야에서 미국보다 훨씬 앞서 있었다. 극비리에 제트 여객기 프로젝트에 착수한 영국은 본격적인 설계 작업을 시작한 지 불과 3년 만에 시제품 제트 여객기를 완성했다. 코밋(COMET, 혜성)이란 이름의 이 제트 여객기는 3만 5천 피트 이상의 고고도에서 연료를 절반만 쓰면서도 DC-4보다 두 배 이상 빠른 속도를 냈다. 고고도에서 승객이 호흡을 할 수 있도록 객실에 공기를 불어넣어 주고, 이로 인해 발생하는 동체 내외부의 압력 차이만 견딜 수 있도록 강도를 보강하면 코밋이 대서양 노선을 장악하는 것은 시간문제였다.

1952년 5월 2일 영국은 런던 공항에서 대서양을 논스톱으로 횡단할 수 있는 세계 최초의 제트 여객기 코밋을 공개했다. 남아프리카공화국의 요하네스버그까지 가는 이 비행기에는 36명의 승객과 승무원 6명이 타고 있었다. 코밋은 단순히 영국의 항공 기술력을 과시하기 위해 개발한 여객기가 아니었다. 코밋의 목표는 미국이 장악하고 있는 대서양 횡단 노선을 탈환하는 것이었다.

코밋의 시험 비행 소식은 유럽은 물론 미국에서도 큰 관심을 끌었다. 코밋은 DC-7보다 무려 시속 200킬로미터 이상 빨랐다. 전 세계 항공 시장 석권을 노리는 미국의 팬암도 코밋을 주문하지 않고

세계 최초의 대륙간 제트 여객기 코밋. 3만 5천 피트의 순항고도에서 시속 850킬로미터를 낼 수 있었다.

는 대서양 노선을 모두 잃을 판이었다. 출시 첫 해 코밋은 대륙 간 노선을 운영하는 전 세계 항공사에 도입되어 2만 8천 명의 승객을 태우고 1억 7천만 킬로미터를 비행했다. 코밋이 취항하는 곳마다 구경꾼들과 기자들이 몰려들어 인산인해를 이뤘고, 왕족과 연예인 등 최고급 VIP들은 과시적으로 코밋에 탑승했다. 영국은 미국이 앞으로 몇 년 동안 코밋과 같은 수준의 제트 여객기를 개발하지 못할 것으로 생각했다.

영국의 희망은 오래 가지 못했다. 1954년 1월 10일 로마 인근의 티레니아해 상공을 비행 중이던 코밋이 돌연 공중에서 폭발한 것이다. 영국은 추락한 코밋의 잔해를 인양해 사고 조사에 착수했다. 잔해를 정밀 분석한 왕립 항공 연구소 엔지니어들은 코밋의 구조적 안정성에 이상이 없다는 결론을 내렸다. 사고 원인이 정확히 밝혀지지 않은 상태에서 영국은 코밋을 다시 라인에 투입했다. 대중은 여전히 코밋을 신뢰했고 비행이 재개되자마자 전 좌석이 매진되었다.

그로부터 채 3개월이 지나지 않은 4월 8일, 로마를 출발해 카이로로 가던 남아프리카항공의 코밋이 3만 5천 피트 상공에서 또 다시 폭발했다. 연이은 두 차례의 공중 폭발 사고에 언론은 코밋의 신뢰성을 의심하는 기사를 쏟아내기 시작했다. 직접 조사위원회를 구성한 윈스턴 처칠 총리는 비용을 고려하지 말고 정확한 사고 원인을 밝혀내라고 지시했다. 위원회는 최초 로마 상공에서 추락한 코밋 여객기의 잔해부터 재조사에 착수했다.

새로 구성된 위원회는 인양된 동체에서 금속 피로의 흔적을 발견했다. 사고 조사에 참여한 로들리 기장은 코밋의 동체가 고공의 압력 차이를 견딜 수 있는 것은 분명하지만, 반복된 압력차에 노출되는 주기가 고려되지 않았다고 지적했다. 로들리 기장의 제안에 따라 조사위원회는 코밋의 동체를 물탱크에 넣고 3만 5천 피트까지 상승했다가 착륙할 때의 압력 변화를 반복 시뮬레이션했다. 3분 간격으로 압력 변화에 노출된 코밋의 동체는 예상했던 것보다 40배 이상 빠르게 노화되었다.

로마에서 추락한 희생자들의 시신을 조사한 이탈리아 병리학자의 부검 보고서 역시 로들리 기장의 주장에 힘을 실었다. 희생자들의 폐에서는 공통적으로 폭발적인 감압에 노출된 흔적들이 발견되었다. 결정적인 증거는 6월 24일 조사위원회의 물탱크 시뮬레이션에서 나타났다. 9천 시간에 해당하는 압력 변화에 노출된 코밋의 계기판이 폭발적인 감압을 표시한 것이다. 물탱크의 물이 모두 빠진 후 드러난 코밋의 모습에 과학자들은 경악했다. 코밋의 동체가 완전히 반으로 갈라져 있었다. 로마 인근 해상에서 발생했던 두 차례의 추락 사고는 고공의 기압 변화를 견디지 못한 동체에 균열이 생겨 폭발한 것이었다. 해가 지지 않는 제국, 영국의 대서양 횡단 프로젝트는 혜성처럼 사라졌다.

대서양을 장악한 보잉 707

제2차 세계대전 당시 보잉사의 슬로건은 "우리는 함께한다We are all in it together"였다. 전쟁이 지속되는 동안 보잉은 B17 플라잉 포트리스를 포함해 총 98,965대의 비행기를 연합군에 납품했다. 미국 전체 비행기 생산량의 28퍼센트였다. 연합군의 주력 폭격기인 B17의 생산량은 1942년 한 달 60대에서 1944년에는 362대로 늘어났다.

전쟁이 끝난 후 보잉사는 민항으로 눈을 돌렸지만 북미 상용기 시장은 이미 더글러스의 프로펠러 여객기가 장악하고 있었다. 보잉은 B-29 폭격기를 개조해 더글러스의 DC-7과 경쟁하는 한편, 군용기 개발의 노하우와 시설을 활용해 제트 여객기 시장에 도전했다. 보잉의 제트 여객기 사업 전략은 회사의 사활을 건 모험이었다. 보잉의 우려는 이유가 있었다. 대부분의 미국 항공사는 이미 성능이 검증된 더글러스의 대형 프로펠러기를 운영하고 있었고, 코밋의 잇따른 폭발 사고를 목격한 대중은 제트 여객기의 안전성을 의심하고 있었다. 보잉 B707 프로젝트의 성공 여부는 항공사와 승객들의 대형 제트 여객기에 대한 의구심을 어떻게 해소하느냐에 달려 있었다.

해가 쨍쨍 내리쬐는 1955년 8월 7일 워싱턴 호수 상공에서는 수상 비행기들이 속도를 겨루는 골드컵 레이스가 펼쳐지고 있었다. 경기가 끝난 후 호수 상공에서는 보잉사의 신형 제트 여객기 B707이 등장할 예정이었다. 보잉은 호수 위에 최고급 유람선을 띄워놓고 전 세계 항공사 사장과 국방부 고위 인사들을 초청했다. 보잉의 경영진은 그들이 B707의 안정성을 눈으로 확인하고 그 자리에서 구매 의사를 보여주기를 기대했다.

수상 비행기 경주가 끝나고 드디어 4발의 제트엔진을 장착한 B707이 호수 상공에 모습을 드러냈다. 보잉사 사장인 빌 앨런이 국방부 장관에게 B707의 제원을 설명하려는 순간 믿을 수 없는 장면이 펼쳐졌다. 호수 상공을 저공비행하던 B707이 돌연 굉음을 내며 하늘로 솟구쳐 오르더니 동체를 비틀기 시작했다. 정점에 오른 비행기는 180도로 뒤집힌 채 거대한 나선을 그리며 호수로 떨어졌다.

조종사 세계의 격언 중에 "신형 비행기의 첫 번째 조종사가 되지 마라"는 말이 있다. 새로 개발된 비행기에는 늘 엔지니어와 조종사가 미처 예측하지 못한 위험과 실수의 가능성이 존재한다는 의미다. 당시 일반인들은 물론 항공사 조종사들도 대형 제트 여객기는 공중에서 기체가 뒤집히면 정상 자세로 복구가 불가능하다고 생각했다. 프로펠러는 자체적으로 바람을 생성하지만 제트 여객기는 그렇지 않다는 이유였다. 계획된 시연 비행 프로그램은 참석자들이 비행기를 잘 볼 수 있도록 호수 위를 저공으로 선회하는 것이었다. 앨런 사장은 보잉 최고의 테스트 파일럿인 앨빈 존스톤Alvin Johnston이 가장 중요한 순간에 실수를 했다는 사실을 믿을 수 없었다.

존스톤은 2차 대전 때부터 B47 스트라토를 비롯해 B52 스트라토 포트리스까지 보잉에서 개발한 모든 최신예 전폭기들을 테스트한 당대 최고의 파일럿이었다. 앨런은 숨을 헐떡이며 심장병을 앓고 있는 벨사Bell Aircraft의 래리 벨 회장에게 심장약을 하나 달라고 부탁했다.

우아한 곡선을 그리며 선회를 마친 B707은 어느새 호수 위를 유유히 날고 있었다. 존스톤 기장이 B707로 배럴 롤barrel roll을 시연해 보인 것이었다. 배럴 롤은 소형 전투기나 곡예 비행기가 하는 것이지, 4발 엔진을 단 거대한 제트 여객기가 할 수 있다고 생각하는 사람은 아무도 없었다.

배럴 롤은 단순히 조종사의 비행 실력을 보여주는 기동이 아니다. 최고 속도로 가속한 비행기가 상승을 시작하는 순간 날개에는 중력의 두 배에 해당하는 스트레스가 가해진다. 배럴 롤이 가능하다

시애틀 상공에서 180도로 뒤집힌 존스톤의 B707. 비행기가 뒤집힌 순간 테스트 엔지니어인 화이트헤드가 객실 창가에 무릎을 꿇고 앉아 찍었다.

는 것은 비행기가 곡예비행 수준의 역학적 스트레스를 견딜 수 있는 강도를 가지고 있다는 것이며, 동체가 거꾸로 뒤집힌 상태에서도 안정적으로 정상 자세로 복귀할 수 있다는 것을 보여주는 것이다.

앨런 사장이 충격을 달래고 있는 와중에 존스톤은 두 번째 배럴 롤에 들어갔다. 속도를 올린 비행기가 다시 몸을 뒤집으며 상승하기 시작하자 앨런은 존스톤이 정신을 잃었거나 항공기가 통제 불능 상태에 빠진 것으로 생각했다. 앨런 사장의 이마에서 식은 땀이 흘러내렸다. 잠시 후 비행기는 유유히 자세를 회복하고 다시 매끄럽게 호수 주위를 선회했다. 존스톤은 두 차례의 배럴 롤이 조종사의 실수나 통제 장치의 고장이 아니라 B707의 신뢰성을 보여준 의도적 기동이라는 것을 말하고 있었다.

호숫가에 모여 있던 군중들은 육중한 B707의 경이로운 기동에 열

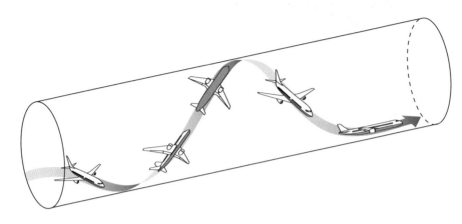

배럴 롤. 비행기의 역학적 특성을 이해하고 이를 제어하는 중등 비행 훈련 과목이다.

광했다. 보트에서 에어쇼를 관람하던 항공사 사장단과 국방부 인사들도 자리에서 벌떡 일어나 박수 갈채를 보냈다. 존스톤이 시연 비행을 마치고 사라질 때까지 이들의 박수는 멈추지 않았다.

다음 날 존스톤은 앨런의 사무실로 불려갔다. 사무실 안에는 보잉의 경영진이 모두 모여 있었다. 앨런은 존스톤에게 회사의 유일한 B707 비행기를 위험에 빠뜨린 이유를 물었다.

"우리의 제트 여객기 사업이 성공하려면 구매력을 가진 항공사 경영진과 국방부 인사들이 B707의 안정성과 성능을 확신할 수 있어야 합니다. 나는 그들에게 비행기의 신뢰성을 입증하는 임무를 맡았습니다. 비행에 대한 지식이 조금이라도 있다면 B707의 배럴 롤이 전혀 위험하지 않다는 것을 이해할 수 있을 것입니다. 배럴 롤은 아래에서 보면 매우 위험해 보이지만 비행기 안에 있는 사람들은 자신이 거꾸로 서 있다는 사실조차 느끼지 못합니다."

얼마 지나지 않아 앨런은 존스톤이 에어쇼에서 무슨 일을 했는지
깨달았다. 보잉은 국방부와 민간 항공사로부터 공장을 2년간 24시
간 가동해도 부족할 만큼의 B707 구매 주문을 받았다. 미국 정부는
B707을 에어포스원으로 결정했고, 팬암은 뉴욕과 파리를 잇는 직항
노선을 개설하고 한꺼번에 20대의 B707을 주문했다.

B707로 본격적인 제트 여객기의 시대를 연 보잉은 1년도 되지 않
아 코밋이 사라진 대서양 항로를 완전히 장악했다. 보잉은 1958년부
터 1994년까지 전 세계에 1,010대의 B707을 인도했다.

앨빈 존스톤. 1946년 클리블랜드에서 열린 비행 대회에서 시속 1,120킬로미터의 세계 기록을 세웠으며, 최초의 미
국 제트기인 Bell XP-59A4로 4만 피트 고도를 비행한 최초의 조종사다. 《라이프》

2부

시대와의
불화

6장

식민지 조종사의
마지막 비행

경성 하늘에 뜬 비행기

러일전쟁의 승리로 한반도에서 주도권을 잡은 일본은 조선을 강제
합병하고 용산에 대일본 제국 조선군 사령부를 설치했다. 용산 연병
장은 단순한 군사 훈련장이 아니라 대규모 군중 행사가 열리는 일본
제국의 선전 무대였다. 우리나라에서 비행기가 첫 선을 보인 곳도 용
산 연병장이었다. 나무 뼈대에 천을 씌워 만든 초기 프로펠러기의 이
착륙거리는 백 미터 남짓이었는데, 당시 경성에서 백 미터를 활주할
수 있는 곳은 용산 연병장밖에 없었다.

　라이트 형제가 인류 최초의 동력 비행에 성공한 지 단 8년 만에 일
본은 자력으로 비행기를 만들었다. 도쿄제국대학 공학부를 수석 졸
업한 나라하라 산지奈良原三次의 작품이었는데, 그는 독학으로 유럽의
비행기 설계 지식을 마스터할 정도로 공학적 재능이 뛰어났다. 1910년

나라하라는 순전히 자신만의 손으로 나라하라식 1호기를 제작했다. 첫 시험 비행에 나선 나라하라식 1호기는 엔진 출력이 약해 이륙에 실패했다. 이듬해 5월 나라하라는 엔진 성능을 두 배로 높인 나라하라식 2호기로 도코로자와 비행장을 날아올랐다.

2년 후 나라하라는 도쿄제국대학과 도요비행기회사의 지원을 받아 프랑스제 7기통 엔진을 장착한 나라하라식 4호기를 완성했다. 나라하라식 4호기는 단순히 하늘에 떠 있는 수준이 아니라 공중 기동이 가능한 진정한 의미의 비행기였다. 나라하라는 비행기에 요코즈나(스모 챔피언)의 이름을 따 '오토리'라는 닉네임을 붙였다. 나라하라는 오토리호를 몰고 요시히토嘉仁 왕세자와 그의 아들 히로히토裕仁 앞에서 직접 시연 비행을 했다. 열두 살 소년 히로히토는 나라하라가 이륙하는 순간부터 비행을 마치고 내려올 때까지 한순간도 오토리호에서 눈을 떼지 못했다. 요시히토가 일본 왕실의 법도를 깨고 나라하라를 면전에 불러 치하하는 동안, 히로히토는 비행기로 다가가 비행기를 만져보았다. 나무로 만든 프로펠러의 촉감은 금속처럼 매끄러웠다.

메이지 시대 일본인들에게 비행기는 타는 것이 아니라 보는 것이었다. 왕실의 전폭적인 지원을 등에 업은 나라하라는 '나라하라 비행단'을 만들어 전국을 순회하며 에어쇼를 개최했다. 삽시간에 일본 사회 전반에 비행기 열풍이 불었다. 학교마다 모형 비행기 제작 수업이 생겼고 공원에서는 체공시간과 거리를 겨루는 모형 비행기 경기 대회가 열렸다.

조선총독부는 조선인들이 일본의 식민 지배를 당연한 것으로 받아들이게 하기 위해 다양한 심리 사업을 펼쳤다. 핵심은 일본인이 조선인보다 월등히 뛰어난 존재라는 것을 각인시키는 것이었다. 해수 구제 사업이란 명목으로 조선인들이 산군山君이라 부르며 두려워하는 호랑이를 잡아 내건 것도 "일본인은 임금님도 피하는 범까지 다스린다"라는 것을 보여주기 위해서였다.

유럽 제국이 그랬던 것처럼, 일본은 근대의 과학 기술을 제국 팽창의 도구이자 인종적 우월성의 근거로 이용했다. 나라하라의 에어쇼는 사람이 하늘을 난다는 사실을 상상조차 하지 못하는 '미개한' 조선인들에게 일본인의 우수성을 과시할 수 있는 더없이 좋은 소재였다. 조선총독부는 나라하라를 경성으로 초청하고 《매일신보》와 《경성일보》 제1면에 "용산 연병장에서 사람이 하늘을 난다"는 기사를 냈다.

경성 에어쇼가 열리는 날 아침 종로통부터 용산으로 이르는 거리는 몰려든 사람들로 발 디딜 틈조차 없었다. 젊은 사람들은 용산 연병장이 보이는 자리를 찾아 남산 기슭으로 기어 올라갔다. 사람들이 기다림에 지쳐갈 즈음 제국군 사령부 건물에서 가죽 비행복을 입은 한 남자가 나왔다. 나라하라의 제자인 시라토 에노스케였다. 시라토는 총독부 고관들이 앉아 있는 귀빈석을 향해 정중히 거수경례를 한 후 오토리호를 향해 뚜벅뚜벅 걸어갔다. 잠시 후 조종석에 오른 시라토가 군중을 향해 버럭 소리를 질렀다.

"시동을 걸 테니 모두 물러서라."

푸르르륵 하는 소리와 함께 오토리호에 시동이 걸렸다. 희뿌연 연기를 내뿜으며 연병장을 내달리던 오토리호는 힘차게 하늘로 솟구쳐 올랐다. 사람들은 제 눈을 믿을 수 없었다. 지팡이를 짚고 있던 노인은 다리에 힘이 풀려 그 자리에 풀썩 주저앉고 말았다.

오토리호는 요란한 엔진음을 내며 순종이 기거하는 창덕궁 상공을 한 바퀴 선회한 뒤 다시 용산 연병장으로 돌아왔다. 비행기에서 내리는 시라토의 표정은 거만하기 짝이 없었다. 다음 날 신문에는 조종복을 입은 시라토의 사진과 함께 오토리호의 비행 소식이 대서 특필되었다.

"연병장에 몰려든 촌민들은 사람이 탄 기계가 공중에 올라갔다가 내려앉았다는 사실에 넋을 잃고 말았다."

조선인들의 반응은 조선총독부의 기대 이상이었다. 시라토의 비행

치바시 이나게민간항공기념관에 전시되어 있는 오토리호

은 조선의 산하와 만백성이 일본의 발 아래 있다는 것을 보여준 것이었다. 일본인이 비행기를 타고 경성 하늘을 누볐다는 이야기는 삽시간에 조선 반도 전역으로 퍼져나갔다.

일본은 제국비행협회를 설립하고 민간 차원의 비행기 개발과 조종사 양성을 독려했다. 국가의 전폭적인 지원에 힘입어 일본의 항공 기술은 하루가 다르게 발전했다. 도쿄제국대학을 필두로 전국의 제국대학마다 항공공학과가 개설되었고 나카지마와 미츠비시, 가와사키 같은 회사들은 유럽과 미국에 유능한 직원을 파견해 비행기 설계와 제작 기술을 배워오게 했다. 일본에서 민간 비행 대회가 열리기 시작한 것도 이때부터다. 고도와 속도, 체공시간을 겨루는 비행 대회는 조종사뿐 아니라 대중들 사이에서도 큰 인기를 끌었다. 특히 상대적으로 성능이 뒤처지는 비행기로 출전해 조종 실력만으로 경쟁자를 따돌린 조종사는 언론의 조명을 받으며 스타로 부상했다. 주최측인 제국비행협회가 우승한 조종사에게 비행기를 부상으로 수여할 정도로 비행 대회의 열기는 뜨거웠다.

1914년 8월 조선총독부는 제국비행대회에서 우승한 타카유키 다카소를 경성으로 초청했다. 스무 살에 혈혈단신 미국으로 건너가 독학으로 비행기를 만들고, 그 비행기로 미국 조종사 면허를 따온 타카유키는 제국비행대회를 휩쓸며 당대 일본 최고의 조종사로 명성을 날리고 있었다.

경성에 도착한 타카유키는 몰려든 기자들에게 "지금까지 한 번도 보지 못한 광경을 보게 될 것"이라고 예고했다. 에어쇼가 펼쳐지는 날 아침, 용산 연병장을 이륙한 타카유키는 경복궁까지 연속적으로

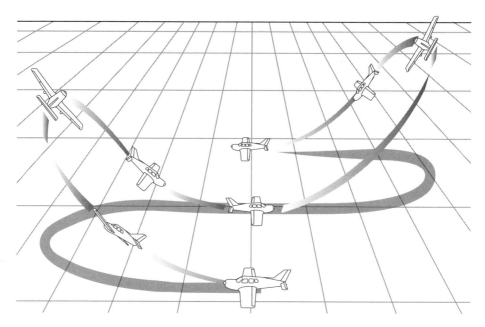

레이지 에이트. 중심선을 가운데 두고 입체 8자 형태로 비행기의 고도와 속도, 방향을 동시에 제어하는 기초 비행 훈련 과목이다.

고도와 방향을 바꾸는 레이지 에이트Lazy-8를 기동하며 날아갔다. 비행기가 왜애애앵~ 하는 굉음을 내며 종로통 한복판으로 돌진할 때마다 거리에 서 있던 군중들은 비명을 지르며 자지러졌다.

조선총독부는 매년 제국비행대회에서 입상한 조종사들을 경성과 평양, 부산으로 초청해 에어쇼를 개최했다. 매년 비슷한 패턴의 에어쇼가 반복되자 조선인들의 반응도 점차 시들해졌다. 획기적인 에어쇼를 보여주고 싶었던 조선총독부는 1917년 도쿄를 방문 중인 미국 조종사 아서 스미스Arthur Smith를 경성으로 초청했다.

제1차 세계대전이 끝날 무렵 미국에서는 엄청난 수의 잉여 비행기가 다양한 분야에 활용되었다. 사진 촬영, 측량, 농작물 농약 살포 등 비행기의 용도는 무궁무진했다. 그래도 비행기는 남아돌았다. 직업을 구하지 못한 조종사들은 마을을 돌아다니며 가상의 적기와 공중전을 벌이는 스턴트 비행을 펼쳐보였다. 사람들이 모여들면 조종사의 아내들은 팸플릿과 핫도그를 팔았다. 1세대 스턴트 파일럿 중에서도 아서 스미스는 조명탄과 연막탄을 이용한 에어 캘리그래피로 최고의 인기를 구가하고 있었다.

경성에서 펼쳐진 아서 스미스의 에어쇼는 일본 조종사들의 그것과

1920~30년대 유행했던 곡예비행. 복엽이 생성하는 큰 양력 덕분에 매우 느린 속도로 비행할 수 있어 날개 위에서 사람이 다양한 묘기를 펼쳤다.

는 차원이 달랐다. 로켓처럼 수직으로 상승했다가 거꾸로 추락하는 상황을 재연하는가 하면, 날개 위에 사람을 세워놓고 공중 선회를 하기도 했다. 에어쇼의 클라이맥스에서 아서 스미스는 비행기가 고장 난 것처럼 날개를 이리저리 흔들며 연막탄을 터뜨렸다. 놀란 관중들이 비명을 지르면 아서 스미스는 검은 연기를 내뿜으며 전속력으로 지면을 향해 돌진했다.

아서 스미스는 군중을 흥분시키는 법을 알았다. 맹렬한 속도로 추락하던 비행기는 아슬아슬하게 지면을 스치더니 다시 힘차게 하늘로 날아올랐다. 잠시 후 비행기는 하늘에 'SMITH'라는 구름 글자를 쓰기 시작했다. 사람들의 입에서 절로 탄성이 터졌다. 아서 스미스는 마른하늘에 비를 내리게 할 수도 있을 것 같았다. 비행기에서 내려오는 아서 스미스를 바라보는 일본인들은 하나같이 넋이 빠져 있었다. 친구들과 함께 용산 연병장을 찾은 열일곱 살 청년 안창남도 그랬다. 안창남은 일본인들이 자신을 우러러보는 모습을 상상했다. 아서 스미스의 곡예비행쯤이야 배우기만 하면 얼마든지 할 수 있을 것 같았다.

어려서 어머니를 잃은 안창남은 계모의 교묘한 차별과 학대 속에 자랐다. 휘문의숙에 다니던 중 아버지가 병으로 사망하자 계모는 안창남에게 밥도 주지 않았다. 아서 스미스가 경성을 방문했을 당시 안창남은 미래에 대한 의지와 희망을 잃고 깊은 무력감에 빠져 있었다. 안창남은 당장 일본으로 건너가 비행을 배우고 싶었지만 문제는 돈이었다. 비행학교에 등록하려면 최소한 3천 원은 있어야 했지만 안창남의 주머니 속에는 당장 국수 한 그릇 사 먹을 돈도 없었다.

1919년 1월 21일 평소처럼 밤참으로 식혜를 마신 고종이 심한 경련을 일으키더니 반 시간 만에 사망했다. 덕수궁에 들어가 염을 한 사람으로부터 고종의 치아가 모두 빠지고 몸이 심하게 부어 있었다는 소문이 퍼지자 조선인들은 고종이 독살되었다고 생각했다. 조선인들은 분노했다. 고종의 장례식이 열리는 3월 1일 오후 2시, 33인의 민족 대표는 경성 태화관에서 독립 선언서를 낭독하고 대한 독립을 선언했다. 같은 시간 탑골공원에 모여 있던 학생과 시민들은 일제히 품 안에 숨겨둔 태극기를 꺼내 들고 "대한 독립 만세"를 외치며 거리로 뛰쳐나왔다. 만세 운동을 주동한 학생들 중에는 안창남의 휘문의숙 학우들도 포함되어 있었다.

학우들의 만세 운동 거사 소식을 들은 안창남은 뒤통수를 얻어맞은 것 같았다. 절친했던 학우조차 자신에게는 거사 계획을 알리지 않았다는 사실에 안창남은 자신이 혼자라는 사실을 깨달았다. 그날 밤 안창남은 계모가 반닫이에 숨겨놓은 돈 3천 원을 꺼내 들고 집을 나왔다. 계모가 부친이 자신을 위해 남겨놓은 땅을 팔고 받은 돈이었다.

파일럿이 된 식민지 청년

초기 유인 비행기는 거의 매 비행마다 고장이 발생했다. 비행 중 고장을 처치하는 능력은 생명과 직결된 문제였기 때문에 초창기 서구의 비행학교에서는 정비부터 가르쳤다. 유럽의 비행 훈련 시스템을 모방한 일본에서도 조종사가 되려면 우선 정비를 익혀야 했다. 도쿄에 도착한 안창남은 아카바네 비행기 제작소에 들어갔다. 휘문의숙에서 나름 신학문을 익혔던 안창남에게 비행 이론과 설계 도면은 그리 어렵지 않았다. 안창남은 타카유키처럼 직접 만든 비행기로 경성 하늘을 날고 싶었다. 1년 후 아카바네 비행기 제작소를 졸업한 안창남은 곧바로 오구리 비행학교에 입학했다.

조종 훈련생의 성취도는 비행기에 오르기 전에 결정된다. 공중에서 뭘 어떻게 해야 할지 모르는 사람이 조종석에 앉는 것은 테마파크의 놀이기구를 타는 것과 다르지 않다. 훈련 과목을 이해하고 충분한 모션 스터디를 하고 나온 조종사는 단번에 과목을 성공하지만, 준비가 되지 않은 조종사는 열 번을 시도해도 실패한다. 실 비행기 훈련은 조종 훈련생의 준비도를 확인하는 과정이다. 안창남은 6개월 만에 정해진 모든 훈련 과목을 성공했다. 조선에서 들고 온 3천 원으로 할 수 있는 것은 거기까지였다. 비행 대회에 출전해 입상해야 프로 조종사로서 활동할 길이 열리지만 이제 막 비행을 시작한 안창남에게 비행기를 내줄 사람은 없었다. 비행을 계속할 수 있는 길은 오구리 비행학교에 교관으로 남아 훈련생을 가르치는 것뿐이었다.

1921년 일본에서 민간 조종사 자격 제도가 신설되었다. 조종사 자격은 비행시간에 따라 세 등급으로 구분되었다. 3등 조종사는 정해진 공역에서만 비행할 수 있었지만, 2등 조종사 이상이 되면 어디든 자유롭게 비행할 수 있었다. 안창남은 첫 시험에 응시해 3등 조종사 자격을 취득했다. 정식 조종사가 된 안창남은 제국비행협회가 주관하는 비행 대회에 참가하고 싶었지만 비행기가 없었다. 오구리 비행학교에 있는 유일한 비행기는 언제나 교장인 오구리의 몫이었다.

어느 날 훈련 비행을 마치고 내려온 안창남은 동료들로부터 육군이 신예 조종사를 지원하는 차원에서 안창남에게 나카지마 비행기를 빌려주겠다고 제안했다는 소식을 들었다. 그동안 반복된 엔진 고장으로 3명의 육군 조종사가 사망하자 격납고에 방치해 둔 비행기였다.

육군이 '반도 출신' 조종사에게 이런 비행기를 내주는 의도는 뻔했다. 동료들이 비행기 인수를 극구 만류했지만 안창남은 기적적으로 찾아온 대회 참가 기회를 놓칠 수 없었다.

대회가 열리기 전날까지 안창남은 비행기를 분해해 꼼꼼히 정비했다. 그러나 막상 대회 당일 아침이 되자 비행기는 시동조차 걸리지 않았다. 다른 참가자들이 출발하고 한참이 지나서야 정비를 마친 안창남은 홀로 요요기 연병장을 이륙했다. 대회는 오사카까지 총 500킬로미터 경로를 돌아오는 장거리 레이스였다. 첫 구간을 통과한 지 10분이 지났을 무렵 갑자기 프로펠러가 떨리기 시작하더니 엔진이 꺼졌다.

공중에서 엔진이 꺼지면 체공시간은 고도에 비례한다. 고도 3천 피트에서 엔진을 잃었을 때 비상 착륙까지 주어진 시간은 체 5분이 되지 않는다. 인근에 활공으로 착륙할 수 있는 개활지가 있었지만 안창남은 경로를 이탈하지 않았다. 대회를 완주하지 못한 조종사에게 다시 기회가 주어지지 않을 것은 자명했다.

안창남은 기수를 눌러 비행기의 속도를 증속시켰다. 윈드밀링으로 프로펠러가 돌기 시작하는 순간을 놓치지 않고 안창남은 기적처럼 엔진을 되살려냈다. 그러나 고도를 회복하기 위해 파워를 증가시키자 엔진에서 다시 불규칙한 진동이 발생했다. 안창남은 상승을 포기하고 이리저리 골짜기 사이를 오가며 대회를 완주했다. 총 비행시간은 7시간 46분이었다. 예상을 뒤엎고 안창남이 무사히 도쿄로 복귀하자 일본 육군은 발칵 뒤집혔다. 육군 항공대 교장은 "그동안 민간 조종사보다 못한 실력을 가지고 멀쩡한 비행기 탓만 했다"며 조종사들을 질책했다. 다음 날 신문에는 "반도 출신의 신예 조종사가 고장 난 육군 비행기로 장거리 비행 대회를 완주하다"라는 제하의 특집 기사가 실렸다.

일본 제국은 의도적으로 죽음을 고결한 행위로 미화했다. 남방 전선으로 끌려가 총알받이가 된 병사들의 죽음을 보도할 때마다 언론은 으레 '산화散花'라는 표현을 사용했다. 산화란 원래 불교에서 꽃을 뿌리는 법의식을 뜻하는 말이다. 기관총 세례를 받고 쓰러지는 병사들을 흩날리는 벚꽃 잎에 비유해 죽음을 처연한 아름다움으로 묘사한 것이다. 일본인들이 추락을 목전에 둔상황에서 비상 착륙을 하지 않고 끝까지 대회를 완주한 안창남으로부터 받은 감동도 같은 맥락이었다.

안창남은 이듬해 두 번째 참전한 대회에서 준우승을 차지하며 일약 정상급 파일럿으로 등극했다. 마침 천도교의 도쿄 주재원으로 나와 있던 방정환이 안창남의 활약을 월간지《개벽》에 소개했다. 조선인들은 조선 청년이 경성 하늘을 누비는 모습을 보고 싶었다. '안창남 고국 방문 비행 후원회'가 구성되었고 대대적인 모금 운동이 펼쳐졌다. 그러나 애초에 식민지 국민들에게 비행기를 후원할 만큼의 경제적 여력은 없었다. 안창남의 고국 방문 모금 운동은 목표액의 10분의 1도 채우지 못하고 흐지부지되었다.

안창남은 좌절하지 않았다. 시라토와 아서 스미스를 뛰어넘을 때까지 안창남은 두려울 것도, 못 할 것도 없었다. 1년 후 안창남은 방치된 프랑스제 뉴포르 복엽기에 폐기된 비행기의 부품을 조립해 비행기 한 대를 완성했다. 동체에 한반도가 그려진 이 비행기의 이름은 금강호였다.

금강호가 시험 비행에 성공한 날, 오구리 비행학교의 동료들은 그의 고국 방문 비행을 성사시켜보자는 데 의기투합했다. 다음 날 이들

은 조선총독부에 안창남이 경성에서 에어쇼를 할 수 있게 해달라는 편지를 보냈다. 3.1 만세 운동에 충격을 받고 내선융화內鮮融和 정책으로 선회한 조선총독부는 여의도 비행장 사용을 허가하고 안창남의 고국 방문 비행을 대대적으로 선전했다. 1922년 11월 17일 안창남은 금강호를 배에 싣고 꿈에 그리던 고국을 향해 도쿄를 출발했다.

1922년 12월 4일 밤 9시 40분, 안창남이 도착하는 부산항에는 수백 명의 환영 인파가 나와 "안창남 만세"를 연호하고 있었다. 안창남은 배에서 내릴 때까지도 군중들의 만세 환호가 자신을 향한 것인 줄 몰랐다. 예상치 못한 뜨거운 환영을 받은 안창남은 가슴이 미어졌다. 독립 운동을 한 것도 아니고, 일본에서 그까짓 조종사 면허 하나를 따온 사람을 향해 만세를 외치는 심정은 식민지 조선인이 아니면 이해할 수 없는 감정이었다. 대구와 대전, 수원까지 열차가 정차하는 곳마다 수천 명의 조선인들이 나와 안창남을 환영했고, 경성에서는 학생들이 대대적인 환영 행사를 펼쳤다. 안창남은 현실에 순응하며 살고 있는 것처럼 보였던 조선인들이 자신처럼 깊은 모멸감을 느끼고 있었다는 것을 깨달았다.

살을 에는 칼바람이 부는 12월 9일, 안창남의 고국 방문 에어쇼가 열리는 여의도 비행장 주변은 몰려든 인파로 발걸음을 떼기조차 어려웠다. 시간이 지날수록 겨울 바람은 더욱 매섭게 불었다. 오구리 비행학교 동료들이 에어쇼를 미루자고 제안했지만, 안창남은 엄동설한에 자신을 기다리는 동포들을 더 이상 세워둘 수 없다며 금강호에 올랐다.

기온이 영하로 내려가면 프로펠러 비행기는 시동이 잘 걸리지 않는다. 정비사가 외부에서 손으로 프로펠러를 돌려가며 안간힘을 썼지만 엔진은 꿈쩍도 하지 않았다. 군중들 사이에서 탄식이 흘러나왔다. 금강호의 프로펠러는 20분이 지나서야 퍼덕거렸다. 여의도 일대를 메우고 있는 5만여 명의 조선인들은 일제히 안창남을 연호했다. 잠시 후 힘차게 비행장을 내달린 금강호가 하늘로 떠올랐다. 일본인들이 휘젓고 다니던 경성 하늘을 조선 청년이 날고 있다는 사실에 조선인들의 가슴은 터질 것 같았다.

지상 1천 미터 고도로 상승한 안창남은 곧장 창덕궁으로 날아갔다. 시라토가 오토리호 위에서 내려다보던 그 창덕궁이었다. 안창남은 날개를 기울여 순종에게 예를 표했다. 잠시 후 여의도 비행장으로 돌아온 안창남은 풀 파워를 넣고 비행기가 상승할 수 있는 최고 고도까지 올라갔다. 일본인이 올랐던 고도보다 더 높이 올라가겠다는 뜻이었다. 정점에 오른 금강호가 스핀으로 지면을 향해 돌진하자 군중들은 일제히 우레와 같은 함성을 질렀다. 지면을 스칠 듯 낮은 고도로 귀빈석 상공을 선회한 뒤 다시 상승한 안창남은 고도와 속도를 맞바꾸며 격렬한 급선회 기동을 이어갔다. 조선인들에게 이날 안창남의 비행은 단순한 에어쇼가 아니었다. 식민지 조선인으로 그동안 가슴 속 깊이 묻어온 서러움과 울분을 한꺼번에 토해내는 한풀이 의식이었다.

못다 이룬 꿈, 광복군 비행학교

1923년 9월 1일 12시 관동 지방 일대에 땅이 꺼지고 산이 뒤집히는 초대형 지진이 발생했다. 10여 분 동안 계속된 지진으로 때마침 점심 준비를 하느라 불을 피우고 있던 마을 곳곳에서 불길이 치솟았다. 화재는 걷잡을 수 없이 시내 전체로 번졌다. 해안도 예외는 아니었다. 산더미만 한 쓰나미에 가옥 수십만 채가 쓸려나갔고, 미처 피신하지 못한 사람들은 그대로 흙더미 속에 깔렸다. 생존이 위협받는 상황에서 본능에 충실한 인간은 극단적인 배타성을 보인다. 일본 사회 특유의 질서가 한순간에 무너지면서 곳곳에서 약탈이 자행되었다. 내무성이 계엄령을 선포했지만 한번 무너진 사회 질서는 쉽게 회복되지 않았다. 내무성은 각 경찰서에 "조선인들이 방화와 테러를 일삼고 있으니 치안 유지에 각별히 유의하라"는 공문을 내려보냈다.

사람들이 잠을 이루지 못하고 불안해하는 와중에 조선인과 중국인들이 우물에 독을 풀고 있다는 소문이 나돌았다. 수도가 끊긴 상태에서 우물물조차 마실 수 없게 되자 일본인들은 극도로 예민해졌다. 일

본인들은 일본도와 곡괭이, 죽창으로 무장하고 자경단을 조직했다. 자경단은 마을을 돌아다니며 조선인과 중국인들을 찾아내 무차별적으로 살해했다. 일본어에는 우리말에 없는 탁음과 촉음이 있다. 자경단은 외양으로 일본인과 구분되지 않는 사람에게 "十伍円伍十錢(쥬-고엔 고짓센, 15엔 50전)"이나 "ざぶとん(자부동, 방석)"을 말해보라고 하고 발음이 정확하지 않으면 배에 죽창을 찔러 넣었다. 치안 당국은 대지진으로 인한 사회 불안과 집단 분노가 조선인 학살로 해소되기를 기다렸지만 자경단의 기세는 날이 갈수록 등등해졌다. 자경단이 안창남의 하숙집에 들이닥치자 일본인 여주인은 안창남의 부인 행세를 하며 부서진 지붕을 수리하라고 재촉했다.

자경단이 경찰관을 위협하는 지경에까지 이르러서야 치안 당국은 공권력을 회복한다는 명분으로 개입했다. 이미 수천 명의 조선인과 중국인이 자경단에 학살된 후였다. 상황이 수습된 후 적극적으로 학살에 가담한 일부 자경단원이 재판에 회부되었지만, 실형을 선고받은 사람은 아무도 없었다.

모든 비행의 시작은 현재 위치를 정확히 파악하는 것이다. 안창남은 그제서야 자신의 위치를 파악했다. 제아무리 제국비행대회에서 우승한 일등 조종사라 해도 안창남은 자경단을 피해 몸을 숨겨야 할 '조센징'일 뿐이었다.

안창남은 은밀히 신변을 정리했다. 안창남이 독립군과 접촉하고 있다는 정보를 입수한 일본 경찰은 그에게 전담 형사를 붙였지만, 넉 달 후 안창남은 무사히 대한민국 임시정부가 있는 상하이에 도착했다. 안창남은 여운형을 만나 상하이에 비행학교를 설립해 독립군 조종사를 양성하고 싶다는 뜻을 밝혔다. 먹고살기조차 빠듯한 임시정부가 안창남의 제안을 들어줄 여력이 있을 리 만무했다. 안창남은 여운형의 알선으로 중국 군벌 옌시산 휘하의 산시항공대 비행 교관으로 입대했다.

산시항공대는 안창남에게 옌시산의 전용기 조종을 맡겼다. 옌시산의 융커스 F-13은 당대 최고의 비행기였지만 유독 옌시산의 전용기는 엔진 고장이 잦았다. 1930년 4월 2일 산시항공대는 옌시산의 전용기 엔진을 교체했다. 경험이 많은 조종사는 엔진 소리에서 많은 정보를 얻을 수 있다. 출력을 올리면 엔진의 회전음이 부드럽게 상승해야 하는데, 이상이 있는 엔진은 "우웅~ 우웅~"하는 불규칙한 파동음이 발생한다.

독일의 알루미늄 캐리어 업체 리모와RIMOWA에서 복원한 융커스 F-13. 독일과 스위스의 지역 항공사에서 고급 관광용 비행기로 운영하고 있다.

시험 비행에 오르기 전 안창남은 엔진에 이상이 있기 때문에 이대로 이륙하면 위험하다고 경고했다. 그러자 자존심이 상한 정비사는 비행기는 완벽히 정비된 상태이며 안창남이 괜한 불안을 조장한다고 주장했다. 안창남이 그렇게 자신이 있으면 시험 비행에 동승해 보라고 하자, 왕치 부대장은 자신도 탑승할 테니 정비사도 함께 타라고 명령했다. 안창남은 조선인이었지만 엄연히 산시항공대 소속의 군인이었다. 출력을 올리면 엔진에 이상이 생길 것이 분명했지만 부대장이 정비사와 함께 탑승해 비행기를 확인하자는 제안을 거부할 수는 없었다. 안창남은 조종석에 올랐다.

세 사람을 태운 옌시산의 전용기는 이륙하자마자 엔진이 꺼졌다. 고도가 낮아 엔진 재시동을 시도할 여유조차 없었다. 지상 500미터 상공에서 비행기는 그대로 땅으로 처박혔다. 생존자는 없었다. 일본의 식민지가 된 조국의 하늘을 마음껏 날고 싶었던 청년, 임시정부 공군 설립의 꿈을 키우던 서른 살 안창남의 짧은 생은 그렇게 끝났다.

7장

제국의 꽃인들 어떠랴,
날 수만 있다면

원통이로 살지 않겠다

안창남이 태어난 이듬해 여름, 경상북도 대구의 한 양가에 다섯째 딸이 태어났다. 넷째 딸이 태어났을 때 서운함을 감추지 못하고 이름을 '섭섭'이라고 지었던 그녀의 아버지는 다섯째 딸이 태어났다는 소식에 분통이 터졌다. 아버지는 딸의 이름을 원통이라고 지었다.

어린 원통이는 동네에서 아들로 태어났으면 장군감이라는 이야기를 들을 정도로 골격과 힘이 좋았다. 성격 또한 시원시원해 얌전한 언니들과는 달리 엄한 아버지 앞에서도 주눅 한번 드는 일이 없었다. 신명여학교에 입학할 무렵에는 이미 패기 넘치는 당당한 신여성이 되어 있었다. 원통이는 평생을 원통이로 살고 싶지 않았다. 원통이는 법원을 찾아가 이름을 경원(敬元, 타카모토)으로 개명했다. 165센티미터의 훤칠한 키에 만나는 사람마다 스스럼없이 인사를 건네는 경원을 모르는 사람은 대구 시내에 없었다.

당시 대구에는 유럽에 수출하는 면사를 만드는 실크 공장이 있었다. 경원을 눈여겨본 일본인 사장은 경원에게 보다 넓은 세상에 나가 신문물을 배워보라고 권유했다. 그가 말한 넓은 세상은 일본이었다. 이듬해 9월 박경원은 도쿄로 건너가 일본인 사장이 소개해 준 요코하마 실업학교에 입학했다. 박경원은 일본에서 모직 기술과 신학문을 배우며 일본 사회 각계의 다양한 사람들과 친분을 쌓았다. 항상 밝은 미소를 지으며 먼저 다가오는 박경원을 좋아하지 않는 사람은 없었다.

박경원이 스무 살이 되자 그녀의 아버지는 "이제 유학도 할 만큼 했으니 그만 귀국해 결혼 준비를 하라"고 종용했다. 박경원은 조선으로 돌아갈 생각이 없었지만 아버지가 생활비 송금을 중단하자 더 이상 버틸 도리가 없었다. 박경원은 대구로 돌아와 자혜병원 간호과에 입학했다. 결혼을 앞두고 간호학을 공부하는 것은 당시 일본 양가 규수의 현모양처 코스였다.

어느 날 박경원은 간호사들로부터 제국비행대회 출신의 안창남이란 조종사가 대구역에 도착한다는 소식을 들었다. 환영 행사에 다녀온 간호사들은 이틀 내내 안창남에 대한 이야기만 쏟아냈다. 사흘 뒤 박경원은 안창남의 고국 방문 에어쇼가 열리는 서울로 올라갔다. 여의도 비행장에서 열린 안창남의 에어쇼는 박경원을 패기만만한 원래의 그녀로 돌려놓았다. 애초부터 박경원은 남편의 뒷바라지나 하며 살 생각이 전혀 없었다. 박경원은 일본으로 건너가 파일럿이 되기로 결심했다.

고이즈미를 사로잡은 콤팩트 파일럿

당시의 비행기는 기계적으로 매우 불안정했다. 엔진에서는 항상 오일이 줄줄 흘러내렸고, 시동이 걸리면 비행할 때 소모되는 연료와 거의 비슷한 양의 오일이 소모되었다. 언제 엔진이 꺼져도 이상하지 않은 이런 비행기를 탄다는 것은 무모함에 가까운 패기가 필요했다. 박경원의 아버지는 파일럿이 되겠다는 딸의 두 번째 일본행을 허락하지 않았다. 그렇다고 그녀를 말릴 힘도 없었다. 스물두 살의 박경원은 부모의 바람을 위해 자신의 꿈을 포기할 사람이 아니었다.

1924년 겨울, 박경원은 드러누운 아버지를 뒤로하고 부산으로 내려가 일본행 배에 올랐다. 도쿄의 비행학교에 입학하려면 자동차 운전면허가 있어야 했다. 박경원은 1년 만에 운전면허를 따고 곧바로 다치카와 비행학교에 입학했다. 그해 다치카와 비행학교에 입학한 여학생 2명은 조선에서 온 박경원과 이정희였다.

당시 도쿄의 가정집 한 채 가격은 500엔 정도였다. 조종사 면허를 따려면 최소 2천 엔이 필요했다. 박경원은 틈틈이 운전을 하며 돈을 모았지만 조종 훈련비를 감당하기엔 턱없이 부족했다. 박경원은 역경이 닥치면 창의적인 아이디어를 고안해 내고 이를 곧바로 실행했다. 여의도 비행장에서 안창남에게 열광하던 조선인들을 떠올린 박경원은 자신의 상황을 안타까운 스토리로 묘사해 고국의 신문사에 보냈다. 편지를 받은 《동아일보》는 3회에 걸쳐 박경원의 스토리를 특집 기사로 연재했다.

7월 9일

여용사 박경원 양, 부모의 만류와 약혼자도 버리고 혈혈단신 일본
으로 건너가 비행학교 입학

9월 4일

조선의 여류 비행사 박경원 양. 비행학교 졸업은 하였으나 돈이 없
어 면허를 따지 못해

12월 12일

박경원 양, 2천 원이 없어 공중 정복 불능. 공부하고도 돈이 없어 하
늘을 정복 못해

다치카와 비행학교 시절의 박경원. 당시 박경원은 일
본 사교계의 유명 인사였다.

박경원의 계획은 성공했다. 의친왕 이
강이 대한 제국 학부대신을 통해 거액의
장학금을 보낸 것이다.

1927년 1월 28일 박경원은 3등 조종사
면허를 받았다. 다음 날 《아사히 신문》은
"반도 출신 여성 조종사 1호 탄생"이란 제
목의 특집 기사를 올렸다. 서글서글한 성
격에 수려한 외모를 지닌 박경원은 단숨
에 일본 사교계의 샛별로 떠올랐다.

이듬해 6월 박경원은 관동비행구락부
가 주최한 비행 대회에 참가해 3위에 입

상했다. 여성 파일럿으로는 최초이자 유일한 비행 대회 입상자였다. 박경원은 시상식에서 여성으로 취득할 수 있는 최고 자격인 2등 조종사 면허를 받았다.

당시 서구의 여성 조종사들은 남자들의 전유물로 여겨지던 대륙 횡단 비행에 도전하고 있었다. 그 선두에는 '스피드의 여왕'으로 불리는 매리 브루스가 있었다. 유럽과 미국에서 자동차와 모터보트, 비행기로 육해공 각종 대회를 휩쓸던 매리는 1930년 11월 영국과 일본을 잇는 유라시아 횡단 비행에 도전했다.

매리가 도쿄에 도착하는 11월 24일, 일본은 여자 조종사를 보내 도쿄 상공에서 매리를 환영하기로 했다. 비행에 있어 일본도 서구 못지않은 실력을 갖추고 있다는 것을 과시하기 위해서였다. 웰컴 비행의 여자 조종사는 단연 일본 유일의 2등 여성 조종사 박경원이었다.

박경원은 일본 영공으로 들어온 매리를 유도해 나란히 하네다 비행장에 착륙했다. 환영식 행사에서 훤칠한 키의 박경원이 영국 여성과 당당히 기념 촬영을 하는 모습은 유럽인들에게 열등의식을 갖고 있는 일본인들의 마음을 완전히 사로잡았다. 다음 날 매리의 환영 행사를 보도하는 신문 기사에는 박경원에게 늘 따라붙던 '반도 출신의'라는 형용사가 빠져 있었다. 박경원은 이미 일본 최고의 신여성이었다.

1930년 11월 24일 매리 브루스의 일본 방문 환영식 장에서 함께 기념 사진을 찍는 박경원

1931년 4월 3일 고이즈미 마타지로 체신장관은 여성 조종사들과 일본항공 신입 여승무원들을 도쿄제국호텔로 초청해 특별 간담회를 개최했다. 대화가 시종 여승무원들을 중심으로 흘러가자 박경원은 돌연 "언론이 여자 조종사들을 콤팩트 파일럿(Compact Pilot, 화장한 조종사)으로 비하하며 일본의 항공 발전을 저해하고 있다"고 일갈했다. 박경원의 대담한 발언은 단번에 화제를 여성 조종사와 관련한 이슈로 전환시켰다.

박경원의 당당한 태도에 반한 고이즈미는 다음 날 체신부 행사에 박경원을 초대했다. 며칠 후 고이즈미가 신사 참배에까지 박경원을 대동하자 그녀가 고이즈미의 연인이라는 루머가 퍼지기 시작했다. 급기야 소문이 일간지에까지 실리자 박경원은 신문사를 찾아가 강력히 항의했다. 정부 고위층과 친분이 두터운 박경원의 항의에 당황한 신문사는 이튿날 허겁지겁 정정 기사를 냈다.

당시 조종사 시험에 합격한 조종사는 고향을 방문해 기념 비행을 하는 것이 관례였다. 초기 비행 대회에서 우승한 조종사에게는 부상으로 비행기가 주어졌지만, 대회가 반복되고 입상자가 늘어나면서 주최측은 비행기 지원을 중단했다. 박경원이 고국 방문 비행을 희망하고 있다는 소식은 고이즈미 장관의 귀에 들어갔다. 고이즈미는 박경원에게 줄 비행기를 물색했다. 두 달 후 육군은 "일본 제국의 항공 발전에 크게 기여한 박경원에게 프랑스제 샘슨 정찰기를 제공한다"고 발표했다.

박경원은 비행기에 청연(靑燕, 파란 제비)이라는 이름을 붙이고 경성 에어쇼를 준비했다. 그러나 고국 방문 비행은 정부 차원의 지원이 없으면 불가능한 프로젝트였다. 도쿄에서 비행기를 분해해 배에 싣고

박경원이 일본 육군으로부터 받은 샘슨Salmson 2A. 프랑스 라테코에르사에서 제작한 복엽기로 제1차 세계대전 초기 프랑스의 주력 정찰기였다. 영화 <청연>에서 박경원(장진영 분)과 샘슨 2A

부산항에 내려 다시 조립하는 일은 전문 정비사가 아니면 할 수 없었고, 조선에 도착해서도 연료 보급과 비행장 사용 허가를 받으려면 조선 총독부의 협조가 있어야 했다. 천하의 박경원도 단독 고국 방문 비행은 언감생심이었다.

고민하던 박경원에게 기회가 찾아왔다. 제국비행협회에서 만주국 건국 1주년을 기념해 일본과 조선, 만주의 황군을 위문하는 2,500킬로미터의 '일만친선황군위문비행日滿親善皇軍慰問飛行'에 여성 조종사를 보내기로 한 것이다. 당시 일본에서 현해탄을 건너는 장거리 비행을 할 수 있는 자격을 갖춘 여자 조종사는 박경원과 우에다 스즈코 둘 뿐이었다.

제일 먼저 일만친선황군위문비행 조종사 선발에 지원한 사람은 박경원이었지만 일본부인항공협회는 우에다 스즈코를 추천했다. 일본 제국 조종사의 최고 영예인 일만친선황군위문 연락 비행사는 반드시 순수한 일본 여성이 맡아야 한다는 이유였다. 박경원은 포기하지 않았다. 일주일 후 일본 제국 검찰은 일본부인항공협회 이사장을 횡령 혐의로 기소했다. 고이즈미가 박경원을 위해 힘을 썼다는 소문이 돌았지만, 검찰에 맞서 우에다 스즈코를 고집할 제국비행협회가 아니었다. 일만친선황군위문 연락 비행사 자리는 박경원에게 돌아갔다.

시대에서 자유로운 삶은 없다

유교의 악습에 젖어 있던 대한 제국 시대, 남자는 가계를 계승하는 존재였고 여자는 아들을 낳는 몸이었다. 우리나라 최초의 여자 조종사인 권기옥이 태어난 집안도 그랬다. 첫째에 이어 둘째도 딸이 태어나자 아버지는 딸의 이름을 '갈례'라고 지었다. 어디든 어서 가버리라는 이름이었다. 노름에 빠져 가산을 탕진한 아버지 덕에 갈례는 은단 공장을 다니다 뒤늦게 숭의여학교에 편입했다. 학창 시절 비밀 항일조직에 가입해 자금 모집책으로 활동하던 권기옥은 아서 스미스의 평양 에어쇼를 보고 난 후 조종사가 되어 일본 황궁을 폭격하겠다고 다짐했다.

1920년 8월 3일 평남도경 청사에 폭탄이 떨어져 일본 순사 2명이 폭사했다. 권기옥은 상하이에서 잠입한 단원들에게 폭탄을 전달한 혐의로 일급 수배자가 되었다. 체포 직전 구사일생으로 일본 경찰의 포위망을 벗어난 권기옥은 중국 고기잡이 배를 얻어 타고 상하이로 건너가 임정에 합류했다. 당시 중국 대륙은 독자적인 세력을 형성하고 있는 군벌들이 각자의 근거지를 중심으로 할거하고 있었다. 일본군이 지닌 비행기의 위력을 확인한 군벌들은 저마다 공군을 창설하고 조종 훈련생을 모집했다. 권기옥은 그때마다 입학 지원서를 제출했지만 여성이라는 이유로 번번이 입학을 거절당했다. 서류 심사를 통과할 수 없다고 판단한 권기옥은 임시정부의 추천서를 들고 새로 개설된 윈난 육군항공학교를 찾아갔다. 한 달 만에 쿤밍에 도착한 권기옥은 윈난성 성장 탕지야오에게 면담을 요청했다. 조종사가 되어 일본 황궁을 폭파하겠다는 권기옥의 패기에 탄복한 탕지야오는 윈난 항공학교 교장에게 권기옥의 입학 허가를 지시했다.

1932년 1월 28일 일본은 상하이에 거주하는 자국민 보호를 구실로 상하이사변을 일으켰다. 권기옥은 중국 국민혁명군 공군에 합류해 일본 전투기들과 치열한 공중전을 벌였다. 국민혁명군은 그녀에게 중국 청년들을 모집하기 위한 선전비행을 요청했다. 비행기 자체를 두려워하는 중국 청년들에게 여성들도 일본에 맞서 전투기를 타고 있다는 것을 보여주기 위해서였다. 선전비행은 북경까지 가는 화북선과 상하이로 가는 화남선, 그리고 해안 도시를 따라 동중국해로 날아가는 남양선으로 계획되었다. 권기옥은 남양선을 지원했다. 남양선 비행의 마지막 구간에서 교토로 날아가 황궁을 폭격할 생각이었다.
권기옥은 교토까지의 비행 경로와 연료 관리 계획을 세우고 자신만의 폭격 작전을 준비했지만 북경과 상하이 상황이 급변하면서 선전비행은 취소되었다. 권기옥은 임시정부의 일원으로 중국 공군에서

1935년 중국 최초의 여자 비행사 이월화와 함께 선전비행을 준비하는 권기옥(왼쪽 두 번째). 가운데는 이탈리아 비행 교관

활동 중인 조선인 조종사들과 함께 광복군 비행대 편성을 준비하다 광복을 맞았다.

조국의 독립에 대한 염원으로 조종사의 꿈을 키운 권기옥과 달리, 자신을 세상의 중심에 두고 살아온 박경원은 하늘과 비행 그 자체를 좋아했다. 그녀의 꿈은 오로지 조종사가 되는 것이었으며, 그 꿈을 위해서라면 무엇이든 할 수 있었다. 일만친선황군위문비행이면 어떠랴, 도쿄에서 경성을 거쳐 하얼빈까지 장장 2,500킬로미터를 홀로 날아간다는 사실에 박경원의 심장은 터질 것만 같았다.

1933년 8월 7일 아침 하네다 공항은 관제탑이 보이지 않을 정도로 짙은 안개가 끼어 있었다. 행사를 주최한 제국비행협회와 일본 정부 요인들은 일만친선황군위문비행 계획에 차질이 생길 것을 우려했지만

일장기를 흔들며 청연호에 오르는 박경원. 1933년 8월 7일 도쿄 하네다 비행장

그럴수록 박경원은 출발을 연기할 생각이 없었다. 오전 10시 30분 환송 행사가 끝나자 박경원은 관중의 박수 갈채를 받으며 청연호에 올랐다.

10시 37분 박경원은 첫 번째 구간인 오사카를 향해 하네다 공항을 이륙했다. 박경원의 뒷자리에는 만주의 관동군 사령부에 보내는 도쿄 본영의 우편물이 실려 있었다. 박경원은 500미터 고도로 도카이도 선을 따라 오다와라 상공으로 진입했다. 계획된 비행 경로는 시즈오카 시내가 드러날 때까지 후지산과 하코네산 사이의 계곡을 끼고 가는 것이었다.

하코네산 계곡으로 들어가면 도로와 해안선이 가려지기 때문에 반드시 지도상에 표시해 둔 지형지물이 보여야 했다. 그러나 산 중턱 곳곳에 깔린 낮은 구름으로 지형지물이 가려져 보이지 않았다. 계기비행 장비가 없는 청연호는 다시 도카이도선을 따라 하네다로 회항해야 했지만 박경원은 그렇게 하지 않았다. 박경원은 조종사로서 절대 해서는 안 될 결정을 했다. 지형지물을 참조해야 하는 시계비행을 하면서 구름 속으로 들어간 것이다. 박경원은 고도를 유지하고 직진하면 곧 목표 지점이 드러날 것으로 생각했다.

11시 17분, 구름을 뚫고 나온 청연호 앞에 커다란 봉우리 하나가 나타났다. 뒤로 돌아가기엔 선회 반경이 나오지 않았다. 박경원은 있는 힘껏 기수를 들어 올리고 파워를 끝까지 밀어 넣었다. 급상승하는 청연호의 속도는 뚝뚝 떨어졌다. 양력을 잃은 비행기가 추락하지 않으려면 기수를 내리는 방법밖에 없다. 기수를 내리면 봉우리에 충돌하고 기수를 들고 있으면 양력을 잃는 진퇴양난의 상황이었다.

박경원의 추락 장소에 세워져 있는 기념비

청연이 가까스로 산봉우리를 넘는 순간 양력을 잃은 비행기가 기수를 든 채 꼬리부터 추락했다. 폭발음을 듣고 신고를 받은 구조대가 도착했을 때 청연은 산 중턱에 처박혀 두 동강이 나 있었다. 박경원은 조종간을 잡은 채 사망한 상태로 발견되었다. 서른세 살 박경원의 파란만장한 삶도 그렇게 끝났다.

2005년 박경원의 이야기를 다룬 영화 〈청연〉이 개봉되었다. 영화가 개봉되기도 전에 '누가 제국의 치어걸을 미화하는가'라는 비판과 함께 친일 영화를 거부해야 한다는 주장이 대두했다. 감독이 "영화는 영화로만 봐 달라"고 호소했지만 관객들의 반응은 싸늘했다.

시대에서 자유로운 인간은 없다. 역사상 그 누구도 시대에서 자유롭지 못했다. 감독은 자연인 박경원의 비행에 대한 뜨거운 열정과 도전만을 그리고 싶었겠지만, 한 인간의 삶에서 시대를 제거할 수는 없는 법이다.

8장

민항기를 격추한
나카지마 전투기

주강에 추락한 퀠린호

1929년 중국 정부는 CNAC(중국항공회사)를 설립하고 미국 팬암의 참여를 요청했다. 세계 민간 항공을 선도하고 있던 팬암은 CNAC의 주식 45퍼센트를 매입하고 중국에 조종사와 비행기를 파견했다. 태평양 전쟁이 발발하기 전까지 팬암은 중국의 주요 항만을 잇는 비행 노선들을 속속 개설했다. 2차 대전이 끝나기 전까지 CNAC의 실질적인 주인은 팬암이었다.

중일전쟁 중에도 CNAC은 홍콩과 북경, 상해 등 대도시를 잇는 기존의 주요 노선을 계속 운항했다. 일본 전투기들은 연일 중국의 주요 도시를 폭격하고 있었지만 공중에서 CNAC 비행기와 마주치면 그냥 지나쳤다. 미국 조종사가 타고 있는 CNAC 비행기를 공격한다는 것은 미국에 대한 선전포고나 다름없기 때문이었다.

중일전쟁이 발발하자 쑨커孫科는 국제연맹에 군사 지원을 요청했다. 아시아의 패자로 급부상한 일본과 대립을 원하지 않는 연합국은 그의 요청을 거절했다. 쑨커는 소련으로 건너가 스탈린에게 대량의 현대식 무기 지원 약속을 받아냈다. 쑨커는 동아시아 제국 건설을 꿈꾸는 일본의 최대 눈엣가시였다.

1938년 8월 24일 아침 CNAC의 휴 우즈 기장은 홍콩 카이탁 국제공항에서 DC-2 퀠린(桂林[계림]의 미국식 발음)호의 출발 준비를 하고 있었다. 충칭으로 가는 승객 명단에는 쑨커 입법원장의 이름이 들어 있었다. 쑨커는 중국 정부의 차기 지도자로 꼽히는 최고급 VIP였다. 우즈는 신중한 기장이었다. 그는 본사에서 제공받은 일본 전투기들의 출격 정보를 분석해 조금이라도 그들과 조우할 가능성이 있으면 아예 비행을 개시하지 않았다. 중요한 일정을 앞둔 중국 고위 관리들로부터 항의를 받은 본사에서 협조 요청(?)이 오면 우즈는 "지금은 이륙할 수 없다"고 통보하고 일방적으로 무선 라디오를 꺼버렸다.

우즈는 쑨커를 태우고 가는 도중 비행기 결함이 발생하지 않도록 평소보다 꼼꼼히 비행기를 점검했다. 그러나 막상 비행기가 출발할 시간이 지나도 쑨커는 나타나지 않았다. 8시 4분, 본사로부터 쑨커가 예약을 취소했다는 연락을 받은 우즈는 14명의 승객과 3명의 승무원을 태우고 카이탁 공항을 출발했다.

마카오만을 건넌 퀠린호가 중국 영공으로 진입하는 순간, 우즈는 반대편에서 마주오는 일본의 나카지마 전투기 편대를 발견했다. DC-2의 은빛 실루엣은 멀리서도 전투기와 확연히 구분되었다. 퀠린호의 날개와 동체에는 커다랗게 'CNAC'이란 글자가 쓰여 있었다. 퀠린호는 아직 영국령인 홍콩 영공에 있었다. 전투기들은 홍콩 영공 밖에서 선회하며 퀠린호가 중국 영공으로 들어오기만 기다리는 것처럼 보였다. 우즈는 홍콩으로 기수를 돌렸다. 퀠린호가 홍콩으로 선회하자 일본 전투기들은 반대편으로 사라졌다. 전투기들이 완전히 돌아간 것을 확인한 우즈는 다시 충칭을 향해 항로로 복귀했다.

퀠린호가 마카오만을 넘어 중국 영공으로 진입하는 순간, 기다렸다는 듯 다시 5대의 나카지마 전투기가 나타났다. 우즈는 전투기 편대와 정면으로 마주치지 않기 위해 주강珠江 쪽으로 기수를 돌렸지만 전투기들은 계속 우즈를 따라왔다. 아무래도 느낌이 이상했다.

우즈는 만약의 상황을 대비해 홍콩 본사에 일본 전투기들이 따라오고 있다고 보고했다. 전투기 동체에 그려진 붉은 해가 보일 정도로

1938년 상하이 상공을 비행하고 있는 CNAC의 DC-2

가까워졌을 즈음, 나카지마 전투기들은 일제히 퀠린호를 향해 사격을 개시했다. 기총 소리가 들리자마자 우즈는 본능적으로 조종간을 당겨 올렸지만, 총탄은 조종실 옆 창문을 뚫고 퀠린호의 계기판을 박살 내버렸다. 나카지마 전투기들은 상화좌우로 급기동을 반복하는 우즈의 꼬리를 물고 계속 총알을 퍼부어댔다. 비무장한 DC-2가 나카지마 편대의 공격을 피할 방법은 없었다. 우즈는 엔진을 끄고 조종간을 찍어눌러 주강으로 수직 강하했다.

비행기는 강에 추락하고 있는 것처럼 보였다. 나선을 그리며 떨어지는 객실 안에서 승객들은 비명을 질렀다. 강물에 처박히는가 싶던 우즈의 비행기는 눈 깜짝할 사이에 강변의 모래톱에 착륙했다. 비행기가 정지하자마자 우즈는 비상구를 열고 승객들에게 탈출하라고 소리를 질렀다. 탑승자들이 비행기에서 뛰어내리는 사이, 비행기는 강한 조류에 밀려 강 한가운데로 떠내려가기 시작했다.

강물에 뛰어든 승객들은 사력을 다해 헤엄을 쳤지만 유속이 너무 빨라 아무리 팔다리를 저어도 몸이 앞으로 나아가지 않았다. 등 뒤로 나카지마 전투기의 프로펠러 소리가 가까워지자 우즈는 숨을 깊게 들이마시고 물속 깊이 잠수했다. 전투기들은 강물에 닿을 듯이 저공 비행을 하며 헤엄을 치고 있는 승객들에게 마구 기총을 쏘아 댔다.

나카지마 편대는 1시간 동안이나 퀠린호 상공을 선회하며 무차별 사격을 가했다. 탑승객 중 단 한 사람도 살려 보내지 않겠다는 의도가 분명했다. 우즈는 물속으로 잠수해 사격을 피했지만 숨을 들이마시기 위해 물 위로 머리를 내밀 때마다 총알이 빗발치듯 날아왔다.

연료가 고갈된 전투기들이 돌아갔을 때 살아 있는 사람은 우즈와 무선 교신사 그리고 승객 한 사람뿐이었다. 강은 기관총 세례를 받은

중일전쟁 당시 일본 육군의 주력기였던 나카지마 KI-27

승객들이 뿜어낸 피로 온통 시뻘겋게 물들어 있었다. 희생자 대부분
은 중국 정부의 고위급 관리와 가족들이었다. 이 중에는 다섯 살 미만
의 어린아이 3명도 포함되어 있었다.

일본의 광기를 무시한 아메리칸 캡틴

전투기가 민간 여객기를 격추했다는 사실이 알려지자 국제 사회는
분노했다. 전쟁 중에도 민간 비행기는 공격하지 않는 것이 이때까지
의 불문율이었다. 퀠린호의 생존자들은 일본 전투기들이 명백한 살
인 의도가 있었다고 증언했지만, 일본은 조종사들이 퀠린호와 전투
기를 구분하지 못해 벌어진 실수일 뿐이라고 주장했다. 중국의 거듭
된 요청에도 불구하고 미국은 형식적인 항의 서한을 보내는 것 외에

아무런 조치도 하지 않았다.

CNAC은 주강의 진흙 바닥에 잠긴 퀠린호를 인양해 재건했다. 더글러스사는 CNAC이 물에 완전히 잠긴 DC-2를 인양해 다시 운영한다는 사실을 믿을 수 없었다. 중국인들이 일본 전투기에 격추되었던 비행기를 타지 않으리라는 것을 아는 CNAC은 비행기를 새로 도색하고 청킹(重慶[충칭]의 미국식 표기)이란 새 이름을 붙였다.

비행의 전 과정이 시스템으로 운영되는 지금과 달리, 민항 초기의 기장은 비행의 개시와 항로 선정, 탑재 연료량 등 운항과 관련한 모든 단계의 전권을 갖고 있었다. 제2차 세계대전이 발발한 후 일본 전투기 대대가 쿤밍과 인접한 인도차이나반도 북부에 주둔하고 있었기 때문에 쿤밍 노선을 계속 운영하는 것은 큰 위험이 따랐다. 그러나 중국에서의 사업 기회를 놓치고 싶지 않았던 팬암은 전쟁 중에도 충칭-쿤밍 노선을 계속 운항했다. CNAC은 중국군 사령부로부터 일본 전투기들의 출격 정보를 제공받아 일본 전투기가 나타나지 않을 시간대에만 비행기를 띄웠다.

청킹호로 되살아난 쿼린호는 루이지애나 출신의 월터 켄트 기장에게 맡겨졌다. 붉은 여우의 털을 닮은 머리색 때문에 동료들로부터 폭시foxie라고 불리던 켄트는 아시아에 한 번도 와 본 적이 없는 토종 미국 조종사였다. 청킹호를 넘겨받은 켄트는 우즈가 예민한 태도를 보일 때마다 일본 전투기에 대한 트라우마에서 벗어나지 못했다며 비웃었다. 켄트는 일본이 감히 의도적으로 미국 비행기를 공격했을 리가 없다고 생각했다.

일본 전투기들은 하늘에 떠 있는 것은 무엇이든 공격했다. 중국과 독일의 합작회사인 유라시아항공 비행기의 기장이 일본 전투기의 공격을 받고 중상을 입었지만, 켄트는 이마저도 의도적인 공격이 아니라고 믿었다. 1940년 10월 29일 오전 7시 켄트는 홍콩을 이륙해 충칭까지의 비행을 순조롭게 마쳤다. 켄트는 곧바로 다음 목적지인 쿤밍으로 출발하려고 했지만 일본 전투기들이 출격했다는 정보를 입수한 홍콩 본사에서 출발을 허가하지 않았다. 2시간 후 일본 전투기들이 양쯔강을 거슬러 북쪽으로 올라가자 CNAC 통제실은 켄트에게 준비되는 대로 출발하라고 통보했다. 켄트는 곧바로 충칭을 이륙했다.

쿤밍시가 시야에 들어오기도 전에 켄트는 구름을 뚫고 나오는 일본 전투기 편대를 발견했다. 본사로부터 귀가 따갑도록 일본 전투기들과 마주치지 말라는 주의를 받은 켄트는 병풍처럼 펼쳐진 시산西山

의 계곡에 숨어 전투기들이 사라지기를 기다렸다. 그러나 웬일인지 전투기들은 시산 주변을 선회하며 떠날 생각을 하지 않았다. 그새 청킹호의 연료 게이지는 뚝뚝 떨어졌다. 연료가 줄어들면 선택의 폭이 급격히 제한된다. 옵션이 하나하나 떨어져 나가고 마지막엔 가장 가까운 공항에 착륙하는 것만 남는다. 오후 2시 45분 청킹호의 연료는 고갈 직전이었다.

켄트는 주변에 착륙할 곳이 있는지 찾아보았다. 일본 전투기들이 폭탄을 쏟아붓고 있는 창이 공항 인근에 임시 활주로 하나가 눈에 띄었다. 켄트는 라디오를 끄고 최대한 조용히 활강을 시작했다. 어리석은 결정이었다. 방금 창이 공항을 공습한 나카지마 편대기 중 하나가 청킹호의 반짝이는 은빛 날개를 발견한 것이다. 청킹호기 활주로에 접근하는 사이, 편대 후미에 있던 전투기 3대가 전속력으로 청킹호를 쫓아왔다.

활주로에 내려 앉은 청킹호가 미처 정지하기도 전에 전투기들은 20밀리 기관총을 난사했다. 동체를 뚫고 들어온 총알 한 발이 켄트의 심장에 박혔다. 켄트는 한 손으로 피가 솟구치는 가슴을 틀어막으며 승객들에게 도망치라고 소리쳤다. 비상구 옆자리의 승객 두세 명이 비행기 밖으로 뛰쳐나가는 순간, 또 다른 총탄 한 발이 켄트의 관자놀이에 박혔다.

객실 승무원 루메이양은 승객들을 향해 얼른 탈출하라고 소리를 질렀다. 공포에 질린 승객들은 루메이양의 얼굴만 쳐다볼 뿐 비행기 밖으로 뛰어나갈 엄두를 내지 못했다. 잠시 후 청킹호의 왼쪽 날개에서 시뻘건 화염이 솟구쳐 올랐다. 루메이양은 객실을 뛰어다니며 사시나무처럼 떨고 있는 승객들을 붙잡아 일으켰지만, 승객들은 객실

바닥에 주저앉아 움직일 생각조차 하지 못했다. 루메이양은 승객들을 끌어낼 힘이 없었다. 루메이양은 울며 비상구를 박차고 뛰어나갔다. 푸른 들판을 가로지르는 그녀의 하얀 유니폼은 단번에 전투기 조종사들의 눈에 띄었다. 비행기 한 대가 루메이양을 따라가며 조준 사격을 가했다. 다리에 총알을 맞은 루메이양이 쓰러지자 그녀의 등 뒤로 전투기들의 집중 사격이 이어졌다. 결혼식을 2주 앞둔 날이었다.

사망한 승객 중에는 CNAC의 이사와 10개월 된 유아도 포함되어 있었다. 부기장과 무선 교신사, 그리고 나머지 객실 승무원은 모두 청킹호의 객실 안에서 사망했다. 임신 중인 켄트 기장의 아내는 시티은행 홍콩지점 사무실에서 그의 사망 소식을 들었다. 생존자는 비행기가 정지하자마자 탈출해 덤불에 몸을 숨긴 3명의 승객뿐이었다.

팬암에서 파견한 미국 조종사들이 연이어 일본 전투기의 공격을 받고 사망했지만 미국은 개입하지 않았다. 일본은 태평양 전쟁을 향해 무서운 기세로 돌진했다. 일본 제국은 전 세계 어떤 국가에도 존중은커녕 전략적 겸손조차 갖고 있지 않았다. 일본 제국의 치명적인 약점이었다.

9장

바람은
멈추지 않는다

조종사가 되지 못한 소년

미야자키 하야오의 애니메이션에는 늘 비행기가 등장한다. 역동적이면서도 유려한 그의 비행 묘사는 실사 이상으로 아름답다. 비행기 부품 회사를 경영하던 아버지 덕에 미야자키 하야오는 어려서부터 비행기를 가까이 접하며 자랐다. 강철로 만들어진 육중한 비행기가 하늘로 솟구쳐 오르는 모습만큼 그의 심장을 뛰게 하는 것은 없었다. 미야자키에게 비행은 인간이 구현할 수 있는 궁극의 아름다움이었다.

미야자키가 태어난 1941년, 일본은 태평양 전쟁 준비에 총력을 쏟고 있었다. 진주만 공습으로 시작된 태평양 전쟁의 뒤에는 뛰어난 재능으로 일본의 항공산업을 주도한 호리코시 지로堀越二郎가 있었다. 2013년 미야자키는 그의 장편 애니메이션 〈바람이 분다〉에서 호리코시 지로의 비행에 대한 꿈과 시대와의 만남을 이렇게 표현했다.

미야자키 하야오의 애니메이션 <바람이 분다>의 호
리코시 지로

"하늘을 날고 싶다는 인류의 꿈은 저주받
은 꿈이기도 하다. 비행기는 살육과 파괴
의 도구가 될 숙명을 안고 있다."

1869년 메이지 정부는 수도를 교토京都
에서 도쿄東京으로 이전했다. 도쿄는 동쪽
의 수도라는 뜻이다. 태평양과 인접한 도
쿄로의 천도는 태평양 시대를 열겠다는
메이지왕의 의지를 상징하는 것이었다.

메이지왕은 일본이 나아가야 할 비전
으로 '국가 주도의 과학 기술 발전을 통
한 부국강병 건설'을 제시했다. 동양의
영국, 그것이 그가 꿈꾸는 일본이었다.

일본은 대규모의 유학생을 유럽에 파견하고 서구에서 발간된 거의
모든 서적을 일본어로 번역했다. 유학을 가지 않고도 일본 안에서 과
학 연구 성과를 누릴 수 있게 하기 위해서였다.

아시아 유일의 근대 산업국가로 발돋움한 일본이 대제국을 건설하
기 위해서는 반드시 해상권과 제공권을 장악해야 했다. 일본은 무서
운 속도로 유럽의 선진 항공 기술을 추격해 1920년에는 이미 자체적
으로 전투기를 제작할 수 있는 능력을 갖고 있었다. 이듬해 일본은 태
평양으로 전투기들을 실어 나를 세계 최초의 항공모함 호쇼호를 진
수시켰다. 남은 과제는 충분한 조종사를 확보하는 것뿐이었다.

일본은 청소년들에게 파일럿을 엘리트로 인식시키기 위한 다양한
사업을 펼쳤다. 과학 시간에는 고무줄 동력을 이용한 종이 글라이더

를 만들게 했고, 소년 잡지를 발행해 유럽 각국에서 개발한 신형 비행기들의 화보와 활약상을 소개했다. 육군과 해군 조종사들은 나카지마 전투기를 몰고 전국의 학교를 돌아다니며 에어쇼를 펼쳤다. 운동장에 착륙한 조종사가 욱일기를 향해 거수경례를 하면 아이들은 마치 자신이 조종사가 된 것처럼 따라서 경례를 했다. 당시 일본 청소년들의 최고의 꿈은 단연 파일럿이었다.

후지오카의 작은 농가에서 태어난 호리코시 지로 역시 또래의 다른 아이들처럼 파일럿을 꿈꾸는 소년이었다. 중학교에 입학해 신체검사를 받던 중 지로는 자신이 선천성 근시라는 사실을 깨달았다. 조종사가 될 수 없다는 사실을 알게된 지로는 몹시 실망했다. 그날 밤 지로는 일기장에 '조종사가 될 수 없다면 세상에서 가장 빠른 비행기를 만들겠다'고 썼다.

1927년 호리코시 지로는 도쿄제국대학 항공공학과를 수석으로 졸업했다. 일본 최고의 비행기 제작 회사인 미츠비시에 입사한 지로는 탁월한 실력과 열정을 바탕으로 5년 만에 해군이 발주한 전투기 설계 팀장으로 승진했다.

제국의 꿈을 위해 탄생한 제로센

1937년 7월 7일 일본은 베이징 근교 루고우차오에서 발생한 총성을 구실로 선전포고도 없이 중국을 침공했다. 일본은 압도적 군사력을 바탕으로 4개월 만에 수도 난징을 점령했다. 중국은 일본에 항복한다는 생각은 꿈에도 해본 적이 없었다. 전선은 중국 대륙으로 끝없이 확대되는데 일본 육군의 진격 속도는 너무나 느렸다. 전쟁이 지지부진 늘어지면서 일본은 보병 위주의 전투만으로는 중국에서 전쟁을 끝낼 수 없다는 것을 깨달았다. 폭격기로 대규모 공습을 하기 위해서는 반드시 전투기의 호위가 필요한데, 나카지마 전투기는 광활한 중국 대륙을 커버할 만큼 장거리를 비행할 수 없었다. 일본은 체공 성능이 뛰어난 전투기가 필요했다.

1938년 1월 17일 일본군 수뇌부는 양대 비행기 제작사인 미츠비시와 나카지마의 대표들을 불러놓고 신형 전투기에 필요한 성능 요구서를 제시했다. 중국 공군이 보유하고 있는 미국산 커티스 호크-3를 격추시킬 수 있는 기동성과 2천 킬로미터 이상의 항속거리를 동시에 갖추어야 한다는 것이었다. 미츠비시와 나카지마의 대표단은 군이 일부러 불가능한 수준의 성능 요구를 하는 것이거나, 비행기에 대한 최소한의 상식이 없는 것이라 생각했다. 커티스 호크-3를 제압하려면 엔진의 출력과 날개의 강도를 획기적으로 높여야 하는데, 그러면서도 항속거리를 두 배 가까이 늘이라는 것은 백 미터 달리기 선수에게 마라톤 대회에 나가서 우승하라는 요구와 다름없었다.

미츠비시는 "기동성과 항속거리 중 우선해야 할 것을 제시해달라"고 요청했지만 해군은 모든 성능을 동시에 충족해야 한다고 고집했다. 결국 나카지마는 입찰을 포기해 버렸다. 울며 겨자먹기로 발주를 떠맡은 미츠비시는 신형 전투기 프로젝트를 호리코시 지로에게 맡겼다.

호리코시 지로는 수직적 문화가 뿌리박힌 일본 사회에서 성장한 사람답지 않게 창의적인 사고 능력이 있었다. 기동성과 항속거리는 상호 모순되는 것이 아니라 서로 다른 성능일 뿐이었다. 지로는 동체를 두랄루민으로 만들어 기체의 무게를 최대한 줄이는 동시에 융커스처럼 날개를 일체형으로 제작하면 급격한 기동에서 발생하는 스트레스를 견딜 수 있을 것으로 생각했다.

1940년 호리코시 지로는 A6M(A-전투기, 6번째 모델, 미츠비시)을 완성했다. 조종사들은 A6M을 정식 명칭 대신 '제로센'이라고 불렀다. 일본 건국 2600년(백 년의 마지막 해를 의미)에 탄생한 전투기라는 뜻이었다.

시험 비행에서 제로센은 커티스 호크-3보다 무려 110킬로미터나 빠른 시속 460킬로미터를 기록했다. 공중 선회전에서 가장 중요한 360도 선회 능

미츠비시 입사 당시의 호리코시 지로

력도 제로센이 커티스 호크-3를 능가하는 것으로 확인되자 일본군 대표단은 의자를 박차고 일어나 탄성을 질렀다. 무게가 가벼운 제로센은 2,200킬로미터의 초장거리 항속 성능까지 갖추고 있었다. 일본이 미국 전투기의 성능을 압도하는 전투기를 만들어낸 것이다.

일본은 곧바로 제로센을 실전에 투입했다. 13대의 제로센 편대는 첫 공중전에서 한 대의 손실도 없이 중국 공군의 소련제 I-16 27대를 모조리 격추했다. 일본은 두려울 것이 없었다. 국제연맹이 일본의 침략 행위를 비난하고 나서자 일본은 아예 국제연맹을 탈퇴하고 본격적으로 태평양의 섬들을 하나씩 점령하기 시작했다.

미국은 제1차 세계대전을 통해 조종사와 비행기가 현대 전술에서 매우 중요한 역할을 한다는 것을 깨달았다. 1917년 미 의회는 역사상 가장 큰 규모인 6억 4천만 달러의 항공 발전 예산안을 통과시키고 매월 2천 대 이상의 군용기 생산 설비를 갖추었다. 2차 대전이 발발할

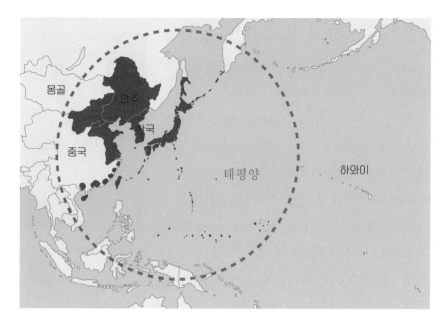

1939년 9월 일본의 점령지. 만주와 한반도, 중국의 주요 도시와 태평양 서부의 섬 대부분을 차지했다.

무렵 미국의 항공 전력은 유럽 전체를 합한 것보다 우세했다. 미국은 일본에 태평양을 양보할 생각이 털끝만큼도 없었다. 미국은 국제연맹을 통해 석유와 철강의 대일 수출을 금지하는 것으로 경고를 보냈지만, 태평양 제국을 향한 일본의 돌진은 멈출 줄 몰랐다. 미국과 일본의 전쟁은 피할 수 없는 운명이었다.

일본은 대담하게 미 태평양 함대의 본진인 진주만을 공격하기로 했다. 미국은 일본이 자신들과 전면전을 선택하리라고는 전혀 예상하지 못했다. 그것도 도쿄에서 6,500킬로미터나 떨어진 하와이를 공습할 것이라고는 꿈에도 생각지 않았다.

1941년 12월 7일 오전 6시 일본 해군 조종사들은 머리에 욱일기가 그려진 하치마키(鉢巻, 일본식 머리띠)를 동여매고 항공모함을 이륙했

1942년 파푸아뉴기니 라바울 항공기지에서 출격을 기다리는 제로센

다. 이 중에는 43대의 제로센도 포함되어 있었다. 한가로운 일요일 아침, 무방비로 노출되어 있던 미군은 속수무책으로 당했다. 300대가 넘는 미 해군 항공기가 파괴되었고 민간인을 포함한 2,400여 명의 미국인이 사망했다. 태평양 전쟁의 시작이었다.

전쟁 초기 제로센의 성능은 미 태평양 함대의 주력기인 F-4 와일드캣을 압도했다. 상대적으로 선회 기동성이 떨어지는 연합군 전투기들은 제로센에 꼬리를 잡혀 기관총에 격추되거나 선회전으로 맞서다 양력을 잃고 추락하기 일쑤였다. 제로센의 기동을 관찰한 미 해군은 일본이 2천 마력급 신형 전투기를 개발한 것으로 생각했다.

1942년 7월 10일 알류샨 열도의 아쿠탄섬을 탈환한 미 해군은 온전한 상태의 제로센 한 대를 노획했다. 제로센의 엔진이 겨우 940마력에 불과하다는 사실을 확인한 미국은 깜짝 놀랐다. 제로센의 탁월한 기동성은 미국이 생각한 2천 마력짜리 엔진 덕분이 아니라 두랄루민을 사용해 기체의 무게를 극단적으로 낮춘 결과였다. 미군은 곧 제로센의 약점을 찾아냈다. 제로센은 최고 속도를 조금만 초과하면 동체에 구조적 손상이 발생했고, 연료 탱크는 기관총을 단 한 발만 맞아도 폭발할 정도로 약했다. 미군은 전 비행대대에 제로센과 선회전을 피하고 고속 편대전으로 맞서 날개를 집중 공격하라는 지침을 내렸다.

연합군 조종사들이 고속 편대전술을 펼치면서 상황은 급변했다. 1942년 8월 미국 주도의 연합군은 일본 제국군의 태평양 전진기지인 솔로몬 제도 과달카날에서 제로센 대대를 완전히 궤멸시켰다. 현대전의 승패는 전쟁에 필요한 인적, 물적 자원을 얼마나 효율적으로 동원할 수 있는가에 달려 있다. 전시 체제로 전환한 미국이 막강한 기술력과 경제력을 바탕으로 신속하게 전력을 강화하자 초반 총력전을 펼친 일본은 급격히 무너지기 시작했다. 태평양 도서들에 이어 이오지마와 오키나와까지 미군이 진격해 들어오자 일본은 이제껏 아무도 생각지 못한 전술을 개발했다. 가미카제, 자살 특공대였다.

가미카제 돌격의 허상

가미카제神風는 '신이 일으키는 바람'이란 뜻이다. 13세기 말 두 차례에 걸쳐 일본 정벌에 나선 여몽연합군의 배가 번번이 태풍을 만나 가

라앉자 일본인들은 이 바람을 가미카제라고 불렀다. 여몽연합군의
배를 침몰시켰던 태풍처럼, 조종사더러 폭탄과 연료를 가득 실은 비
행기를 몰고 적함으로 돌진하라는 것이었다.

군 통수권자인 왕(천황)에게 자살을 강요한 책임이 돌아갈 것을 우
려한 일본군은 가미카제 특공대를 정규군 편제에 넣지 않았다. 가미
카제는 어디까지나 지원자들로만 구성된 부대여야 했다. 일본은 애국
심을 앞세워 명문대 재학생들을 중심으로 특공대원을 모집했다. 가미
카제 특공대는 아무리 뽑아도 부족했다. 전쟁이 막바지에 몰리자 일
본 육군은 소학교 졸업생 이상으로 가미카제 조종사 지원 자격을 낮
추었다. 파일럿의 꿈에 부풀어 있는 소년들의 지원을 노린 것이었다.

일본군은 학도병들을 일렬로 집합시켜 놓고 조국과 천황에 대한
일장 훈시를 한 뒤 "가미카제에 지원하지 않을 사람은 앞으로 나오
라"고 했다. 학도병들을 한 사람씩 앞으로 나오게 한 뒤 지원서를 내
미는 경우도 있었다. 살벌한 집단 분위기 속에서 홀로 지원을 거부하

출격 전 일왕에게 충성을 맹세하는 가미카제 특공대.《아사히 신문》

는 것은 불가능했다. 간혹 지원을 거부하는 사람에게는 비애국자라는 낙인을 찍어 살아서는 돌아오지 못할 남방 전선으로 보냈다.

가미카제 항공교육대의 하사관들은 대학은커녕 대부분 고등학교도 다니지 못한 사람들이었다. 사회에서 온갖 멸시를 받다가 입대해 혹독한 체벌을 견디며 하사관이 된 이들은 좋은 환경에서 자라 최고 학부를 다니다 온 학도병들을 무자비하게 다루었다. 비행 훈련은 매일 구타로 시작해 구타로 끝났다.

학도병들은 자폭 비행을 위한 초보적인 비행 훈련만 받은 후 출격했다. 출격 전야, 유서를 쓰고 손톱을 자른 가미카제 학도병의 군율은 한순간에 무너졌다. 불이 꺼진 막사 안에서 어떤 이는 목놓아 절규했고, 어떤 이는 미친 듯 춤을 추다 의자를 집어 던졌다. 몇 시간째 멍하니 땅바닥만 응시하는 사람도 있었다.

다음 날 아침 학도병들은 도살장에 끌려가는 소처럼 고개를 숙인 채 비틀거리며 걸어갔다. 어떤 대원은 제대로 서 있지도 못해 기간병들에게 들려 강제로 비행기 안으로 밀어 넣어졌다. 가미카제 대원은 선발된 순간부터 살아 있는 사람이 아니었다. 한번 출격하면 설사 적함을 발견하지 못해도 살아 귀환하는 것은 허용되지 않았다. 적함을 발견한 뒤에도 차마 돌진하지 못하고 가까운 수면에 착륙을 시도하는 대원도 있었다. 적함에 간신히 부딪히지 않을 정도로 저공비행한 다음 멀리 사라지는 비행기도 있었다. 일본 영화에서 가미카제 조종사들은 흔히 "천황폐하 만세"를 외치며 적함으로 돌진하지만, 실제 이들이 마지막에 외친 말은 "오카상(어머니)"이었다. 살아남은 가미카제 대원들은 무선 라디오를 통해 울리던 동료들의 음성을 평생 잊지 못했다.

162

가미카제 공격이 시작된 초기, 미군은 엔진이 고장 난 비행기가 어쩌다 배를 들이받은 것으로 생각했다. 그러나 곧 일본군이 자살 폭격을 하는 것임을 알게 된 미국은 일본 제국 수뇌부에 혐오감을 느꼈다. 미 본토에서는 일본에 항복을 요구할 것이 아니라, 일본을 아예 제거해야 한다는 주장까지 등장했다.

가미카제 공격의 성공률은 극히 낮았다. 무거운 폭탄을 탑재하고 최고 속도로 급강하해 전함의 기관실을 정확히 들이받는다는 것은 20층 아파트 옥상에서 공깃돌을 떨어뜨려 지상에 있는 야구공을 맞추는 것만큼 어려운 기동이다. 간신히 비행기를 띄우는 기술만 배운 초보 조종사들이 극도의 공포와 스트레스 속에서 적함의 기관실에 정확히 충돌하는 것은 애초부터 불가능했다.

미군은 목표물 근처에서 포탄이 사방으로 폭발하는 대공포를 개발했다. 시간이 지날수록 가미카제는 전세에 영향을 미치지 못했고 조종사들의 의미 없는 희생만 증가했다. 전쟁이 끝난 후 분석한 결과 가미카제가 연합군의 배와 조금이라도 접촉한 비율은 12퍼센트에 불과했다.

미야자키 하야오는 〈바람이 분다〉에서 호리코시 지로를 시대와의 불화에 괴로워하는 청년으로 묘사했다. 그러나 실제의 지로는 자신이 만든 전투기가 일본 제국 전쟁의 첨병이 될 것이라는 사실을 알았을 뿐만 아니라 매우 자랑스러워했다. 태평양 전쟁 당시 호리코시 지로는 제로센이 유럽과 미국의 전투기를 격추시켰다는 소식이 들려올 때마다 "요시" 하며 주먹을 흔들었다. 1970년 일본에서 발간된 『제로센, 그 탄생과 영광의 기록』에서 호리코시 지로는 "제로센이야말로 일본인의 피가 흐르는 비행기"라고 말했다. 비록 이길 수 없는 상대라 할지라도 죽을 때까지 칼을 쥐고 맞서는 무사도의 정신이 가미카제 정신이라는 것이다.

　가미카제 조종사들의 유품은 제로센과 함께 도쿄 야스쿠니 신사의
유슈칸 기념관에 전시되어 있다. 유슈칸은 '고결한 사람과 함께하는
곳'이란 뜻이다. 전시관 벽면에는 가미카제 특공대원들의 사진과 유
서들이 진열되어 있다. 일본군은 검열을 거쳐 작성된 유서들 중 모범
유서를 뽑아 가미카제 기지에 전시해 놓고 새로 전입한 학도병들에
게 읽게 했다. 현재 야스쿠니 신사에 전시되어 있는 것들이 그들이 읽

1945년 7월 26일 영국 해군의 HMS 서식스Sussex함 측면에 돌진한 가미카제의 흔적. 미츠비시의 가벼운 비행기들
은 100밀리미터 이상의 철갑을 두른 연합군 전함에 의미 있는 타격을 입히지 못했다.

었던 유서다.

패전 후 유년기를 보낸 1950~60년대생 일본인들에게 제로센은 화려했던 일본 제국의 과거를 상징한다. 전쟁이 끝나고 70년이 지난 지금, 끝없는 불황의 늪에 빠져 있는 일본인들에게 가미카제와 제로센은 태평양 제국을 꿈꾸던 영광의 시대를 의미한다. 그들에게 제로센은 강인했던 일본의 표상이며, 가미카제는 자신을 희생해 위대한 일본을 건설하고자 했던 고결한 사람들로 인식되어 있다.

호리코시 지로는 뛰어난 비행기 설계자였으나 그의 업적은 제국의 열망을 담은 국가의 요구를 양분으로 이룬 것이었다. 지로는 죽을 때까지 제로센의 활약을 자랑스럽게 생각했다. 일본이 항복한 1945년 8월 15일, 그는 일기에 "더 이상 비행기를 만들 수 없다. 내일부터 무엇을 해야 할지 모르겠다"고 적었다. 1973년 일본 정부는 호리코시 지로에게 일본의 최고 훈장인 욱일장을 수여했다.

야스쿠니 신사 역사 박물관에 전시되어 있는 제로센. 일반적인 비행기 전시 형태와 달리 창밖을 향해 서 있다. 언젠간 다시 태평양을 향해 날아오르겠다는 의미다.

10장

태평양을
넘본 대가

저항할 수 없는 힘 리틀보이

1934년 미 공화당 의원 제럴드 나이는 1차 대전 중 JP모건과 록펠러, 듀퐁이 군수물자 거래를 통해 천문학적인 이윤을 획득했으며, 윌슨 대통령이 참전을 결정한 이유가 영국에 무기 구매를 중개한 JP모건을 위한 것이었다고 폭로했다. 언론은 연일 무기 제조업자와 은행가들을 비판하는 기사들을 쏟아냈고, 학생과 시민 사회를 중심으로 반전 운동이 일어났다. 이듬해 미 의회는 무기 또는 전쟁 물자를 교전 국가에 판매하거나 운송하는 것을 금지하는 중립법을 통과시켰다.

1937년 일본이 중국을 전격 침공할 때까지도 미국 사회에는 반전 분위기가 지배적이었다. 유럽에서 2차 대전이 본격화되자 루스벨트 대통령은 나치를 공개적으로 규탄하며 참전 여론을 유도했지만 미 의회는 미국의 전쟁 개입을 강력히 반대했다. 상황은 1940년 5월 급

166

변했다. 미국의 예상을 뒤엎고 프랑스와 영국 본토까지 진격한 히틀러와 무솔리니는 몇 달 안에 전쟁을 끝낼 기세였다. 이대로 연합국이 패하기라도 하면 미국은 독일이 지배하는 유럽을 상대해야 했다.

미국이 전쟁에 직접 관여하는 일은 절대 없을 것이라던 루스벨트는 3선에 성공하자마자 무기대여법을 통과시켰다. 무기를 파는 것을 금지한 현행법을 우회해 연합국에 무기를 제공하기 위해서였다. 영국으로 가는 무기 수송선을 호위하며 조심스럽게 연합국을 지원하던 미국의 태도를 단숨에 뒤집어 놓은 것은 일본의 진주만 공습이었다.

미국이 본격적으로 참전하면서 전세는 급격히 연합군 쪽으로 기울었다. 1943년 키이우에서 독일이 소련군에 패퇴하면서 유럽 전선은 사실상 정리된 것이나 마찬가지였다. 1945년 4월 30일 히틀러는 연인인 에바 브라운과 결혼식을 올린 후 자살했다. 뒤이어 수상직에 오른 파울 괴벨스 역시 다음 날 자살했고, 그 뒤를 이은 카를 되니츠는 5월 8일 연합군에 항복했다. 남은 것은 일본 제국이 버티고 있는 태평양 전선뿐이었다.

1945년 7월 17일 스탈린과 애틀리, 트루먼은 포츠담에서 만나 독일과 일본의 전후 처리 문제에 관해 논의했다. 회담 하루 전, 트루먼은 맨해튼 프로젝트 팀이 뉴멕시코 사막에서 핵폭탄 실험에 성공했다는 보고를 받았다. 다음 날 트루먼은 특별한 파괴력을 지닌 새로운 무기를 가지고 있다고 스탈린을 떠보았다. 미국의 핵무기 개발 정보를 속속들이 알고 있던 스탈린은 "일본의 항복을 위해 잘 활용하면 좋겠다"며 시치미를 뗐다. 회담이 끝난 후 미국, 영국, 소련 3개국 정상은 "일본이 무조건 항복하지 않을 경우 연합국은 즉각적이고 완전하게 일본을 파멸시킬 것"이라고 선언했다.

1944년 패전을 목전에 둔 일본 제국 수뇌부는 동아시아와 사할린을 포기하는 선에서 항복을 고려하고 있었다. 그러나 미국은 그 정도로 일본을 놓아줄 생각이 없었다. 일본은 제국의 국체와 천황의 안위가 보장되지 않는 무조건 항복 요구를 거부했다. 7월 28일 오후 4시, 스즈키 간타로 총리는 "포츠담 선언은 카이로 선언을 되풀이한 것일 뿐 아무 의미가 없다. 우리는 전쟁을 지속하기 위한 노력을 계속할 것"이라고 선언했다.

일본군의 끔찍한 옥쇄 작전으로 이오지마와 오키나와에서 상당한 희생을 치른 미국은 일본 제국 수뇌부가 국가의 존속이 위협받기 전까지는 항복하지 않을 것이라는 결론을 내렸다. 소련의 참전을 이끌어낸 얄타회담도 오히려 부담이 되었다. 이미 전쟁 수행 능력을 잃은 일본과의 전쟁에 소련이 참여한 이유는 사할린과 홋카이도를 차지하기 위해서였다. 소련이 극동을 차지하면 태평양은 소련의 영향권에 놓일 수밖에 없었다. 미국이 압도적인 힘을 갖고 있다는 것을 전 세계에 보여줘야 할 때였다. 미국은 '일본이 결코 저항할 수 없는 장엄하고 결정적인 방식'으로 전쟁을 끝내기로 했다.

트리니티 핵실험 준비가 최종 단계에 다다른 1944년 12월 7일, 미국은 유타의 소금 사막에 제509폭격비행단을 창설했다. B29 폭격기를 주력으로 한 509비행단은 원자폭탄 투하를 위해 급조한 부대였다. 509비행단에 배치된 B29는 무기들이 모두 장탈된 채 개폐가 가능한 초대형 폭탄 투하창만 달려 있었다.

부대장인 폴 티비츠Paul Tibbets 대령을 비롯한 509비행단의 조종사들은 2차 대전에서만 수십 회 이상의 출격 경험을 가진 베테랑 조종사들이었다. 이들은 B29가 올라갈 수 있는 최고 고도로 상승해 폭탄을 투하한 후 180도로 급선회해 신속히 복귀하는 훈련만 반복했다. 부임 전 핵폭탄 투하 계획을 전달받은 받은 티비츠 대령이 원자폭탄을 투하한 후 안전한 복귀를 위해 구상한 기동이었다. 티비츠 대령을 제외한 나머지 대원들은 작전 당일까지 자신들이 투하할 폭탄이 원자폭탄이란 사실조차 알지 못했다.

1945년 5월 509비행단은 사이판 인근의 티니안 기지로 배치되었다. 8월 4일 티비츠 대령은 대원들을 소집해 이틀 후 히로시마에 '신형 폭탄'을 투하할 것이라고 브리핑했다. 히로시마에 폭탄을 투하할 B29는 로버트 루이스 대위가 몰고 있는 빅터 82로 정해졌다. 브리핑이 끝난 후 티비츠는 루이스 대위를 부기장석에 앉히고 직접 기장석에서 투하 훈련을 지휘했다.

기장이 된 조종사에게 가장 굴욕적인 징계는 부기장 강등이다. 일부 항공사는 지금도 관제 지시를 위반하거나 비행 중 실수를 범한 기장에게 부기장 강등 징계를 내린다. 생계를 위해 부기장으로 계속 근무하는 기장도 있지만, 부기장 강등 처분을 받은 대부분의 기장은 회사를 떠난다. 루이스 대위는 부기장석에 앉는 것이 불쾌했지만 실전 임무를 앞둔 부대장이 최종 훈련 점검을 하는 것으로 생각했다.

훈련이 끝난 후 저녁 식사를 마치고 나온 루이스 대위는 자신의 빅터 82에 커다랗게 이놀라게이ENOLA GAY라는 글자가 쓰여 있는 것을 발견했다. 그제서야 루이스 대위는 티비츠 대령이 직접 기장석에 앉아 작전을 수행하려는 것임을 깨달았다. 이놀라게이는 티비츠 대령어머니의 이름이었다. 티비츠가 자신의 명성을 남기기 위해 부하의 비행기를 갈취한 것이다.

팀원들에게 히로시마 원자폭탄 투하 작전 계획을 브리핑하는 파슨스 대령(왼쪽)과 티비츠 대령

워싱턴은 20억 달러 이상의 세금이 들어간 원자폭탄의 위력과, 그 힘을 바탕으로 앞으로 미국이 어떤 전쟁이든 승리할 수 있다는 것을 대내외에 선전하기 위해 이놀라게이의 출격 장면을 언론에 공개했다. 출격 당일 새벽, 몰려든 기자들과 영화 촬영 기사들이 터뜨리는 플래시로 이놀라게이와 승무원들의 얼굴은 쉴 새 없이 번쩍거렸다.

"때가 차매 그 아들을 보내사"

종교적 역사관의 특징 중 하나는 '때'를 강조하는 것이다. 정해진 때가 되었을 때 전지자가 메시아를 보내 세상을 심판하고 하나님의 나라를 세운다는 것이다. 그들에게 미국은 하나님의 나라였고 이놀라게이의 리틀보이Little Boy는 미국에 대적한 일본을 심판하는 메시아였다. 8월 6일 새벽 1시 B29 3대가 티니안 기지를 이륙했다. 이놀라게이

출격 전 티비츠 대령(뒷줄 왼쪽 네 번째)과 이놀라게이 승무원들

에 앞서 비행 경로와 목표 도시의 기상 확인 임무를 맡은 기상 관측용 B29였다. 2시 45분 마침내 티비츠 대령이 조종하는 이놀라게이가 원자폭탄 리틀보이를 싣고 활주로에 들어섰다. 일본 본토를 왕복할 연료를 실은 B29에 4.5톤에 육박하는 리틀보이를 실으면 최대 이륙 중량을 초과했다. 티비츠 대령은 활주로 끝까지 내달려 최대한 속도를 붙인 뒤 기수를 들었다. 그 뒤를 따라 예비기 한 대와 폭격 장면 촬영용 B29, 원자폭탄의 위력 계측용 B29가 차례로 이륙했다.

15분 후 티니안 기지에 티비츠 대령의 무선 메시지가 수신되었다.

티니안 기지에서 출격을 기다리는 이놀라게이. 페인트 도색을 하지 않아 '실버플레이트Silverplate B29'로 불렸다.

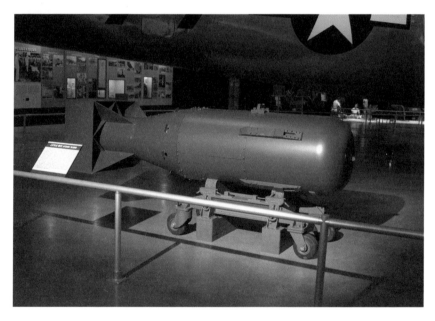

미국 국립공군박물관에 전시되어 있는 리틀보이

"Judge going to work(판사님께서 근무하러 가십니다)."

농축 우라늄 기반의 리틀보이는 물리학적으로 불안정한 폭탄이었다. 같은 중량으로 훈련을 하던 B29가 이륙에 실패한 사건이 있었기 때문에, 미국은 혹시라도 이륙 중 비행기가 추락해 티니안 기지에서 원자폭탄이 터지는 사고가 발생할까 봐 노심초사했다. 509비행단의 지휘자인 윌리엄 파슨스 대령은 리틀보이를 분해해 이놀라게이에 탑재한 후, 일본 본토까지 날아가는 동안 폭탄창 안으로 들어가 직접 리틀보이를 조립하기로 했다. 판사님이 일하러 간다는 전문은 파슨스 대령이 원자폭탄을 조립하기 시작했다는 암호였다.

이놀라게이의 목적지는 일본의 히로시마였다. 미군은 일본 본토의 대도시들을 폭격하면서도 일본군의 군수물자 보급창 역할을 하던 히로시마는 일절 손대지 않았다. 트루먼 대통령의 어머니가 히로시마에 포로로 잡혀 있다는 소문까지 돌았지만, 실상은 리틀보이의 위력을 확인하기 위해 히로시마를 온전한 상태로 남겨둔 것이었다.

6시 45분, 티비츠 대령은 리틀보이의 안전장치를 해제했다. 40분 후 이놀라게이는 일본 영공에 진입했다. 공습 경보가 발령되었지만 한 번도 공습을 당한 적이 없는 히로시마 시민들은 경보를 무시하고 일상 생활을 계속했다. 실제 공습이라면 폭격기가 단 한 대일 리가 없었다. 8시 9분 티비츠 대령의 시야에 히로시마 시내가 들어왔다. 티비츠 대령은 카운트 다운을 시작했다.

8시 15분 히로시마 시내의 아이오이 다리 상공에서 인류 최초의 핵폭탄 리틀보이가 투하되었다. 동시에 바로 뒤에서 따라오던 B29에서 계측 장비가 투하되었고 촬영기가 기록 영상을 찍기 시작했다. 티비츠는 속도를 붙이기 위해 급강하하며 180도 선회를 시작했다.

잠시 후 육중한 폭발음과 함께 강한 섬광이 천지를 뒤덮었다. 폭발의 충격파에 강타당한 이놀라게이는 태풍에 휘말린 것처럼 요동쳤다. 티비츠 대령과 승무원들의 입안에 납덩이를 씹은 듯한 아릿한 맛이 퍼졌다. 지상에서 피어오르는 버섯구름을 바라본 사람들은 눈이 멀었다. 눈을 감고 손바닥으로 얼굴을 가린 사람도 자신의 손가락뼈를 보았다. 폭탄이 떨어진 자리 인근에 있던 사람은 섭씨 4천 도의 복사열에 그 자리에서 증발했다.

열폭풍은 반경 10킬로미터 안에 있던 모든 생명체를 태워버렸다. 콘크리트 건물은 모래성처럼 무너졌고, 물을 찾아 다리 밑으로 뛰어든 사람은 과자처럼 부스러졌다. 30분 후 히로시마 일대에는 검은 폭우가 내리기 시작했다. 빗물은 고 방사성 입자로 가득 차 있었다.

지하 깊숙한 벙커에 자리잡은 히로시마 사령부는 도쿄의 육군 본부에 연락을 시도했지만 통신 장비가 작동하지 않았다. 히로시마만에 주둔 중인 해군으로부터 무언가 심각한 상황이 일어난 것 같다는 보고를 받은 육군 본부는 정찰기를 띄워 상황을 확인했다. 정찰기 조종사들은 히로시마 상공에 거대한 검은 구름이 솟아 있는 것을 발견했다. 조종사들은 비릿한 금속 냄새가 나는 구름 속으로 들어갔다.

정찰기들이 복귀하기도 전에 마츠야마 해군기지에서 긴급 전보가 날아들었다. 히로시마에서 정체를 알 수 없는 거대한 폭발이 일어나 수만 명이 사망했다는 소식이었다. 도쿄의 본영은 무슨 일이 일어난 것인지 이해하지 못했다. 다음 날 새벽 트루먼 대통령은 티브이에 등장해 히로시마에 핵폭탄을 투하했다고 발표했다.

히로시마에 투하된 리틀보이에서 피어오르는 버섯구름

"16시간 전 우리 미국은 히로시마에 폭탄 하나를 떨어뜨렸습니다. 이것은 원자폭탄입니다. 지금 우리는 일본을 제거할 준비가 되어 있습니다. 만약 일본이 우리의 조건을 받아들이지 않으면 그들은 파멸을 맞게 될 것입니다."

꿈에서 깨어난 일본 제국

일본은 군과 각료, 과학자들을 포함한 민관군 합동대책위원회를 구성했다. 8월 7일 열린 첫 회의에서 과학자들은 히로시마에 떨어진 폭탄이 원자폭탄이 아닐 것이라고 주장했다. 미국의 원자폭탄 프로그램은 아직 학문적 수준이며, 설령 원폭이 개발되었더라도 언제 터질

지도 모르는 불안정한 무기를 태평양 건너까지 싣고 왔을 리가 없다는 논리였다. 반면 히로시마를 직접 조사하고 돌아온 군 합동조사단은 파괴된 도시의 형태와 규모가 재래식 폭탄으로는 불가능한 것이라고 보고했다. 일순간에 십만 명 이상이 사망하고 생존자들의 피부가 녹아내려 뼈와 근육이 드러난 것은 원자폭탄이 아니면 설명할 수 없다는 주장이었다.

일본 제국은 현실을 인정하지 못했다. 강경파는 미국이 더 이상의 원자폭탄을 갖고 있지 않을 것이라며, 항복을 하더라도 반드시 천황과 제국 체제를 보장받아야 한다고 주장했다. 이런 최고위층의 판단과는 달리 일본군 안에서는 미국의 다음 타깃은 도쿄라는 소문이 퍼져나갔다. 교토와 도쿄에는 "일본 군부가 연합군의 항복 기회를 무시해 미국이 원자폭탄을 떨어뜨렸다. 일본 국민은 천황 폐하께 항복을 청원하자"라는 전단이 살포되었다.

일본이 항복을 미루는 동안 칼 스파츠 태평양 전략공군 사령관은 대통령에게 두 번째 원폭 작전 계획을 보고했다. 히로시아 폭격 작전에서 계측기를 조종했던 찰스 스위니 소령이 2차 공습 비행을 맡았다. 8월 11일 스위니 소령이 목적지인 나가사키 상공에 도달했을 때 도시 상공은 짙은 구름으로 덮여 있었다. 스위니 소령이 레이더를 살피며 폭격을 준비하는 사이에 순간적으로 구름이 열리면서 나가사키 시내가 시야에 들어왔다. 11시 2분 스위니 소령은 나가사키에 팻맨Fat Man을 투하했다.

일본은 미국에 대한 어떤 저항도 불가능하다는 것을 깨달았다. 이번에도 항복을 거부할 경우 다음 목표는 교토가 될 것이 자명했다. 미국

나가사키 상공 570미터 고도에서 폭발한 팻맨

이 교토에 핵폭탄을 투하하는 순간 일본 제국은 파멸이었다. 1945년 8월 14일 군 수뇌부의 최종 보고를 받은 히로히토는 황궁 내 지하 벙커에서 항복 선언을 녹음했다.

젊은 장교들은 목숨처럼 받들어 온 천황의 항복을 받아들일 수 없었다. 결사 항전을 주장하는 소장파 장교들은 항복 선언을 주도한 사단장을 베고 NHK 방송국으로 몰려갔다. 이들은 일본도를 휘두르며 천황의 항복 선언 녹음 테이프를 내놓으라고 요구하다 방송국 측에서 시간을 끄는 사이 출동한 진압군에 모두 체포되었다.

8월 15일 정오, 라디오에서 천황의 항복 선언이 흘러나왔다. 1912년 오토리호의 비행을 보고 제국의 꿈을 키웠던 소년 히로히토의 전쟁이

1945년 9월 2일 미주리 전함에서 항복 문서에 서명하는 일본 외무상 시게미쓰 마모루를 내려다보고 있는 더글러스 맥아더

드디어 끝난 것이다. 사흘 후 최초로 가미카제 전술을 발안했던 오타 쇼이치 대위는 가미카제 기지에 유서를 남기고 제로센에 올라 어디론가 사라져 버렸다. 오타 쇼이치는 평소 출격하는 가미카제 대원들에게 "나도 곧 제군들을 따라갈 것이다. 영광스럽게 죽어 야스쿠니 신사에서 만나자"고 격려했었다. 사람들은 천황의 항복을 받아들이지 못한 오타 쇼이치가 단독 출격을 한 것으로 생각했다. 보름 후 일본은 오타 쇼이치를 순직 처리하고 호적을 말소했다.

1년 후 오타 쇼이치는 사할린 귀환병 틈에 섞여 홋카이도로 돌아와 허위 호적을 만들었다. 새 가정을 꾸민 오타 쇼이치는 옛 동료들을 찾아가 돈을 빌리고 사라지기를 반복하며 평생을 아오키 카오루라는 가공의 인물로 살았다. 그는 1994년 12월 7일 교토의 병원에서 82세의 나이로 사망했다.

1970년대 미국에서 일부 시민사회를 중심으로 반핵 운동이 일어났다. 운동가들은 폴 티비츠 기장을 비롯한 이놀라게이의 승무원들을 학살자라고 비난했다. 한 기자가 티비츠에게 1945년 히로시마에 원폭을 떨어뜨린 행위를 후회하느냐고 묻자 그는 이렇게 대답했다.

"우리는 그때 일본인들에게 계속 싸우는 것이 무익하다는 것을 증명해야 했습니다. 나는 우리가 갖고 있는 저항할 수 없는 수단을 그들이 직접 보아야만 멈출 것이라고 확신했습니다."

2005년 원폭 60주년 기념일에 티비츠는 일본 언론과의 인터뷰에서 "지금 그 상황으로 돌아간다 해도 나는 똑같이 할 것"이라고 대답했다. 티비츠는 B29를 타고 에어쇼에 등장해 히로시마 원폭 투하 작전을 재연할 정도로 자신의 행위를 자랑스럽게 여겼다. 티비츠와 함께 공습에 참여한 다른 대원들도 사과를 요구하는 일본인 생존자들에게 "사과를 해야 할 사람은 진주만을 폭격하고 잔혹한 만행을 저지른 당신들"이라며 일언지하에 거절했다.

히로시마 원자폭탄 작전을 상징하는 509비행단의 부대 휘장

509비행단은 현재도 미 공군에 소속되어 핵 전술 임무를 담당하고 있다.

3부

문명과 야만의
경계에서

11장

하늘의 기사, 파일럿

무기로 변신한 비행기들

과학의 발전은 인류에게 늘 풍요만을 선사하지는 않았다. 잉여는 필연적으로 계급을 낳았고 인간은 생산 노동을 하느냐 아니냐에 따라 고귀한 자와 천한 자로 나뉘었다. 전통적으로 유럽인들에게 품위란 일을 하지 않는 것을 의미했다. 산업혁명으로 생산성이 급격히 향상된 유럽이 전 세계를 대상으로 식민지 쟁탈전에 나선 것은 품위 있는 삶을 영위하기 위해서였다.

지중해와 흑해, 아드리아해로 둘러싸인 발칸반도 일대에서는 천연자원이 거의 나지 않았다. 발칸반도에 오밀조밀 몰려 있는 나라들은 서유럽 국가들에 비해 매우 낙후되어 있었다. 19세기 초 유럽 열강들이 발칸 지역을 탐낸 이유는 유럽과 아시아 대륙을 연결하는 통로라는 지정학적 미래 가치 때문이었다.

1914년 6월 28일 오스트리아-헝가리 제국의 제위 계승자인 프란츠 페르디난트Franz Ferdinand 대공이 사라예보에서 한 세르비아 청년이 쏜 총에 맞아 사망했다. 오스트리아-헝가리 제국이 세르비아에 선전포고를 하자, 세르비아의 동맹국인 독일 제국은 기다렸다는 듯 단숨에 룩셈부르크와 벨기에를 격파하고 파리를 향해 진격했다.

영국이 독일에 선전포고를 하고 러시아 제국과 오스만 제국까지 참전하면서 전쟁은 코카서스와 메소포타미아, 시나이반도까지 확대되었다. 제1차 세계대전이었다. 3년간 이어진 참호전으로 전사자가 무려 천만 명이 넘었지만 전쟁은 끝날 기미조차 보이지 않았다. 연합국과 독일은 전쟁을 그만 끝내고 싶었지만, 막대한 전비를 보전하려면 반드시 승패가 결정되어야 했다. 문제는 어느 쪽도 전쟁을 끝낼 압도적 힘을 갖고 있지 않다는 점이었다. 유일한 변수는 미국이었다. 영국은 미국의 참전을 학수 고대했지만 미국은 처참한 살육전이 벌어지고 있는 유럽에 미군을 파병할 생각이 없었다.

1차 대전 중 영국은 미국으로부터 무한정으로 군수물자를 들여온 반면, 영국 해군에 해로를 봉쇄당한 독일은 만성적인 군수물자 부족에 시달렸다. 위기에 몰린 독일은 잠수정Under-Sea-Boat으로 대서양을 건너온 군수물자 수송선을 공격했다. 1915년 5월 7일, 영국 상선 루시타니아호가 아일랜드 앞바다에서 U보트의 어뢰에 맞아 침몰했다. 배에 타고 있던 1,198명의 사망자 중에는 128명의 미국인이 포함되어 있었다. 미국이 대책을 논의하는 와중에 독일 외무장관 치머만은 멕시코 주재 자국 대사에게 "멕시코가 독일과 동맹을 맺으면 미국에 빼앗긴 뉴멕시코와 텍사스, 애리조나를 멕시코에 반환해 주겠다고 제안하라"는 전문을 보냈다. 치머만의 전문을 입수한 영국은 해외 정보국 요원을 미국으로 보내 윌슨 대통령의 집무실에서 암호문을 해독하게 했다. 다음 날 미국 언론은 일제히 치머만의 전문을 헤드라인 뉴스로 뽑았다. 참전의 명분만을 찾고 있던 워싱턴과 월스트리트는 기회를 놓치지 않았다.

영국이 미국으로부터 받은 350억 달러어치의 군수물자는 JP모건의 달러로 구매한 것이었다. 만약 이대로 영국이 패전하면 JP모건의 파산도 불을 보듯 뻔했다. 반면 연합국이 승리하면 미국은 세계 최대의 채권국이 되는 것을 물론, 전통적 서구 열강인 유럽을 제치고 세계 유일의 초강대국이 될 수 있었다. JP모건은 미국이 지금 전쟁에 참여해야만 유럽에 대한 미래의 영향력을 확보할 수 있다고 윌슨 대통령을 설득했다. 그동안 영국과 독일 사이에서 중립적 입장을 취하고 있던 윌슨은 의회에 선전포고 승인을 요청했다.

"지금 미국이 전쟁에 참여하면 나는 평화협상 테이블에 앉게 될 것입니다. 하지만 중립국 대표로 간다면 뒷자리에 앉아 그들이 하는 이야기를 듣는 데 만족해야 할 것입니다. 미국 대통령은 협상 테이블에 앉아 미국의 외교정책을 실현해야 합니다."

미 의회는 미국의 대독 선전포고를 의결했다.

제1차 세계대전 발발 당시의 비행기들은 사람을 태우고 간신히 이륙할 수 있는 수준이었다. 전쟁 초기 비행기의 전술적 용도는 공중 정찰을 통한 정보 수집에 머물렀다. 무기가 장착되지 않은 비행기로 정찰 임무에 투입된 조종사들은 공중에서 상대편 정찰기를 만나면 서

로 손을 흔들어 인사를 나누었다. 조종사들의 이런 낭만은 오래가지
않았다.

1914년 8월 4일 벨기에 국경을 넘은 독일은 프랑스를 향해 파죽지
세로 진격했다. 덩케르크까지 독일군 수중에 들어가면 전선이 영국
본토로 이동하는 것은 시간문제였다. 영국은 벨기에와 접한 국경 지
대에 방어선을 치고 있는 프랑스에 왕립비행단을 파견했다.

모뵈주Maubeuge에 파견된 왕립비행단 5중대의 마지막 합류자는 도
버 해협 횡단 중 악천후를 만나 하루 늦게 도착한 루이스Louis Arbon
Strange 중위였다. 루이스는 집안의 전통에 따라 17세에 요만리Yeoman-
ry 기병대에 입대한 정찰 장교 출신이었다. 18세기 후반 창설된 요
만리 기병대는 원래 지역 지주들이 프랑스 혁명군으로부터 자신들
의 땅을 지키기 위해 조직한 민병대였다. 마을의 보안관 역할을 수행
하던 기병대 장교들은 침입자에 대해서 적대적이라고 할 정도로 보
수적인 성향을 갖고 있었다.

1913년 영국 왕립비행단에 합류했을 때의 루이스.
낙하산 부대를 창설하고 독창적인 공습 전술을 고
안해 영국 왕실에서 십자 훈장을 받았다.

승마와 사격에 탁월한 재능을 가진 루
이스는 조종사 면허를 취득한 후 각종 에
어쇼에서 스핀과 다이브, 에일러론 롤(ai-
leron roll, 종축 360도 회전)을 선보이며 각
종 비행 대회를 휩쓸었다. 그러나 그가 막
상 왕립비행단에 지원하자 비행 교관들
은 그를 스턴트 조종사라고 폄하했다.

모뵈주에 도착한 루이스는 곧바로 자
신의 파먼Farman HF.20에 임의로 기관

총을 장착했다. 8월 22일 모뵈주 상공에 독일의 타우베Etrich Taube 정찰기 편대가 나타나자 루이스는 기다렸다는 듯 이륙해 타우베를 추격했다. 27킬로그램에 달하는 기관총을 실은 그의 비행기는 타우베를 따라잡지 못했다. 30분이 넘도록 3천 피트도 올라가지 못한 루이스는 정찰을 마친 타우베가 독일 쪽으로 기수를 돌리자 기관총을 발사했다. 깜짝 놀란 타우베는 황급히 기지로 복귀해 피격 사실을 보고했다. 정찰기가 공중에서 상대 비행기로부터 기총 사격을 받은 것은 이때가 처음이었다. 이때부터 정찰기 조종사들은 권총을 차기 시작했다.

날아가는 비행기의 조종사를 권총으로 쏴 맞추는 것은 불가능했다. 독일과 영국은 조종실을 확장해 뒷좌석에 기관총 사수를 배치했다. 그러나 무거운 기관총을 든 복좌식 비행기의 사수는 다이내믹한 단좌식 정찰기의 기동성을 따라가지 못했다. 복좌식 비행기 간의 공중전도 정확도가 떨어지기는 마찬가지였다. 최상의 방법은 조종사의

1914년 8월 프랑스 북부 국경 상공에서 독일의 에트리히 타우베Etrich Taube 정찰기에 기관총 사격을 하는 영국의 파먼 HF.20

제1차 세계대전의 1914년 서부전선

시선과 일치하도록 조종석 앞에 기관총을 설치하는 것인데, 문제는 그렇게 할 경우 총알이 비행기의 프로펠러를 명중시킬 수 있었다.

문제를 해결한 사람은 전쟁이 발발하기 전 프랑스에서 튀니지까지 최초로 지중해를 횡단해 스타 조종사가 된 롤랑 가로Roland Garros였다. 롤랑 가로는 프로펠러와 기관총의 회전 속도를 일치시키면 선회하는 프로펠러 사이로만 총알을 발사할 수 있을 것으로 생각했다. 그러나 그가 개발한 동조 기관총은 종종 프로펠러를 명중시켰다. 롤랑은 프로펠러 뒷면에 철판을 덧대 총알이 튕겨 나가게 만들었다.

동조 기관총을 장착하고 출격한 롤랑 가로는 혼자 5대의 독일 비행기를 격추하고 복귀했다. 여러 대가 한꺼번에 적기 한 대를 협공해도

1913년 9월 23일 지중해 횡단 비행을 출발하기 전의 롤랑 가로. 독일 대공포에 격추된 후 3년간의 포로 생활 끝에 기적적으로 탈출해 다시 프랑스군 조종사로 출격했다.

격추가 쉽지 않던 시대였다. 롤랑의 활약에 크게 고무된 프랑스 공군은 '에이스'라는 칭호를 신설해 롤랑에게 수여했다. 이후 적기 5대를 격추한 조종사에게 에이스 칭호를 수여하는 프랑스 공군의 관례는 전 세계 공군의 표준이 되었다.

기동성을 갖춘 단좌식 정찰기로 정밀한 사격이 가능해진 프랑스 조종사들은 한동안 서부전선을 지배했다. 공중전이 벌어질 때마다 새 에이스가 탄생했고, 전투 의지를 상실한 독일 조종사들은 프랑스 비행기를 만나면 피하기에 급급했다. 독일은 한두 대의 프랑스 비행기에 10대가 넘는 비행 대대가 전멸당하는 상황을 이해할 수 없었다.

1915년 4월 독일군 진영을 정찰하던 롤랑 가로는 집중 대공포 사격을 받고 추락했다. 롤랑의 비행기에서 조종석 전방에 설치된 기관총을 발견한 독일군은 그제서야 프랑스 공군이 연전연승하는 비밀을 알게 되었다. 독일은 비행기에서 뜯어낸 동조 장치를 분석해 한 달 만에 똑같은 기관총을 개발했다. 독일이 개발한 동조 시스템은 프랑스의 그것보다 훨씬 정밀했다. 독일은 서둘러 주력기인 포커 아인데커 전투기에 동조 기관총을 장착했다.

아인데커 전투기가 서부전선에 배치되자마자 독일은 단숨에 상황을 역전시켰다. 연합군 조종사들이 스스로를 포커의 먹이라고 비하할 정도로 아인데커는 연합군 편대를 속속 궤멸시켰다. 5대를 격추하는 조종사가 너무 흔해 20대를 격추시킨 조종사에게 수여하는 블루 맥스 훈장을 신설할 정도였다.

연합군도 가만히 당하고만 있지는 않았다. 아인데커가 서부전선을 유린하는 사이 영국은 프로펠러를 조종석 뒤에 장착한 DH-2를 개발했고, 프랑스는 아인데커보다 기동성이 뛰어난 뉴포르 11의 조종석 상단에 기관총을 장착했다. 시야가 트인 조종석에서 적기를 쉽게 식별할 수 있게 된 연합군 조종사들은 속도와 기동성의 우위를 바탕으로 아인데커를 속속 격추시키기 시작했다.

공중전의 승패는 전적으로 비행기의 성능에 달려 있다. 독일은 조종사의 실력이나 기관총의 정확도에 앞서 비행기의 성능이 공중전의 승패를 좌우한다는 사실을 깨달았다. 나무 뼈대에 천을 감싸 만든 비행기는 애당초 전투기용으로 제작된 것이 아니었기 때문에 내구성이 약하고 공기의 저항을 많이 받았다. 1917년 독일은 트러스 구조의 동체를 여러 장의 합판으로 완전히 덮은 최초의 진짜 전투기 알바트로

영국의 항공 엔지니어 제프리 드 하빌랜드가 개발한 에어코 DH-2 와 영국왕립비행단 32중대 조종사들. 1916년 서부전선

영국의 DH-2 전투기와 함께 이른바 '포커의 징벌' 시대를 끝낸 프랑스의 뉴포르 11. 조종사가 케이블을 당겨 조종석 상단에 장착되어 있는 루이스Lewis 경기관총을 발사했다.

1차 대전이 끝날 때까지 독일 제국과 오스트리아-헝가리 제국의 주력 전투기로 활약한 알바트로스

스Albatros를 개발했다. 매끄러운 유선형 동체에 6개의 벤츠 엔진을 장착한 알바트로스는 뉴포르 11을 비롯한 기존의 어떤 비행기와 비교해도 속도와 기동성의 차원이 달랐다.

알바트로스가 서부전선에 처음 등장한 1917년 4월 한 달 동안 독일 공군은 무려 245대의 연합국 항공기를 격추했다. 말벌의 공격을 받는 꿀벌처럼, 연합국 조종사들은 자신들이 상승할 수조차 없는 고도에서 급강하하며 기관총을 쏘아 대는 알바트로스의 상대가 되지 못했다. 전쟁사에 '피의 4월'로 기록되어 있을 정도로 알바트로스와 공중전을 벌인 연합국 비행기는 속수무책으로 떨어졌다.

그들만의 룰, 에어맨십

지속된 참호전으로 교착 상태에 빠진 전쟁을 끝내는 길은 하늘밖에 없었다. 영국과 프랑스는 1차 대전 중 십만 대가 넘는 비행기를 생산했다. 소모전으로 변한 공중전은 더 많은 비행기, 더 많은 조종사를 필요로 했다. 전쟁은 일상이었고 반복되는 전투는 역설적으로 평화로웠다.

영국과 독일 공군은 제복을 고유의 문양과 휘장으로 장식하고 조종사를 중세의 기사처럼 꾸몄다. 중세 유럽의 기사들은 귀족 가문에서 태어났지만 세력 분산을 막기 위해 유산 배분에서 밀려난 사람들이었다. 기사들에게 요구되는 가장 중요한 덕목은 자신을 거두어 준 영주를 위해 목숨을 걸고 싸우는 것이었다. 1차 대전 당시 영국왕립비행단과 루프트바페는 조종사들의 충성심을 이끌어내기 위해 중세의 기사 문화를 조종사들에게 투영했다. 화려한 제복과 금속 휘장, 특별히 선택된 사람만이 탈 수 있는 비행기는 조종사들이 기사도를 받아들이게 하기 충분했다.

제1차 세계대전 당시 등장한 비행기들은 캐노피가 없었다. 거센 바람과 눈비에 노출된 조종사들은 두꺼운 가죽 방한복을 입었는데, 전투 중 수시로 고개를 돌려야 했던 이들의 목은 방한복에 쓸려 피부가 벗겨지기 일쑤였다. 조종사들은 상처를 방지하기 위해 목에 실크 스카프를 둘렀다. 고글에 달라붙는 수증기와 조종석 앞에 달린 엔진에서 뿜어져 나오는 오일을 닦을 수 있도록 스카프는 허리춤까지 내려왔다. 조종사를 상징하는 긴 실크 스카프는 일반인들 사이에서도 큰 유행이 되었다. 런던과 파리의 상점에서 조종사용 스카프는 날개 돋

힌 듯 팔려 나갔다.

전쟁은 영웅을 만들어낸다. 영웅이 되는 방법은 간단했다. 살아남는 자가 곧 영웅이었다. 1차 대전이 끝날 때까지 영국 조종사의 평균 수명은 3주에 불과했다. 용케 살아남은 자도 몸이 성치 않기는 마찬 가지였다. 온도 조절은커녕 여압 기능조차 없는 비행기에서 조종사들은 극심한 추위와 압력 변화를 맨몸으로 감수했다. 조종석으로 뿜어 들어오는 배기 가스와 오일을 지속적으로 들이마신 조종사들은 자신도 모르는 사이에 눈과 폐, 장기에 심각한 손상을 입었다.

하늘에서 서로를 향해 기관총을 쏘면서도 조종사들은 그들만의 세계를 창조했다. 푸른 하늘 위에서 비행기를 향해 총을 쏘는 것은 좁고 질척한 참호 속에서 서로의 피를 뒤집어써가며 총칼을 휘두르는 것과는 달랐다. 조종사 세계의 불문율이 생긴 것도 이때다. 조종사들은 도주하거나 낙하산으로 탈출하는 적기 조종사의 목숨을 빼앗지 않았다. 이런 문화는 연합국보다 상대적으로 수적 열세에 있던 독일 조종사들에게 더 강했다.

1차 세계대전 당시 독일 전투기 조종사들은 내일을 기대할 수 없는 삶을 살았다. 그들은 영국 조종사들처럼 보직을 바꾸며 순회 출격을 하지도, 복무 기간이 정해져 있지도 않았다. 독일 조종사는 죽거나, 심각한 부상을 당하거나, 그것도 아니면 비행을 할 수 없을 정도로 정신이 이상해질 때까지 출격해 적기와 싸웠다. 언제 죽어도 이상하지 않은 이들은 상대를 자신과 같은 조종사로 존중했다. 이런 조종사들의 세계는 1차 대전 루프트바페의 최고 에이스인 만프레드 폰 리히토펜Manfred von Richthofen이 격추되었을 때 연합국 조종사들이 보여준 태도에서 여실히 드러난다.

　스무 살에 기마 정찰병으로 입대한 리히토펜은 공군에 자원해 조종사가 되었다. 리히토펜은 비행 훈련을 마치고 투입된 첫 공중전에서 무려 16대의 영국 비행기를 격추했다. 두 달 후 그는 백만 명 이상의 사상자를 내고 있던 솜Somme 전선에 출격해 영국 공군의 탑 에이스인 라노에 호커Lanoe Hawker와 마주쳤다. 호커는 동조 기관총이 장착되기 전 단일 공중전에서 3대의 독일기를 격추시킨 최초의 조종사였다. 소령으로 진급한 호커는 지휘관의 작전 비행을 금지하는 영국왕립비행단의 원칙에도 불구하고 직접 솜 공중전을 지휘했다. 함께 출격한 2대가 호커의 편대에 격추되었지만 리히토펜은 연료가 거의 소진될 때까지 호커와 치열한 공중전을 벌였다. 경험이 많은 호커는 화려한 기동으로 리히토펜을 따돌리려고 했지만, 마침내 호커의 꼬리를 잡은 리히토펜은 그에게 기관총을 난사했다. 빅토리아 십자 훈장을 받은 호커 소령이 독일의 초급 중위에게 격추되었다는 소식은 영국에 큰 충격을 주었다.

　1년도 되지 않아 연합국 전투기 80대를 격추한 리히토펜은 대대장으로 진급했다. 리히토펜의 전과는 연합국에도 널리 알려졌고, 영국군 조종사들은 붉은 색 알바트로스를 모는 리히토펜을 '붉은 백작Red Baron'이라고 불렀다. 미야자키 하야오 감독의 애니메이션 〈붉은 돼지〉는 리히토펜에서 모티브를 딴 것이다.

　1918년 4월 21일 리히토펜은 연합군의 대공포에 맞아 복부에 치명상을 입고 파리 북부의 코르비에 비상 착륙했다. 영국군은 즉시 그를 야전 병원으로 이송했지만 그날 밤 리히토펜은 과다 출혈로 사망했

1918년 4월 22일 리히토펜(작은 사진)의 장례식에서 조포를 발사하는 연합국 병사들. 영국정보부 제1차 세계대전 공식 기록 보관 사진

다. 다음 날 영국군은 최고의 예우를 갖추어 리히토펜의 장례식을 치렀다. 전선에서 독일군과 대치 중이던 영국 공군 부대장들은 독일군 진영에 조의와 화환을 보내 그의 죽음을 애도했다.

그로틀리 호텔의 만찬

20세기 초 대부분의 유럽 제국은 세계 곳곳에 식민지를 운영했다. 반면 제1차 세계대전에서 패한 독일은 식민지는커녕 본토 일부까지 연합국에 할양하고 전쟁 배상금을 갚느라 허덕이고 있었다. 1923년 1월, 독일이 프랑스에 납품해야 할 전신주 10만 개의 기일을 맞추지 못하자 프랑스는 기다렸다는 듯 독일의 루르Ruhr를 전격 점령했다. 독일인들은 차라리 프랑스를 상대로 다시 전쟁이라도 하고 싶은 심정이었다. 독일 국민의 분위기가 위험 수위에 이르렀다고 판단한 미국은 독일의 배상금을 대폭 경감했지만 독일인들의 분노는 가라앉지 않았다.

제국주의의 바탕에는 인종 차별 의식이 존재한다. 노동은 저급한 식민지인이 하고 결실은 고귀한 제국 시민이 누리는 것이 제국주의

1934년 무솔리니와 함께 이탈리아 의장대를 사열하는 히틀러

의 본질이다. 다른 유럽인들은 식민지에서 들어오는 부를 통해 안락한 삶을 누리고 있는데 왜 독일인들만 노동에 시달려야 하는가? 독일인들은 제국의 꿈을 포기하지 않았다. 유일하게 패전의 멍에를 짊어진 독일에 민족주의가 피어오르는 것은 어찌 보면 당연했다.

1933년 3월 24일 독일 의회는 히틀러에게 국회의 동의 없이 법률을 제정할 수 있는 권한을 부여했다. 독일인들 스스로 히틀러에게 초법적 권한을 준 것이다. 이듬해 파울 폰 힌덴부르크 대통령이 사망하자 총재로 취임한 히틀러는 폴란드와 오스트리아, 체코슬로바키아를 차례차례 합병하며 독일 제국 건설에 박차를 가했다. 제1차 세계대전 중 독일의 동맹국이었던 헝가리와 불가리아도 잃어버린 영토 회복의 기회만을 노렸고, 소련은 러시아 제국 시절의 국경을 되찾기 위해 라트비아, 리투아니아, 루마니아로 진격했다. 유럽에서 2차 세계대전이 발발하는 것은 시간문제였다.

소련과 불가침 조약을 맺은 독일은 1939년 9월 1일 폴란드를 전격 침공했다. 이틀 후 영국과 프랑스는 독일에 선전포고를 했지만, 독일이 폴란드를 완전히 점령하고 나서도 프랑스는 독일로 진격하지 않았다.

1차 대전 중 140만 명의 군인이 희생된 피비린내 나는 참호전을 겪은 프랑스는 전쟁이 끝난 후 곧바로 독일과 접한 국경을 따라 거대한 지하 요새를 건설했다. 철근 콘크리트와 5,500만 톤의 강철로 지어진 마지노선Maginot Line 요새는 포격과 공습, 독가스 등 독일이 가진 모든 공격 수단을 견딜 수 있게 설계되었다. 프랑스군은 독일의 전차부대가 벨기에로 우회한다고 해도 아르덴의 산악 지형을 넘어올 수는 없을 것으로 생각했다. 그러나 독일군은 전차가 통과할 수 있는 경로를

벨기에 국경의 마지노 요새로 들어가는 영국군 51사단. 1939년 11월 3일

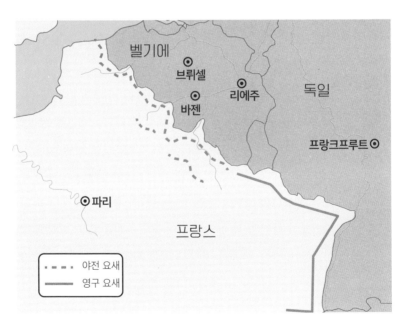

마지노선 요새의 방어선

찾아내 마지노선 요새의 후방을 무너뜨리고 5십만 명 이상의 프랑스 군을 포로로 잡았다. 프랑스군과 영국군을 해안으로 몰아넣은 독일 군은 파리를 향해 파죽지세로 내려갔다.

독일의 다음 목표는 스칸디나비아 3국이었다. 독일이 전쟁을 계속 수행하려면 스웨덴에서 생산되는 고품질의 철광석이 절대적으로 필 요했다. 스웨덴 키루나 광산에서 생산된 철은 노르웨이를 통해 독일 로 수송되었는데, 발트해가 얼어붙는 겨울에 철을 운송하기 위해서 는 반드시 나르비크항을 확보해야 했다.

노르웨이로 진격하려면 일단 북해를 건너야 했다. 4월 8일 영국을 주축으로 한 연합군 항공 정찰대는 북해 남동쪽 해안에서 독일 함대 의 대규모 이동을 포착했다. 영국 해군이 대응 전략을 세우기도 전에 노르웨이 해안에 상륙한 독일 육군은 하루 만에 오슬로를 제외한 대 부분의 도시를 점령했다. 북해에서 독일과 영국이 치열한 해전을 벌 이는 사이, 노르웨이에 상륙한 영국 육군은 독일의 전차부대에 밀려 고전을 면치 못했다.

제1차 세계대전을 겪은 유럽은 장거리 전략 폭격과 저고도의 전술 적 통제 없이는 지상전의 우위를 점할 수 없다는 사실을 깨달았다. 2차 대전 발발 초기 루프트바페의 공중 지원은 지상전에서 큰 효과를 보 았는데, 그 이유는 슈투카의 급강하 공습이 연합군의 보병 부대를 공 포에 몰아넣었기 때문이었다. 슈투카의 활약에 고무된 독일은 메서 슈미트와 하인켈 폭격기 등 뛰어난 전술기를 속속 개발했지만, 전쟁 이 길어지면서 영국과 미국의 최신 전투기들에 제공권을 빼앗기기 시작했다.

지도 범례:
→ 해상 공격
→ 공중 공격

나르비크항

알레순트
노르웨이
그로틀리산
오슬로

스웨덴

핀란드

스톡홀름

덴마크

독일
베를린
폴란드

1940년 독일의 노르웨이 침공 경로

    1940년 4월 27일, 육군의 노르웨이 상륙 작전을 지원하던 영국 해
군은 돔바스 일대에 투입된 독일 낙하산 부대의 주둔지를 정찰하기
위해 스쿠아Skua B-24 전투기를 출격시켰다. 조종사는 파트리지 대위
와 보스톡 중위였다. 스쿠아는 노르웨이 서부의 그로틀리산 정상에서
독일군의 하인켈 11 폭격기를 발견하고 곧바로 기총 사격을 개시했

다. 수 분간의 치열한 공중전 끝에 하인켈은 엔진에서 검은 연기를 내뿜으며 추락했다. 기지로 복귀하려던 파트리지 대위는 자신의 스쿠아 역시 하인켈의 기관총에 피격당해 연료가 새고 있는 것을 발견했다.

노르웨이 산악지대의 4월은 한겨울이다. 눈 덮인 설원에 비상 착륙하는 것 외에는 다른 선택지가 없었다. 파트리지 대위는 엔진이 꺼진 스쿠아 비행기를 얼어붙은 호수 위에 강제 착륙시켰다.

활강 중 파트리지는 호수를 둘러싸고 있는 산등성이에서 오두막한 채를 발견했다. 비행기가 멈춘 후 두 영국 군인은 무릎까지 쌓인 눈을 헤치며 오두막을 향해 산을 올랐다. 오두막에 도착했을 때, 두 사람의 몸은 땀과 눈으로 흠뻑 젖어 있었다.

추락한 비행기에서 살아남은 조종사는 파트리지와 보스톡만이 아니었다. 독일군의 하인켈 역시 산 정상 부근의 개활지에 비상 착륙했

2차 세계대전 중 영국 해군이 운영한 블랙번 스쿠아. 2인승 단발기로 전투기와 폭격기, 정찰기로 널리 사용되었다.

다. 승무원들은 비행기에서 빠져나와 영국 군인들이 있는 오두막으로 향했다.

누군가 눈을 밟으며 걸어오는 소리에 파트리지는 권총을 꺼내 들고 밖으로 나가 몸을 숨겼다. 잠시 후 루프트바페 제복을 입은 3명의 독일군이 나타났다. 자신이 격추한 하인켈 폭격기의 조종사와 승무원들이었다. 하루 종일 눈 속을 헤치고 걸어온 독일군들의 얼굴은 금방이라도 피부가 벗겨져 나갈 것처럼 부르터 있었다.

파트리지는 권총을 포켓에 집어넣고 걸어 나왔다. 이들은 단번에 서로가 자신들이 격추시킨 상대라는 것을 알아보았다. 독일군 장교는 서툰 영어로 파트리지에게 인사를 건넸다.

"안녕하십니까? 나는 루프트바페 조종사 쇼피스입니다."

파트리지는 쇼피스에게 손을 내밀며 독일어로 인사를 건넸다.

"화창한 오후입니다. 나는 영국 해군의 파트리지입니다."

5시간 동안 눈 덮인 겨울 산을 헤치고 온 쇼피스의 손은 얼다 못해 뜨겁게 느껴질 정도였다. 파트리지는 독일군들을 오두막 안으로 안내했다. 파트리지와 쇼피스의 허리에는 장전된 권총이 있었다. 5명의 영국군과 독일군은 서로 눈치를 보며 잠을 청하지 못했다. 파트리지는 쇼피스에게 자신들이 산등성이에 있는 다른 건물로 이동할 테니 편하게 오두막을 사용하라고 했다.

파트리지 일행이 건물에 도착했을 때는 이미 해가 저문 뒤였다. 건

노르웨이 그로틀리산 기슭에 위치한 그로틀리 호텔

물 입구 위에는 '그로틀리 호텔'이란 간판이 붙어 있었다. 파트리지와
보스톡은 침대에 떨어져 그대로 잠이 들었다.

이튿날 아침 곯아떨어져 있는 파트리지와 보스톡을 깨운 것은 쇼
피스였다. 그새 독일군들은 주방에서 통조림과 올리브유, 냉동 훈제
고기를 찾아내 아침 식사를 준비했다. 5명의 굶주린 군인은 식탁에
둘러앉아 함께 아침 식사를 했다. 이들은 이미 서로 적이 아니었다.
영국의 맛없는 아침 메뉴를 주제로 시작된 가벼운 농담은 어느새 가
족 이야기로 바뀌었고, 전쟁이 언제 끝날 것인지에 대한 대화로 이어
졌다.
식사를 마친 이들은 앞으로의 계획을 논의했다. 주방에 남아 있는
음식은 이틀 후면 동이 날 분량이었다. 영국군이나 독일군이 여기까지

자신들을 찾으러 오지 않을 것이라는 사실은 자명했다. 여름이 되면 걸어서 각자의 부대로 돌아갈 수는 있겠지만, 눈 덮인 산 속에서 음식도 없이 두 달을 버티는 것은 불가능했다. 영국군과 독일군은 눈이 녹기 시작하는 6월까지 호텔에서 함께 지내기로 했다. 파트리지는 쇼피스의 부관인 슈트렁크와 함께 인근의 마을을 찾아 도움을 청하고, 나머지 사람은 호텔에 남아 교대로 먹을거리와 땔감을 구하기로 했다.

파트리지와 슈트렁크가 인적을 찾는 데는 그리 오랜 시간이 걸리지 않았다. 호텔을 나와 눈밭을 걸어 올라가던 파트리지는 건너편 산등성이를 내려오는 노르웨이 스키 순찰대를 발견했다. 파트리지는 본능적으로 땅에 엎드렸지만 슈트렁크는 손을 머리 위로 들고 "English, English!" 하고 소리를 질렀다. 노르웨이 순찰대가 경고 사격을 하자 당황한 슈트렁크는 허리에 찬 권총에 손을 댔다. 파트리지가 엎드리라고 소리를 질렀지만 소용이 없었다. 슈트렁크가 권총을 꺼내는 순간 노르웨이 저격수의 총알이 그의 심장에 박혔다.

노르웨이 순찰대는 그로틀리 호텔에 머물고 있는 파트리지와 쇼피스 일행을 체포해 신원을 확인했다. 독일군들은 포로수용소로 끌려갔다. 순찰대로부터 영국 군함이 곧 알레순트에 도착할 예정이라는 소식을 들은 파트리지와 보스톡은 알레순트까지 35킬로미터의 눈길을 걸어 갔다. 파트리지 일행이 알레순트에 도착했을 때 항구는 루프트바페의 대대적인 공습을 받고 있었고, 영국군을 퇴각시키기로 한 군함은 오지 않았다. 영국 함대가 안델스네스항으로 이동했다는 소식을 들은 파트리지와 보스톡은 차를 훔쳐 타고 안델스네스로 달려가 맨체스터함에 승선했다.

부대로 복귀한 파트리지와 보스톡은 그해 6월 13일 공습 작전에 투입되었다가 루프트바페의 공격을 받고 격추되었다. 보스톡은 추락 직후 과다 출혈로 사망했고, 파트리지는 포로로 잡혀 독일의 포로수용소에 수감되었다. 쇼피스는 영국과 캐나다의 포로수용소를 전전하다 1945년 9월 2일, 제2차 세계대전이 끝나는 날 석방되어 독일로 돌아갔다.

1977년 봄, 뮌헨에 살고 있던 쇼피스는 영국에서 걸려 온 국제전화를 받았다. 전화를 건 사람은 다짜고짜 당신이 루프트바페 조종사였던 쇼피스가 맞느냐고 물었다. 쇼피스가 그렇다고 대답하자 37년 전 그로틀리산 정상의 오두막 앞에서 악수를 청했던 영국 조종사의 인사말이 들려왔다.

"좋은 오후입니다. 나는 영국 해군의 파트리지입니다."

독일의 루프트바페 전우회를 통해 쇼피스의 연락처를 알아낸 건 파트리지였다. 파트리지가 뮌헨을 방문한 날, 쇼피스는 그의 아내와 함께 공항에 나가 파트리지를 맞았다. 이들은 1990년 파트리지가 사망할 때까지 뮌헨과 런던에 있는 서로의 집을 오가며 평생을 친형제처럼 살았다.

한 사람의 인격과 가치는 직업으로 대변되지 않는다. 쇼피스와 파트리지는 군인의 임무와 자연인으로서의 인격을 혼동하지 않았다. 하늘에서 서로를 향해 총을 쏜 것은 영국왕립 비행단 대위와 루프트바페의 중위였으나, 동토의 설원에서 만나 서로의 손을 잡은 것은 자연인 파트리지와 쇼피스였다.

12장

미군을 호위한
나치 공군

퍼플하트 코너의 '예올드펍'

시대와 지역을 막론하고 파일럿이 되려면 막대한 훈련비를 감당해
낼 수 있는 경제적 여력이 있어야 한다. 1940년대 먹고 살기도 빠듯한
보통 사람들에게 파일럿의 꿈은 사치였다. 1941년 12월 7일 일본 제
국이 하와이 진주만을 공습하자 미국은 징병제를 부활시키고 청년들
에게 18개월의 군복무 의무를 부과했다. 고급 비행 훈련을 받고 조종
사가 되는 것은 간단한 기초 훈련만 받고 남태평양 전선으로 나가 총
알받이가 되는 것에 비할 바가 아니었다. 조종 훈련을 마치면 장교 신
분을 얻을 수 있었고, 요행히 전쟁이 일찍 끝나면 항공사에 들어가 기
장이 될 수도 있었다. 조종사 후보생 지원자들은 매번 치열한 경쟁을
뚫어야 했다.

　미 동부 웨스트버지니아에서 가난한 농부의 아들로 태어난 찰스

브라운도 파일럿을 꿈꾸던 소년이었다. 브라운이 자란 마을은 강과 계곡으로 둘러싸여 기차조차 지나가지 않는 깡촌이었다. 고등학교를 졸업하고 집에서 농장 일을 돌보던 브라운은 태평양 전쟁이 발발하자 육군 항공대에 자원했다.

2차 대전 당시 미 육군 항공대의 주력 폭격기는 '하늘의 요새'로 불리는 B-17 이었다. B-17은 폭격기로서의 성능은 훌륭했지만 승무원의 위험은 전혀 고려하지 않은 '머신machine'이었다. 여압도, 온도 조절 시스템도 없어서 기내 온도는 영하 40도 이하로 내려갔고, 맨손으로 기관총을 잡으면 피부가 총에 들러붙었다. B-17 승무원들은 출격 전날 밤 꼭 면도를 했다. 수염이 조금이라도 자라면 산소마스크가 안면에 완전히 밀착되지 않아 날숨의 수증기가 뺨에 얼어붙었기 때문이다.

비행 훈련을 마친 미 육군 항공대 조종사 중 절반 이상은 B-17 대대로 배치되었다. 독일 공습에 투입된 B-17 편대의 복귀율은 평균 30퍼센트 남짓이었는데, 이들에게는 최소 25회의 출격 임무가 주어졌다. 이제 막 비행 훈련을 마친 조종사가 25회의 공습 임무를 무사히 마치고 살아남는다는 것은 기적에 가까웠다. 공습을 시작하기도 전에 수백 발의 대공포화가 작렬했고, 요행히 살아남은 비행기는 꼬리를 물고 달려드는 독일 전투기 편대를 상대해야 했다.

육군 항공대에서 비행 훈련을 마친 브라운은 나치 독일과 대치 중인 영국의 킴벌튼 기지에 배치되었다. 1943년 12월 20일 브라운은 '예올드펍(Ye Olde Pub, 오래된 술집)'이란 닉네임을 가진 B-17 지휘 기장으로 브레멘 폭격 임무를 받았다. 브레멘은 루프트바페의 주력 전투기인 포케불프Fw190 생산 공장이 있는 독일의 항공 군수 기지였다.

브레멘 공습은 브라운의 첫 출전이었다. 모든 공습 작전이 목숨을 걸어야 하는 것이었지만, 루프트바페의 전투기 대대와 대공포 기지가 방어하고 있는 브레멘 공습 임무는 사망 선고와 다름없었다. 본토 공습에서 살아 돌아온 조종사가 거의 없었기 때문에 무사히 기지로 복귀한 조종사들은 비행기에서 내리자마자 땅바닥에 입을 맞추었다.

브라운은 편대의 맨 가장자리인 '퍼플하트 코너'에 배치되었다. 독일 전투기들이 가장자리에 있는 폭격기부터 공격했기 때문에 격추된 후 퍼플하트 훈장을 받는 위치라는 의미였다.

크리스마스를 닷새 앞둔 12월 20일 오전 9시 40분, 브라운의 예올드펍을 포함한 21대의 B-17 편대는 킴벌튼 공군기지를 이륙했다. 고도 8,300미터로 북해를 건너는 동안 외기 온도는 섭씨 영하 60도까지 내려갔다. 브라운과 그의 승무원들은 열선이 내장된 양털 수트와 산

1943년 12월 브레멘 공습 출격 전 찰스 브라운(아래 왼쪽 첫 번째)과 그의 B-17 예올드펍 승무원들

두꺼운 양털 방한복을 착용하고 B-17에서 작전을 수행하고 있는 승무원들, 《라이프》

소마스크를 착용하고 있었지만, 목덜미를 파고드는 한기까지 피하지
는 못했다.

2시간 후 베저강 상류를 따라 넓게 펼쳐진 브레멘시가 시야에 들어
왔다. 편대가 브레멘 상공에 이르기도 전에 시 외곽에 배치되어 있는 독
일군의 대공포 진지에서 일제히 화망 구성 사격이 시작되었다. 250문
의 대공포에서 발사된 포탄들은 예올드펍의 노즈NOSE와 2번, 4번 엔진
에 명중했다.

편대에서 이탈하는 순간 격추되는 것은 시간문제였다. 날개와 방
향타에 유압을 공급하는 3번 엔진이 살아 있었기 때문에 비행기는 아
직 통제가 가능했다. 브라운은 편대에서 이탈하지 않으려고 안간힘
을 썼지만 추력의 절반을 잃은 브라운의 비행기는 점점 속도가 떨어
졌다. 잠시 후 루프트바페의 메서슈미트Bf109와 포케불프 십여 대가
B-17 편대를 에워쌌다.

B-17에는 모두 다섯 문의 기관총이 장착되어 있었다. 브라운의 B-17 편대는 독일 전투기들과 치열한 공중전을 펼쳤지만 육중한 폭격기는 애초부터 전투기의 상대가 되지 않았다. 전투가 시작되자마자 선두에 있던 두대의 B-17이 격추되었고, 뒤처져 있던 브라운의 비행기에도 금방 8대의 전투기가 따라붙었다. 후방 기관총 사수인 에켄로드가 간신히 한 대를 격추시켰지만 7대의 포케불프는 예올드펍의 엔진과 날개, 동체에 소나기 같은 기관총 세례를 퍼부었다. 브라운이 조종실에서 사투를 벌이는 동안 여기 저기서 비명이 터져 나왔다. 브라운은 누가 죽고 누가 살았는지조차 확인할 여력이 없었다.

독일 전투기들이 연료를 재보급하기 위해 돌아갔을 때, 예올드펍에는 한 개의 엔진밖에 남아 있지 않았다. 승무원들의 상태는 더 심각했다. 적기의 집중 공격을 받은 기관총 사수는 목이 잘려 나갔고, 무선병은 얼굴에 피를 흘리고 있었다. 다른 승무원들도 모두 팔과 가슴,

다리에 총상을 입고 간신히 숨만 붙어 있었다. 브라운 역시 총알이 왼쪽 어깨를 관통해 왼팔을 움직일 수 없었다.

승무원들은 모르핀을 주사하려고 했지만 주사기가 모두 얼어붙어 사용할 수 없었다. 편대에서 완전히 이탈한 브라운은 킴벌튼 기지로 돌아가기 위해 안간힘을 썼지만, 산소 공급 장치가 망가진 데다가 계속된 출혈로 자신도 모르는 사이에 깜빡깜빡 의식을 잃었다. 어느 순간 예올드펍은 검은 연기를 내뿜으며 땅으로 돌진하고 있었다. 추락 일보 직전 브라운은 고장 난 엔진의 쿵쿵거리는 진동에 정신을 차렸다. 브라운은 이를 악물고 조종간을 들어 올렸다.

탈출하는 조종사를 쏘지 마라

그 시간 연합군과 공중전을 치르고 기지로 복귀한 루프트바페의 프란츠 슈티글러Franz Stigler 중령은 비행기에 연료를 재보급하고 있었다. 언덕 너머로 추락하는 브라운의 B-17을 발견한 슈티글러는 담배를 꺼내 물었다. B-17의 폭발음이 들리면 담뱃불을 붙일 생각이었다. 그런데 어찌된 영문인지 금방 추락할 것 같던 B-17이 다시 상승하기 시작했다. 슈티글러는 담배를 던져버리고 지상 요원에게 이륙 준비를 지시했다.

프란츠 슈티글러는 전쟁이 발발하기 전 형과 함께 루프트바페 조종사였던 아버지에게 비행을 배웠다. 대학을 졸업하고 루프트한자 기장으로 근무하던 슈티글러는 2차 대전이 발발하자 형과 함께 입대해 나란히 루프트바페 조종사가 되었다. 1943년 12월 20일 브라운을 만나기 전까지 슈티글러는 400회 이상의 전투에 출격해 45대를 격추시킨 루프트바페 최고의 블루맥스 조종사였다. 전쟁 초반 그의 형은 연합군 전투기에 격추되었다. 슈티글러는 격추시킨 적기에서 탈출하는 조종사를 볼 때마다 죽은 형이 떠올랐다. 그의 형은 탈출 직후 대공포에 사망했다.

상승하는 브라운의 B-17을 발견하고 이륙한 슈티글러의 메서슈미트는 금세 브라운의 비행기를 따라잡았다. B-17의 사정거리까지 접근했지만 웬일인지 B-17의 기관총구는 미동도 하지 않았다. 조심스럽게 B-17의 우측 후미로 접근한 슈티글러는 자신의 눈을 믿을 수 없었다. 엔진과 동체에는 온통 총알 구멍이 나 있었고 수직꼬리날개는 금방이라도 탈락할 것처럼 너덜거렸다. 공중에 떠 있는 것 자체가 기적이었다.

슈티글러는 예올드펍의 동체에 바짝 붙어 비행기 안을 살펴보았다. 기관총 사수는 목이 붙어 있지 않았고, 만신창이가 된 승무원들은 다리가 잘린 동료를 지혈하고 있었다. 슈티글러는 속도를 높여 조종석 옆으로 바짝 따라붙었다. 슈티글러의 메서슈미트를 발견한 부조종사는 얼굴이 파랗게 질렸다. 조종실 창밖으로 슈티글러와 눈이 마주친 브라운은 고개를 돌렸다. 브라운은 눈을 감고 어서 이 상황이 끝나기를 기다렸다. 한동안 예올드펍과 메서슈미트, 두 비행기가 공기를 가르는 소리 외에는 아무 것도 들리지 않았다. 브라운은 고개를 돌려 다시 독일 전투기 조종사를 쳐다보았다. 메서슈미트의 조종사가 브라운을 향해 손을 흔들고 있었다.

슈티글러가 처음 루프트바페에 입대했을 때 비행단장은 괴팍한 성격으로 악명이 높은 구스타프 뢰델이었다. 첫 출격을 앞둔 조종사들을 모아놓고 구스타프는 세 가지 원칙을 강조했다.

"첫째, 조종사를 쏘지 말고 비행기를 쏴라.
둘째, 탈출하는 조종사를 쏘지 마라.
셋째, 살인자가 되지 마라, 자신이 파멸할 것이다."

괴팍한 성격의 구스타프 뢰델을 좋아하는 조종사는 없었지만 슈티글러는 뢰델을 존경했다 슈티글러는 예올드펍의 승무원들이 추락하는 낙하산에 매달린 조종사들과 다르지 않다고 생각했다. 그들은 이미 군인이 아니었다. 찢기고 터진 몸으로 집으로 돌아가기 위해 안간힘을 쓰고 있는 청년들이었다.

슈티글러는 브라운에게 우측으로 돌아가라는 수신호를 보냈다.

"이 비행기로는 영국까지 갈 수 없다. 우선회하여 북해와 인접한 중립국인 스웨덴으로 가라."

브라운은 메서슈미트 조종사의 손짓을 독일에 착륙하라고 지시하는 것으로 이해했다. 전투기의 요격을 거부하면 곧바로 격추 사격이 시작된다는 것은 조종사라면 누구나 아는 상식이었다. 그러나 브라운은 이미 논리적 판단 능력을 잃은 상태였다. 그는 기지로 복귀해야 한다는 것 외에는 아무 생각도 하지 못했다.
예올드펍이 기수를 돌리지 않자 슈티글러는 조종사가 과다 출혈

브라운의 예올드펍을 호위하는 슈디글러의 메서슈미트. 상상도

로 정상적인 뇌기능을 잃어버린 상태라는 것을 알았다. 이대로 비행을 계속하면 예올드펍은 독일 국경을 넘기 전에 대공포에 격추될 것이 분명했다. 슈티글러는 자신의 메서슈미트를 브라운의 오른쪽 날개 옆에 바짝 붙였다. 독일의 대공포나 전투기들이 메서슈미트를 보면 공격을 하지 않을 것이라는 생각에서였다. 저무는 해를 바라보며 두 비행기는 나란히 북해로 날아갔다.

예올드펍은 슈티글러의 호위를 받으며 무사히 공해상으로 빠져나갔다. 슈티글러는 마지막으로 브라운을 바라보았다. 표정은 굳어 있었지만 조종간을 쥔 오른팔은 흔들림이 없었다. 슈티글러는 손을 흔들어 브라운에게 마지막 인사를 건넸다.

"행운을 빕니다. 신의 가호가 함께 하기를."

메서슈미트가 반대 방향으로 돌아가는 것을 본 브라운은 그제서야 루프트바페 조종사가 독일 영공을 벗어날 때까지 자신을 호위해 준 것임을 깨달았다. 브라운은 어린애처럼 흐느껴 울었다.

본토를 공습한 미군 폭격기를 무사히 영국으로 돌아갈 수 있도록 호위한 것은 나치 독일에서 총살에 처해질 수 있는 일급 반역 행위였다. 기지로 복귀한 슈티글러는 B-17을 격추시키고 돌아왔다고 거짓 보고를 했다. 루프트바페에서 슈티글러를 의심하는 사람은 없었다.

브라운은 킴벌튼 기지로 무사히 복귀했다. 만신창이가 된 예올드 펍의 착륙을 기다리던 동료들은 들것에 실려 내려오는 브라운을 향해 일제히 거수경례를 했다. 브라운과 승무원들은 독일 전투기가 자신들을 호위해 주었다고 보고했다. 조종사들이 독일군에 대해 우호적인 감상을 갖게 될 것을 우려한 본부는 브라운과 승무원들에게 메서슈미트가 호위해 주었다는 사실을 발설하지 말라고 명령했다.

2차 대전 당시의 찰스 브라운(왼쪽)과 프란츠 슈티글러. 1943년 12월 20일 브라운은 21세의 초급 중위였고 슈티글러는 27세의 루프트바페 중령이었다.

전쟁이 끝난 후 브라운은 고향인 웨스트버지니아로 돌아가 대학에 입학했다. 1949년 미 공군이 해군으로부터 독립하자 브라운은 현역 공군 장교로 재입대해 1965년까지 전투기를 조종했다. 퇴역 후 에너지회사의 CEO가 된 브라운은 2차 대전 중 영국에서 자신을 호위해 준 루프트바페 조종사를 잊고 살았다.

슈티글러는 패전 나치 독일의 전범자로 몰려 수치스러운 삶을 살았다. 정부도 시민도 그동안 혁혁한 전공을 세운 나치 독일의 장교들을 외면했다. 특히 전쟁 기간 중 최고의 대우를 받았던 루프트바페 조종사들은 집중적인 비난을 받았다. 슈티글러는 정부가 제공하는 무료 급식에 의존해 연명했다.

어느 날 슈티글러가 무료 급식을 신청하기 위해 사무실을 방문했을 때, 그를 알아본 한 남자가 "나치 장교는 맨 뒤로 가라"고 소리를 질렀다. 슈티글러는 묵묵히 뒤로 물러섰지만 시민들은 그를 에워싸고 욕설을 했다. 쫓겨나듯 사무실을 빠져나온 슈티글러는 벽돌 공장을 찾아가 신분을 속이고 일을 했다. 막일을 전전하던 그는 1953년 독일 생활을 정리하고 캐나다로 이주했다.

루프트바페 조종사의 명예

브라운이 육군 항공대에 입대한 1943년 4월은 미군 역사상 가장 많은 5293명의 신규 조종사가 탄생한 달이었다. 1986년 브라운은 2차 대전 참전 조종사 모임인 '개더링 오브 디 이글스'에 특별 연사로 초청을 받았다. 연설이 끝난 후 한 참석자가 2차 대전 중 가장 기억에 남는 일화를 소개해 달라고 요청했다.

잠시 생각에 잠긴 브라운은 "공습 중 루프트바페 조종사로부터 호위를 받은 적이 있다"고 대답했다. 브라운의 대답을 농담으로 생각한 참석자들은 일제히 폭소를 터뜨렸다.

43년 전 킴벌튼 기지로 복귀한 브라운과 승무원들은 상부로부터 앞으로 누구에게도 독일 조종사의 호위를 받았다는 얘기를 하지 말라는 명령을 받았다. 브라운은 그 명령을 어기지 않았다. 전쟁은 오래 전에 끝났다. 브라운은 그날의 이야기를 시작했다. 1943년 12월 20일 브레멘 상공에서 만신창이가 된 동료들과 함께 사투를 벌이던 기억과 자신에게 손을 흔들던 독일군 조종사의 얼굴이 어제의 일처럼 생생히 떠올랐다. 브라운이 이야기를 마칠 때까지 행사장에 모인 참석자들은 숨소리조차 내지 않았다. 이야기가 끝나자 참석자들은 일제히 자리에서 일어나 뜨거운 박수를 보냈다. 슈티글러가 보여준 조종사로서의 명예와 품위에 대한 경의의 박수였다.

행사에서 돌아온 브라운은 뒤늦게 자신을 호위해 주었던 루프트바페 조종사를 찾아 나섰다. 브라운은 수년 간 독일의 공군 관계자들을 찾아 다녔지만 슈티글러 역시 그날의 사건에 대해 언급한 적이 없었기 때문에 독일에는 아무 단서도 남아 있지 않았다. 1989년 3월, 2차 대전 당시 루프트바페의 사령관이었던 아돌프 갈란트는 신문에서 2차 대전 참전 미국 조종사가 당시의 독일 조종사를 찾고 있다는 광고를 읽었다. 갈란트는 브라운에게 편지를 보내 전세계 루프트바페 출신 조종사에게 발송되는 '독일 전투조종사협회 뉴스레터'라는 것이 있으니 그곳에 사연을 보내보라고 조언했다.

1990 년 1월 18일 브라운은 캐나다 우표가 붙어 있는 편지 한 통을 받았다. 보낸이는 밴쿠버에 살고 있는 '프란츠 슈티글러'라는 사람이었다. 편지에는 1943년 12월 20일 브레멘 상공에서 북해까지 동행했던 B-17 승무원들에게 건네는 루프트바페 조종사의 인사말이 적혀 있었다. 브라운은 밴쿠버의 통신 센터에 전화를 걸어 프란츠 슈티글러라는 사람의 전화번호를 물어보았다. 밴쿠버에 프란츠 슈티글러라는 독일 이름을 가진 사람은 한 사람뿐이었다. 브라운은 안내받은 번호로 전화를 걸었다. 슈티글러가 전화를 받았다.

3개월 후 플로리다의 한 호텔에서 만난 두 사람은 한눈에 서로를 알아보았다. 브라운은 여생을 슈티글러와 함께 보냈다. 2008년 3월 22일 슈티글러가 노환으로 세상을 떠나자 브라운은 건강이 급격히 나빠져 7개월 만에 그의 뒤를 따랐다.

슈티글러는 국가와 국민을 보호하겠다고 맹세한 군인이었다. 그러나 슈티글러는 적과 총구를 마주 겨눈 상황에서도 인간에 대한 연민을 잃지 않았다. 그에게 루프트바페의 명예는 화려한 제복과 훈장이 아니라 인간의 품위를 지키고 있다는 자부심이었다.

13장

전장의 영웅인가,
정치의 희생자인가

프랑스령 인도차이나, 베트남의 해방 전쟁

19세기 중반 프랑스는 선교사 박해를 명분으로 베트남과 캄보디아, 라오스를 차례로 점령하고 인도차이나반도를 자신들의 거대한 농장으로 만들었다. 이후 80년간 인도차이나반도의 식민지인들은 프랑스 기업들을 위해 하루 15시간의 살인적인 노동에 내몰렸다. 미쉐린 타이어의 베트남 고무농장에서 5년간 만 7천 명이 사망했지만 프랑스 식민 정부는 이들의 가족에게 조의조차 표하지 않았다.

제2차 세계대전 중 프랑스가 나치의 수중에 떨어진 틈을 타 일본은 프랑스령 인도차이나반도를 전격 점령했다. 1945년 9월 2일 연합국의 승리로 전쟁이 끝나자 그동안 유럽과 소련, 중국 공산당을 넘나들며 베트남의 독립 운동을 지휘해 온 호찌민은 하노이에서 베트남민주공화국(베트민)의 수립을 선포했다. 그러나 프랑스 정부는 베트남의 독립을 인정하지 않았다. 프랑스는 호찌민이 폐위시킨 바오다이를 앞세워 사이공에 괴뢰 정부를 세우고 베트민을 몰아내기 위해 15만 명의 정예병을 파병했다. 하이퐁 공습을 신호로 시작된 프랑스와 베트남 간의 1차 인도차이나 전쟁은 8년 동안 지속되었다.

베트민군과 치열한 공방전을 벌이던 프랑스군은 1953년 11월 라오스와 인접한 디엔비엔푸 고원에 요새를 건설하고 대대적인 베트민군 섬멸 작전에 나섰다. 베트민군은 전력면에서 프랑스군의 상대가 되지 않았지만, 결과는 자전거와 수레에 무기를 싣고 디엔비엔푸를 포위한 베트민군의 대승이었다. 만 명이 넘는 프랑스군이 베트민의 포로가 되었고 프랑스는 베트민에 항복을 선언했다.

하노이에서 호찌민이 베트남의 자주 독립을 선포하는 사이, 남베트남은 프랑스 총독부 관료 출신의 응오딘지엠이 차지했다. 호찌민이 베트남을 통일하면 주변 국가들이 연달아 공산화될 것이라고 생각한 미국은 응오딘지엠을 적극적으로 지원했다. 응오딘지엠은 그동

미국을 방문한 응오딘지엠을 워싱턴 공항까지 나와 직접 맞이하는 아이젠하워 대통령과 존 포스터 덜레스 국무장관(왼쪽부터). 1957년 5월 8일

1954년 제네바 합의로 북위 17도선을 경계로 분할된 베트남. 북베트남군은 캄보디아 내륙을 통해 남베트남으로 잠입했다.

안 베트민에 동조해 온 지식인들을 모조리 체포했다. 고문으로 인한 사망자가 5만 명이 넘을 정도로 반정부 인사들에 대한 응오딘지엠 정권의 탄압은 잔혹했다.

미국의 조건 없는 지원은 응오딘지엠 정권을 부패시켰다. 응오딘지엠 일가의 부정 축재와 사치에 분노한 베트남 국민은 남베트남 민족해방전선(NLF)을 조직해 응오딘지엠 정부에 대항했다. 남베트남의 민심이 급속히 악화되었지만 미국은 베트남의 공산화를 막으려면 응오딘지엠에 대한 지원을 더욱 강화해야 한다고 생각했다. 1950년대 8백 명도 되지 않던 남베트남 주둔 미군은 1963년 1만 6천 명으로 증가했다.

1963년 5월 8일 베트남 전역에서 부처님오신날 행사가 열렸다. 응오딘지엠은 거리 행진을 하는 승려와 신자들을 공산주의자로 규정하고 강제 진압을 명령했다. 경찰이 쏜 총에 희생자가 발생하자 행진은 응오딘지엠의 정권에 항의하는 시위로 발전했다. 승려와 농민들은 희생자에 대한 사과와 보상을 요구했지만 응오딘지엠 정권은 이들의 요구를 무시했다. 정부와 시위대 간에는 일말의 타협점도 보이지 않았다.

6월 11일 시위대가 행진하는 거리 한가운데서 승려 틱꽝득이 가부좌를 틀고 앉아 휘발유를 몸에 붓고 불을 붙였다. 응오딘지엠의 탄압과 폭정을 서방 세계에 알리기 위해서였다.

온몸이 타 들어가는 동안 미동조차 하지 않는 틱꽝득의 분신 장면은 미국 사회에 엄청난 파장을 불러일으켰다. 그동안 베트남을 낙후된 미개 사회로만 생각하고 있던 미국인들은 베트남인들이 도대체 무엇 때문에 자신의 몸을 태워가면서까지 정부에 저항하는지 의심하기

베트남전 반대 운동의 도화선이 된 틱꽝득의 분신 장면

시작했다. 이런 와중에 영부인 역할을 하고 있던 응오딘지엠의 처제 쩐레쑤언이 틱꽝득의 분신을 "바비큐"라고 조롱하는 인터뷰가 미국 언론에 그대로 공개되었다. 미국인들은 쩐레쑤언에 혐오감을 느꼈다.

국민들의 신뢰를 잃은 응오딘지엠은 미국의 대리인으로서 쓸모를 다했다. 1963년 10월 CIA는 케네디에게 응오딘지엠 정권을 제거해야 한다는 보고서를 올렸다. 다음 달 기다렸다는 듯 베트남 군부의 쿠데타가 발생했다. 성당으로 피신한 응오딘지엠은 로지 미국 대사에게 전화를 걸어 지원을 요청했지만 로지는 쿠데타에 대해 아는 바가 없다면서 하야를 조언했다. 그제서야 상황을 알아챈 응오딘지엠은 쿠데타군에게 항복했으나 군부는 그를 차량에 태운 뒤 총으로 머리를 쏴버렸다. 베트남은 한 치 앞을 바라볼 수 없는 혼란에 빠졌다.

체크인 하노이 힐튼

1964년 8월 2일, 통킹만 해상에서 북베트남의 어뢰정이 미 해군 매독스함을 공격했다. 양측의 교전으로 북베트남 해군 4명이 사망한 반면 미군은 구축함에 경미한 손상만 입었다. 미 행정부는 북베트남이 선제공격을 했다며 베트남 파병 여론을 유도했다. 8월 7일 미 의회는 존슨 대통령에게 포괄적인 군사 행동권을 부여하는 '통킹만법안'을 의결했다.

미국은 군사기지와 산업기반을 일시에 마비시켜 북베트남을 고사시키기로 하고 미 공군 2사단과 해군 항공대를 투입해 대대적인 공습 작전을 펼쳤다. 롤링 썬더 작전Operation Rolling Thunder 팀이 제2차 세계대전 중 전 세계에 투하된 폭탄의 두 배가 넘는 양을 쏟아붓는 동안 베트민군은 땅굴을 파고 들어가 미 지상군을 상대로 게릴라전을 펼쳤다. 정글 곳곳의 원시적인 부비트랩에 심각한 부상을 입고 흥분한 미군들은 농민들의 집을 불태우고 학살을 일삼았다. 농민들이 베트민군에게 음식과 숨을 곳을 제공하며 호찌민의 독립 전쟁을 거들기 시작하자 미국은 파병 규모를 더욱 확대했다. 1966년 남베트남에 파병된 미군은 50만 명에 달했다.

미국은 베트민이 장악한 마을을 무차별 폭격하면서도 쿤밍과 접한 중국 국경 지대는 철저히 피했다. 그새 북베트남은 중국과 소련에서 지원받은 지대공 미사일과 기관포로 하노이와 주요 도시 외곽에 촘촘한 방공망을 구축했다. 당초 롤링 썬더 작전의 목표는 8주 내에 북베트남의 주요 기반 시설을 완전히 무력화하는 것이었지만, 베트민군의 거미줄 같은 방공망에 막혀 공습은 4년이나 지속되었다. 그새 격추된 미국 비행기는 1천 대가 넘었고 탈출한 조종사들은 대부분 베트민군의 포로가 되었다.

호찌민의 북베트남은 미국에 대해 선전포고는커녕 어떤 종류의 적대 행위도 한 적이 없었다. 북베트남의 입장에서 미군은 일방적으로 베트남을 침공하고 무고한 사람들을 살해한 범죄자였다. 호찌민은 포로가 된 미군은 불법 침략 전쟁 과정에서 북베트남 인민을 상대로 범죄를 저지른 전범이라고 선언했다. 제네바 협약에서 전쟁 포로에게 부여한 권리를 미군에게는 적용하지 않겠다는 뜻이었다.

북베트남에 사로잡힌 미군 조종사는 독방에 수감되어 자신이 저지른 전쟁 범죄를 자백할 때까지 고문을 받았다. 자백을 거부할 경우 전

범으로 처리되어 사형을 받을 수 있다는 위협에 많은 미군들이 자백을 택했다. 자백을 택한 조종사는 집에 있는 가족에게 미국의 불법 전쟁을 끝내라고 촉구하는 편지를 썼다.

1967년 7월 5일 미 공군 제354비행대대의 듀이 와델Dewey Waddel 소령은 동료들과 함께 태국 타클리 공군기지를 이륙했다. 목표는 북베트남의 수도 하노이였다. 당시 하노이는 전 세계에서 가장 강력한 대공 방어망이 구축되어 있는 도시였다. 소련제 레이더로 구동되는 대공포로 무장한 4중 방공망을 뚫고 하노이 상공까지 진입한 폭격기는 거의 없었다.

듀이의 F-105 선더치프 편대는 하노이 남서쪽 수십 킬로미터 상공에서 대공포 사격을 받았다. 듀이를 격추한 것은 북베트남이 아닌 중국군 방공 포대였다. 듀이를 기지로 끌고 간 중국군들은 마오쩌둥과 공산주의에 대한 찬양 비디오를 시청하게 한 후 북베트남과 중국 중 어느 쪽의 포로가 되겠느냐고 물었다. 듀이는 동료 조종사들이 수감되어 있는 북베트남을 선택했다.

베트민군에게 넘겨진 듀이는 호아로 수용소에 수감되었다. 미군들에게 '하노이 힐튼'으로 불리던 호아로 수용소는 19세기 초 베트남을 점령한 프랑스가 식민 정부에 반대하는 베트남인들을 수용하던 교도소였다. 원래 2백 명을 수용할 수 있는 규모로 지어진 호아로 수용소는 2차 대전이 발발하기 직전 2천 명 이상이 수감되어 매우 비좁고 열악했다. 수감자 대부분이 고문과 영양실조로 살아서 나오지 못했던 호아로 수용소는 베트남인들에게 프랑스 제국에 대한 분노와 저항의 상징이었다.

며칠 후 듀이는 군용 트럭에 실려 하노이 외곽의 논두렁으로 끌려 갔다. 듀이는 죽음을 직감했지만 베트민이 고문도 하지 않고 자신을 죽이려는 이유를 알 수 없었다. 잠시 후 안대가 벗겨진 그의 눈앞에는 카메라를 든 독일인 두 명과 착검한 소총을 든 베트콩 여성이 서 있었다. 베트민 장교가 듀이의 전투복 상의에 핏물을 적시고서야 듀이는 베트민이 자신을 이용해 선전물을 찍으려는 것임을 알아챘다. 건장한 미군 장교가 왜소한 베트남 여성에게 제압당한 장면을 연출해 초강대국 미국이 베트남에 무릎을 꿇는 이미지를 만들려는 것이었다.

베트민군 장교는 듀이에게 고개를 숙이고 아무 말도 하지 말라고 지시했다. 시키는 대로 논두렁을 왔다 갔다 하던 듀이는 감시가 소홀

동독의 종군 사진작가 토마스 빌하르트가 찍은 듀이. 미 공군은 듀이의 가족들에게 사진 속 인물이 듀이임을 확인했다.

해진 틈을 타 고개를 들어 카메라를 쳐다보았다. 사진이 어딘가에 공개되면 가족들에게 자신이 살아 있다는 것을 알릴 수 있을 것이고, 살아 있다는 것이 알려지면 미국 정부가 자신을 구하지 않을 수 없을 것이라는 생각이었다. 사진을 찍는 독일인은 듀이가 카메라를 쳐다보는 것을 베트민군 장교에게 알리지 않았다. 독일인은 오히려 고개를 든 듀이의 얼굴을 클로즈업했다.

석방을 거부한 매케인, 징집을 거부한 트럼프

베트남에서 롤링 썬더 작전이 한창 벌어지는 중, 《뉴욕타임스》 제1면에 "미군의 폭격으로 부상을 입고 베트남의 병원에서 치료를 받는 사람들 중 75퍼센트는 군인이 아니라 마을의 부녀자들"이라는 기사가 실렸다. 베트남 전쟁의 진상을 의심하기 시작한 학생들을 중심으로 반전 시위가 열리기 시작했고, 정부는 워싱턴 전미 대학생 토론회에 정부 대변인을 참석시켜 베트남전의 당위성을 설명하게 했다. 전국으로 생방송된 토론회에서 정부 측 참석자들은 미국이 참전한 이유를 전혀 설명하지 못했다. 토론이 끝날 무렵에는 정치에 관심이 없던 학생들과 일반 시민들마저 반전 시위 대열에 합류했다.

여론이 악화될수록 미국 정부는 전쟁을 빨리 끝내기 위해 필사적으로 군사력 증강에 매달렸다. 매년 수십만 명씩 추가되는 병력을 채우기 위해 급기야 대학생들마저 징집 대상이 되자 학생들은 징집 거부 서명 운동을 벌였다. 실제 징집을 거부하고 캐나다로 도피하거나 법정에 선 학생은 50만 명이 넘었다.

초기 반전 운동은 전쟁을 중단시킬 가능성이 전혀 없어 보였다. 그러나 언론을 통해 전쟁의 진실이 드러나면서 상황은 바뀌기 시작했다. 1969년 5월《라이프》매거진은 일주일 동안 베트남에서 사망한 250명의 미군 병사들의 사진을 게재했다. 사진의 위력은 구호에 비할 바가 아니었다. 부패한 사이공 정부를 지원하기 위한 명분 없는 전쟁에 동원된 미국의 젊은이들이 매일 수십 명씩 죽어 나가고 있다는 사실에 시민들을 분노했다.

시위대는 존슨 대통령이 나타나는 곳마다 따라가 "이봐 존슨, 오늘은 애들을 몇 명이나 죽였냐?"라는 피켓을 들고 조롱을 퍼부었다. 미국 정부는 반전 시위대를 주도하는 사람들이 마약에 찌든 반정부 히피족들이며, 베트남에서 수만 명의 미군이 실종되거나 포로로 잡혀 있다는 소문은 가짜 뉴스라고 반박했지만 베트남전의 실상을 담은

일주일간 사망한 미군 병사들의 사진을 게재한 《라이프》. 1969년 5월호

사진까지 부정하지는 못했다.

사망자에 이어 베트남에서 실종된 미군들의 사진도 속속 보도되기 시작했다. 독일 언론에 실린 듀이의 사진은 시민들로 하여금 정부에 큰 배신감을 느끼게 했다. 미군 포로 생존자들이 베트남의 수용소에서 가혹한 고문을 받고 있다는 소문이 퍼졌고, 분노한 미국인들은 정부에 당장 전쟁을 멈추고 미군 포로들을 송환하라고 요구했다.

1969년 10월 베트남에 있는 미군들은 본국의 반전 시위를 지지하는 표시로 검은 완장을 착용했다. 명분 없는 참전에 대한 분노와 자괴감에 탈영병이 속출했고, 일부 병사들은 마약과 매춘, 학살을 자행했다. 베트남에서 미국을 구출하겠다고 약속한 리처드 닉슨 대통령은 곧 전쟁을 끝낼 것이라고 공언했지만, 오히려 전선은 캄보디아까지 확대되었다.

미국은 수백만 명의 반전 시위대가 토해내는 열기로 뜨겁게 타올랐다. 1971년 4월 워싱턴 DC에 집결한 시위대에는 베트남 참전 군인들까지 포함되어 있었다. 이들은 국회의사당 앞에 퍼플하트 훈장을 내던지고 "대통령이 미국의 젊은이들을 속여 사지로 몰아넣고 있다"고 외쳤다. 전쟁을 끝내지 않으면 정부가 끝장 날 지경이었다.

1973년 1월 27일 미국과 베트남 대표는 파리에서 만나 서로에 대한 적대 행위를 중단하고 전쟁 포로를 송환하기로 합의했다. 3월 4일 듀이는 6년간 수용되어 있던 '하노이 힐튼'에서 걸어 나와 필리핀의 클라크 미군 기지로 향하는 수송기에 올랐다. 한 달 후 북베트남은 억류 중이던 591명의 미군 포로를 미국으로 송환했지만 실종된 2천 명 이상의 미군은 영영 돌아오지 못했다. 베트남전에서 사망한 미군은 6만 명,

중상자는 30만 명이었다.

1994년 듀이는 베트남을 방문해 자신이 수감되어 있었던 하노이 교도소를 방문했다. 안내인이 그에게 수감 중 무슨 생각을 했는지 묻자 듀이는 살아야 한다는 생각밖에 없었다고 대답했다. 4년 후 듀이는 독일을 방문해 포로인 자신을 논두렁에서 촬영했던 빌하르트를 만났다. 듀이는 자신의 시선을 거절하지 않은 것에 감사를 표했다.

서로의 목숨을 빼앗는 극도의 야만적인 상황에서도 인간으로서 최소한의 존엄성을 지키자는 것이 제네바 협정의 의미다. 항복한 군인은 더 이상 적으로 간주되지 않고 한 인간으로 대우받아야 한다는 것이 인류가 한 약속인 것이다. 이 간단한 약속은 전쟁에 참여했던 모든 사람이 전쟁이 끝난 후 정상적인 삶으로 돌아가기 위한 최소한의 장치다. 당시 빌하르트는 카메라 속 듀이가 무엇을 말하고 있는지 알았다.

듀이가 수감되어 있던 당시 호아로 수용소에는 2008년 미 대선에서 오바마에게 패한 존 매케인 전 상원의원도 있었다. 베트민은 미군 포로의 신분에 따라 처우를 차별했다. 매케인은 2차 대전 당시 미 태평양 사령부 사령관이자 해군 제독인 존 S. 매케인John S. McCain Jr.의 아들이었다. 하노이 공습 작전 중 미사일에 요격되어 추락한 매케인은 신분이 밝혀진 후 곧바로 병원으로 이송되어 부러진 다리 수술을 받았다. 병원에서 회복을 기다리는 동안 베트민 측은 그에게 미국으로 돌아갈 것을 제안했지만 매케인은 특별 대우를 거부하고 호아로 수용소 수감을 자처했다.

전쟁이 끝난 후 미국으로 돌아온 매케인은 국민들로부터 영웅 대우를 받았다. 베트남전을 반대했던 사람들도 그를 존경할 정도로 매케인의 인기는 두터웠다. 공화당의 대표 정치인으로 승승장구한 매케인에게 호아로 수용소에서의 5년 6개월은 명예의 보증서였다. 그러나 매케인이 인터뷰에서 고백한 것처럼, 그의 참전은 조국을 위한 희생이 아니라 스스로의 명예를 지키기 위해서였다. 매케인은 항상 자신에게서 삶의 의미를 찾았고, 그에게 역사는 배경일 뿐이었다.

정치인 매케인은 같은 공화당원인 도널드 트럼프와 평생 대척점에 섰다. 트럼프가 공화당 대통령 후보로 출마했을 때 가장 노골적으로 트럼프를 비판한 사람이 매케인이었다. 사실 두 사람의 성격은 매우 비슷하다. 해군사관학교와 뉴욕군사학교 시절의 매케인과 트럼프는 거칠고 독선적인 행동으로 퇴학 위기까지 몰렸지만, 두 사람 모두 출신과 배경의 보호로 무사히 졸업장을 받았다. 그러나 삶을 대하는 두 사람의 가치관과 행동 양식은 판이하게 달랐다.

매케인이 베트남에 포로로 잡혀 있던 5년 6개월 동안, 트럼프는 포덤 대학과 와튼 스쿨을 전전하며 징집을 네 차례 연기해 베트남 파병을 피했다. 트럼프가 맨해튼의 낡은 호텔을 구입해 리모델링 프로젝트를 진행하고 있을 때, 매케인은 호아로 수용소에서 죽음의 문턱까지 몰려 있었다. 베트민 측이 프랑스 정치인들의 면담을 주선했지만, 매케인은 혹시라도 자신이 정치적 선전 도구로 이용될 것을 우려해 일체의 면회를 거부했다. 2016년 공화당 대선 후보로 나선 트럼프는 매케인을 전쟁 영웅이라고 부르는 것에 동의하지 않는다며 "그는 포로가 되었기 때문에 전쟁 영웅이라고 불린다. 나는 포로로 잡히지 않는 사람을 좋아한다"라고 조롱했다.

미국인들은 베트남전에 자원해 목숨을 걸고 싸운 매케인을 영웅으

베트남과의 포로 협정이 조인된 후 귀국해 리처드 닉슨 대통령의 환영을 받는 존 매케인(왼쪽)과 DC 컨벤션 센터의 리모델링 계획을 브리핑하는 트럼프, 《워싱턴 포스트》

로 칭송하지만 베트남을 일방적으로 침공해 미국 젊은이들을 사지로
내몬 것은 워싱턴의 정치인들이었다. 미국이 매케인과 같은 참전 군
인들을 영웅으로 대우하는 이유는 자신들이 벌인 전쟁을 정당화하기
위해서다. 트럼프는 그런 정치인들에게 자신의 인생을 바칠 생각이
없었다.

4부

1퍼센트의 꿈,
아메리칸 드림

14장

CIA 요원이 된
조종사

제트엔진을 단 글라이더 U-2

1950년대 초반까지도 미국은 소련에 대해 아는 것이 거의 없었다. 당시 미 국방부가 갖고 있던 소련 지도조차 나치 독일이 소련을 침공했을 때 만든 것이었다. 핵실험에 성공한 소련은 자신들의 핵 전술 능력을 대대적으로 선전했다. 워싱턴에는 미국의 핵 전술 능력이 소련에 비해 크게 뒤쳐진다는 소위 바머 갭Bomber Gap 설이 퍼졌다. 실체를 모르는 적처럼 두려운 것은 없다. 미국은 어떤 희생을 치르더라도 반드시 소련의 핵 능력을 파악해야 했다.

미국이 처음 택한 방법은 스파이전이었다. 당시 미국에는 동유럽과 러시아 출신 이민자들이 많았다. CIA는 이들 중 자질과 동기를 가진 사람들을 포섭해 스파이로 훈련시켰다. 스파이를 선택한 사람들의 가장 큰 동기는 돈이었다. 그러나 대부분의 스파이들은 침투 과정에서 노출되었고 가까스로 정착에 성공한 스파이도 핵 개발 정보와 같은 고급 기밀에는 접근하지 못했다.

소련의 핵 능력을 파악하는 데 스파이가 도움이 되지 않는다는 것을 깨달은 미국은 공중 정찰 전략으로 선회했다. 미국은 전 세계에 산재한 미 공군기지에 CIA 요원을 파견했다. CIA는 은밀히 선별한 조종사에게 접근해 "국가를 위해 특별한 일을 해보지 않겠느냐"고 제안했다. CIA의 제안을 거절한 조종사는 거의 없었다. 아무도 가보지 못한 '철의 장막'을 넘어간다는 사실은 자만심 가득한 이십 대 조종사들에게 거부할 수 없는 매력이었다. CIA는 이들에게 월 2,500달러의 특별 수당을 제시했다. 지금의 화폐 가치로 4만 달러가 넘는 거금이었다. CIA는 임무를 발설하면 지급받은 수당을 모두 몰수할 뿐만 아니라 10년 이상을 감옥에서 썩어야 할 것이라는 경고도 잊지 않았다. 선발된 조종사는 동료들은 물론 가족에게조차 자신의 진짜 임무를 말하지 않았다.

CIA 조종사들은 일본, 영국, 독일, 터키, 노르웨이, 핀란드 등 소련과 인접한 국가의 미군 기지에 배치되었다. 이들의 임무는 RB-29, RB-36과 같이 2차 대전 중 개발된 전폭기를 개조한 정찰기로 소련의 군기지를 촬영하고 대공 방어 능력을 테스트하는 것이었다. 소련은 미국 비행기가 국경을 넘어오면 즉시 요격 전투기를 띄우거나 대공 미사일을 발사했다. 1950년부터 10년간 이렇게 소련의 국경을 넘나들다 희생된 CIA 조종사는 무려 155명에 달했다. 외교적 문제가 불거질 때마다 CIA는 공중 정찰 작전은 물론, 추락한 조종사의 존재 자체를 부인했다. 미국은 어떤 희생을 치르고서라도 소련의 핵 전술 능력을 파악해야 했다.

미국과 소련은 더 높고 더 빨리 나는 비행기를 개발하는 데 국가의 역량을 총동원했다. 1950년대 소련의 주력기인 미그-17의 최대 운영 고도는 4만 5천 피트였고 대공 미사일은 6만 5천 피트 상공의 비행기까지 격추시킬 수 있었다. CIA는 아이젠하워에게 대공 미사일이 요격할 수 없는 초고고도 정찰기를 개발해 소련의 핵기지를 정찰하겠다는 계획을 보고했다. 아이젠하워는 CIA의 계획을 승인했다.

CIA로부터 성능 요구 조건을 받아든 록히드는 8개월 만에 7만 피트 고도로 7천 킬로미터 이상을 비행할 수 있는 U-2를 개발했다. U-2는 한마디로 제트엔진을 장착한 글라이더였다. 동체는 조종사 한 명이 간신히 들어가 앉을 수 있을 정도로 좁았고, 랜딩기어는 자전거처럼 외줄로 장착되어 있었다. 무게를 최대한 줄이기 위해 비행기에는 페인트조차 칠하지 않았다. 가장 무거운 장비는 배면에 붙어 있는 냉장고만 한 카메라였다. U-2는 지상 20킬로미터 상공에서 그린 위의 골프공까지 촬영할 수 있었다.

6만 피트 이상의 고도에 노출되면 혈관의 피가 끓기 시작한다. U-2는 여압 장치가 없었기 때문에 조종사들은 스페이스 수트를 입었다. 일단 스페이스 수트를 입으면 생리 현상을 해결할 수 없었기 때문에 조종사들은 비행 7시간 전부터 물을 마시지 못했다.

1956년 7월 4일 독일의 비스바덴 기지를 이륙한 CIA의 U-2는 소련 국경을 넘어 모스크바 상공까지 들어갔다. 소련은 U-2가 이륙하기 전부터 CIA의 작전 계획을 상세히 파악하고 있었다. CIA 역시 소련의 레이더와 요격기가 U-2를 추적하고 있는 것을 알고 있었지만 소련이 공개적으로 대응하지는 못할 것으로 생각했다. 소련 영공을 휘젓고 다니는 미국 정찰기를 격추하지 않고 공개적으로 항의를 한다는 것은 대

극지 테스트 비행을 마치고 앵커리지 공군기지에 착륙하는 U-2. 닉네임은 드래곤 레이디Dragon Lady. U.S. Air Force 사진

응 수단이 없다는 것을 자인하는 것이기 때문이었다. 미국과 소련, 어느 쪽도 U-2의 소련 영공 침입에 대해 아무 언급을 하지 않았다.

과묵했던 스탈린과 달리 흐루쇼프는 표현에 솔직했다. 흐루쇼프는 비공개 경로로 아이젠하워에게 "U-2가 소련 영공을 유린하는 것에 국가 최고 지도자로서 굴욕감을 느낀다"는 메시지를 전달했다. 아이젠하워는 흐루쇼프가 느끼는 굴욕감을 이해했다. 아이젠하워는 CIA 국장을 불러 앞으로 U-2 작전은 반드시 필요한 경우에 한해서만 하라고 지시했다. 아이젠하워가 미국에서 소련에 대해 무르다는 비판을 받는 동안, 흐루쇼프는 U-2를 격추시킬 수 있는 대책을 내놓으라고 부하들을 다그쳤다.

데탕트를 걷어찬 그랜드 슬램 작전

1957년 10월 4일 소련은 바이코누르 우주기지에서 인류 최초의 인공위성 스푸트니크호를 발사했다. U-2가 소련을 정찰하기 시작한 지 1년 3개월째 되는 날이었다. 인공위성 발사의 성공은 곧 메가톤급 핵탄두를 대륙 너머로 날려보낼 수 있는 미사일 전력을 갖추고 있다는 사실을 의미했다. 궤도에 오른 스푸트니크호는 삐… 삐… 삐… 하는 도착 메시지를 지구로 송신했다. 흐루쇼프는 스푸트니크의 메시지를 암호화하지 말고 그대로 발신하라고 지시했다. 전 세계에 스푸트니크의 존재를 과시하려는 것이었다. 다음 날《워싱턴 포스트》지 톱기사의 제목은 "우리는 소련의 핵미사일 아래 살고 있다"였다. 그때까지 소련을 독재자가 통치하는 농업국가 정도로 생각하고 있던 미국인들은 엄청난 충격을 받았다. 학교에서는 아이들에게 핵폭탄이 투하되었을 때의 비상 행동 요령을 가르쳤고, 가정에서는 집집마다 뒷마당에 지하 벙커를 팠다. 동네 슈퍼마켓은 비상 식수와 통조림을 사재기하려는 사람들로 난리 법석이었다.

미국과 소련의 긴장은 세계 곳곳에서 일촉즉발의 상황을 초래했다. 가장 첨예한 대립 현장은 베를린이었다. 1958년 11월 흐루쇼프는 6개월 안에 서베를린에 주둔하고 있는 서방 군대를 철수시키라고 통보했다. 미국은 어떤 경우에도 베를린을 포기할 수 없었지만 소련과 핵전쟁을 벌일 생각도 없었다. 긴장을 해소하는 유일한 해법은 양측이 동시에 핵을 내려놓는 것이었다. 이듬해 프랑스의 드골 대통령은 파리에서 4강 정상이 만나 동서 간의 긴장 해소를 논의하자고 제안했다. 흐루쇼프는 드골의 제의에 동의했다. 전 세계는 파리회담이 미소

냉전 종식의 계기가 될 것으로 기대했다.

아이젠하워는 CIA에 U-2 작전의 중단을 지시했다. CIA는 근본적으로 소련과의 적대적 긴장 속에 존재 의미가 있었다. 앨런 국장은 아이젠하워에게 소련의 핵미사일 전력을 정확히 알고 있으면 흐루쇼프와의 회담에서 주도권을 쥘 수 있다며 마지막 U-2 작전을 승인해 달라고 요청했다. 아이젠하워는 흐루쇼프와의 회담 직전에 또 소련을 정찰한다는 것이 마음에 걸렸지만 소련의 핵 전력을 완벽히 파악할 수 있다는 말에 흔들렸다. 아이젠하워는 앨런의 작전 요청을 승인했다. 작전명은 '그랜드 슬램'이었다.

CIA는 마지막 작전에 U-2 비행 경험이 가장 많은 프란시스 파워스Francis Gary Powers를 투입했다. 파워스의 임무는 파키스탄의 페샤와르 공군기지를 이륙해 카자흐스탄의 바이코누르 우주기지와 러시아의

그랜드슬램 작전 경로

페샤와르 기지에서 U-2 훈련을 받는 프란시스 파워스. 미 공군 사진

플레세츠크 미사일 기지를 촬영하고 노르웨이로 복귀하는 것이었다.

켄터키의 시골 마을에서 광부의 아들로 태어난 파워스는 매일 석탄가루 범벅이 되어 돌아오는 아버지처럼 살고 싶지 않았다. 학비를 감당하지 못해 대학 진학을 포기한 파워스는 공군에 자원 입대했다. 비행에 뛰어난 재능을 보인 파워스는 곧 F-84G 썬더젯 대대의 탑건 조종사가 되었다. 어느 날 양복을 입고 부대 안을 돌아다니던 사람이 특별한 일을 해보지 않겠느냐고 접근했을 때 파워스는 기다렸다는 듯 그러겠다고 대답했다. 파워스는 그가 CIA 요원이란 것과, 그가 제안하는 특별한 일의 보수가 대대장의 평생 봉급보다 많다는 사실을 잘 알고 있었다. 파워스는 곧바로 페샤와르 공군기지로 전출되어 U-2 훈련에 돌입했다.

그랜드 슬램 작전 당일인 5월 1일 소련에서는 소비에트 혁명 43주년을 기념하는 대대적인 행사가 벌어지고 있었다. CIA가 그날을 작전 일로 잡은 것은 소련의 대공 레이더 기지에 최소한의 인원만 가동될 것이라는 판단 때문이었다. 결과적으로 CIA의 예측은 어긋났다. 당일 소련의 레이더에 포착된 비행기는 U-2 단 한 대뿐이었고 이는 오히려 레이더 기지 요원들의 주목을 끌었다.

죽느냐 사느냐 그것이 문제로다

파리 정상회담이 열리기 보름 전인 5월 1일, 페샤와르의 하늘은 맑았다. 새벽 2시 침대에서 일어난 파워스는 달걀과 토스트로 간단히 아침 식사를 했다. 파워스는 소련이 개발한 신형 SA-2 미사일의 작전 범위가 7만 피트 이상으로 향상되었다는 정보가 마음에 걸렸다. U-2에 미사일 추적 방어 기능이 있었지만 어쨌든 SA-2는 U-2의 순항고도까지 올라올 수 있었다. 4시 25분 조종석에 앉은 파워스는 지도를 꺼내 비행 루트와 목표 지점을 재차 확인했다. 이륙 예정 시각은 5시였다. 웬일인지 6시가 되어도 백악관에서는 작전 개시 승인이 떨어지지 않았다. 6시 20분 작전이 취소된 것으로 생각한 파워스가 스페이스 수트를 벗으려는 순간 이륙 허가가 떨어졌다는 무선 메시지가 들어왔다. 6분 후 파워스는 페샤와르 기지를 이륙했다.

파워스의 U-2는 포물선을 그리며 힘차게 하늘로 솟구쳤다. 페샤

와르 기지에서 7만 피트 상공에 이르면 히말라야와 힌두쿠시산맥이 한눈에 들어왔다. 파워스는 낮과 밤의 경계를 동시에 볼 수 있는 U-2 의 조종석이 좋았다. 6시 56분 소련 영공에 진입한 파워스는 페샤와 르 기지에 정상적으로 작전이 수행되고 있음을 보고했다.

소련은 노르웨이 미군 기지에 심어놓은 스파이를 통해 그랜드 슬 램 작전 계획을 속속들이 파악하고 있었다. U-2가 바이코누르 우주 기지 상공으로 진입했다는 보고를 받은 흐루쇼프는 아이젠하워에 대 한 배신감에 치를 떨었다. 흐루쇼프는 반드시 비행기를 격추시키라 고 명령했다. 7시 56분 파워스는 멀리서 빠르게 다가오는 미그-17 편 대의 비행운을 발견했다. 미그-17은 7만 피트 상공의 U-2를 요격할 능력이 없었다. 파워스는 미그-17을 무시했다.

첼랴빈스크 상공에 이를 즈음 U-2의 자동 비행 장치가 고장 났다. 공기가 희박한 고고도로 올라가면 조종성이 매우 예민해진다. 촬영에 몰두하던 파워스는 자신도 모르는 사이에 조금씩 강하하고 있었다. 고도를 수정하던 파워스는 지상에서 몇 가닥의 흰 선이 솟구쳐 오르는 것을 발견했다. 파워스가 우려하던 SA-2 미사일이었다.

14발의 미사일 중 한 발이 조종석 바로 옆에서 폭발했다. 강렬한 섬광에 파워스는 순간적으로 앞을 볼 수 없었다. U-2의 날개는 드래곤 레이디란 이름에 걸맞게 매우 연약했다. 폭발의 충격파로 비행기의 수평꼬리날개가 탈락하더니 곧이어 우측 날개마저 찢어져 버렸다. 비행기는 격렬하게 회전하며 추락했다. 파워스는 자폭 장치의 커버를 올렸다. 버튼을 누르면 비행기는 70초 후에 폭파되도록 설계되어 있었다.

파워스는 U-2의 이젝션 시트를 신뢰하지 않았다. U-2가 순항하는 7만 피트에서 외기 온도는 섭씨 영하 70도에 달했는데, 이젝션 순간 얼어붙은 캐노피가 완전히 열리지 않으면 두개골이 깨지거나 허벅지가 잘려 나갈 수 있었다. 파워스는 수동으로 캐노피를 열고 그 위로 기어 올라가 비행기에서 뛰어내리기로 했다.

캐노피 레버를 당기는 순간, 파워스는 순식간에 조종석 밖으로 빨려 나갔다. 파워스의 몸은 산소 호스로 연결된 비행기와 함께 회전하고 있었다. 파워스는 사력을 다해 산소 호스를 잡아 뜯었다. 잠시 후 파워스의 온몸에 낙하산의 팽팽한 장력이 느껴졌다. 파워스는 추락하는 비행기를 내려다보았다. 여러 대의 군용 차량을 앞세운 검은 세단이 들판을 가로질러 파워스를 따라오고 있었다.

조국을 지킨다는 거창한 명분 앞에서 젊은 이성은 놀라울 정도로 쉽게 마비된다. 파워스는 헬멧에 들어 있는 은화를 꺼냈다. 1달러짜리 은화 안에는 시안화칼륨 독침이 들어 있었다. 파워스는 CIA 본부에 새겨져 있는 별들이 떠올랐다. 국가를 위해 희생한 요원들을 기리는 별 아래에는 이름조차 새겨져 있지 않았다.

죽어서 별이 될 것인가, 살아서 포로가 될 것인가? 파워스는 살기로 했다. 고문을 받을 경우를 대비해 파워스는 독침을 빼내 상의 주머니에 감췄다. 잠시 후 들판에 착지한 파워스는 곧바로 소련 기관원들에게 체포되었다.

죄수복으로 갈아 입은 파워스는 붉은 전구 하나가 매달려 있는 독실에 수감되었다. 철제 침대에는 시트조차 깔려 있지 않았다. 파워스는 소련이 이미 알고 있거나 쉽게 알 수 있는 사실들을 조금씩 자백하

"조국을 위해 목숨을 바친 CIA 요원들을 기리기 위한" CIA 본부의 희생자 별

며 최대한 시간을 벌어보려고 했지만 KGB는 파워스의 머리 꼭대기에 앉아 있었다. 한 달 후 KGB는 파워스가 가지고 있는 U-2와 CIA의 극비 정보들을 모두 빼냈다.

파워스의 U-2가 소련 미사일의 공격을 받은 곳은 미국의 레이더 범위를 훨씬 벗어난 지역이었다. CIA가 뭔가 잘못되었다는 것을 깨달은 것은 파워스의 복귀 예정 시각이 10시간이나 지난 다음 날 새벽이었다. 작전의 실패를 직감한 CIA는 파워스가 비행기와 함께 자폭했을 것으로 생각했다. CIA는 일단 소련의 반응을 기다렸다. 사흘이 지나도 소련에서는 U-2와 관련한 어떤 소식도 흘러나오지 않았다.

미국은 나사가 운영하던 민간 기상연구 항공기가 터키 북부에서 실종되었다고 발표했다. CIA는 나사의 로고와 일련 번호가 새겨진 가짜 기상관측 항공기 사진을 언론에 배포했다. 소련은 그제서야 스베르들롭스크 평야에 추락한 U-2의 잔해 사진을 공개했다. 소련의 발표에서 조종사에 대한 언급이 없자 CIA는 소련이 U-2에서 정찰의 증거를 찾아내지 못한 것으로 오판했다. 미국은 다시 "기상 관측 조종사가 터키 상공에서 산소마스크에 문제가 발생했다는 보고를 한 후 통신이 두절되었다"고 발표했다. 조종사가 산소 부족으로 의식을 잃었고, 그 후 비행기가 자동 비행으로 소련 영공으로 흘러 들어가 추락했다는 것이다.

5월 5일 흐루쇼프는 모스크바 주재 기자들을 불러놓고 U-2가 촬영한 정찰 사진들과 생포한 파워스의 사진을 공개했다.

"나는 이제 진실을 밝히려 합니다. 미국은 지금 이 순간에도 거짓말

1960년 5월 5일 소련 영토에서 격추된 U-2 정찰기의 잔해를 공개하며 미국을 비난하는 니키타 흐루쇼프. 《라이프》

을 하고 있습니다. 나는 미국인들이 얼마나 믿을 수 없는 자들인지 똑똑히 보았습니다."

흐루쇼프는 파리 정상회담에서 아이젠하워가 어떤 형태로든 자신에게 사과를 할 것으로 생각했다. 5월 16일 흐루쇼프는 미국이 U-2 사건에 대해 사과하고 책임자를 처벌하지 않으면 회담에 참여할 수 없다고 선언했다. 그러나 아이젠하워는 오픈 스카이(OPEN SKY, 하늘의 자유) 협정을 들먹이며 U-2의 정찰 작전은 세계의 안전을 위해서 반드시 필요한 것이었다고 강변했다. 아이젠하워의 태도는 소련 내 강경파들을 자극했다. U-2 사건으로 아이젠하워에 대한 외교적 신뢰를 접은 흐루쇼프는 파리 회의가 시작된 지 몇 시간 만에 퇴장했다.

U-2 사건과 아이젠하워의 대응은 어렵게 싹이 튼 데탕트 분위기를 엄동설한으로 되돌려 놓았다. CIA의 앨런 덜레스 국장이 U-2 사

건에 대한 책임을 지고 사임했지만 국제 사회에서 아이젠하워에 대한 책임론은 가라앉지 않았다.

'고결한 자살'을 거부한 대가

파워스는 스파이 혐의로 소련 법정에서 공개 재판을 받았다. 판사의 유일한 질문은 소련 염탐 혐의를 인정하느냐는 것이었다. 국선 변호인은 "소비에트는 회개한 사람들만 용서한다"며 일단 죄를 인정해야 사면 기회를 얻을 수 있다고 파워스를 설득했다. 파워스는 "혐의를 인정하며 깊이 회개한다"고 대답했다. 판사는 파워스에게 7년의 노동

모스크바 법정에서 진술하는 프란시스 파워스. 법정에서는 그가 촬영한 사진들과 U-2의 정찰 장비들이 공개되었다. AP 통신

교화와 10년의 징역형을 선고했다. 파워스의 재판 장면은 소련 주재 서방 언론을 통해 전 세계에 공개되었다. 파워스가 순순히 혐의를 인정하는 모습을 본 미국인들은 파워스를 비난했다. 미국인들에게 파워스는 고결한 자살 의무를 거부하고 극비 정보를 누설한 변절자였다.

1957년 6월 21일 FBI는 브루클린에서 미술상을 운영하고 있던 KGB의 고급 장교 루돌프 이바노비치 아벨을 체포했다. 아벨의 변호사 제임스 도노반은 판사에게 "소련에 억류 중인 미국인과 아벨을 교환할 수 있도록 사형만은 면해달라"고 간청했다. 판사는 아벨에게 32년형을 선고했다.

파워스가 소련에 억류되어 있는 동안 CIA와 KGB는 아벨과 파워스의 상호 교환에 합의했다. 1962년 2월 10일 피워스는 서독과 동독을 가로지르는 글리니케 다리에서 루돌프 아벨과 교환 석방되었다. 역사상 처음이자 가장 극적인 미소 간의 스파이 교환이었다.

미국인들은 고국으로 돌아온 파워스를 반기지 않았다. 파워스가 KGB의 이중 스파이라는 소문이 돌았고 일부 언론은 이를 선정적인 스토리로 꾸며 보도했다. 파워스는 청문회에 불려 나가 자폭 버튼을 누를 수 없었던 추락 당시의 상황을 설명했지만 CIA는 그의 이야기를 믿지 않았다. 파워스의 진술을 신뢰한 것은 U-2 제작사인 록히드 뿐이었다. 상원 위원회는 그에게 어떤 잘못도 없다는 결론을 내렸지만 그동안 대중에게 널리 유포된 이중 스파이 소문까지 해소해 주지는 못했다.

민간인 신분으로 돌아온 파워스는 항공사에 들어가고 싶었다. 스파이 조종사를 받아주는 곳은 없었다. 아내와 이혼한 파워스는 로스앤젤레스로 이주해 어렵게 지역 방송국의 헬기 조종사 자리를 얻었다. 1977년 8월 1일 화재 현장을 취재하러 나선 파워스의 헬기는 20분 만에 엔진이 꺼져 추락했다. 파워스를 포함한 탑승자 전원은 현장에서 즉사했다. 추락한 헬기의 연료 게이지는 3시간 분량에 고정되어 있었지만 실제 연료 탱크는 텅 비어 있었던 것으로 조사되었다. 사고조사위원회는 연료 게이지가 조작된 경위를 밝혀내지 못했다.

파워스는 알링턴 국립묘지에 묻혔다. U-2가 소련에 격추되고 40년이 지난 2000년, 미국 정부는 그에게 십자 훈장과 국방공로 훈장을 추서했다.

미국은 고도만으로는 소련의 방공망을 뚫을 수 없다는 것을 깨달았다. 철의 장막 안을 들여다보려면 소련의 요격 미사일이 따라오지 못할 만큼 빠른 속도를 가진 초음속 비행기가 필요했다.

15장

자본주의 세계로 날아간
미그-25

궁극의 비행기 A-12 블랙버드

2차 대전 이후 미 국방부는 항공기 제작사들에 수시로 초단기 프로젝트를 발주했다. 개발 기한은 짧고 요구 조건은 까다로웠지만, 일단 채택되기만 하면 엄청난 수익이 보장되는 것이 방위산업이었다. 일찌감치 방위산업의 가치를 알아본 록히드는 수석 엔지니어 켈리 존슨에게 특별 개발 프로젝트팀의 구성 권한을 일임했다. 팀의 공식 명칭은 ADP(Advanced Development Projects)였다.

켈리 존슨Kelly Johnson은 열세 살 때 주차장에서 자신의 첫 번째 유인 비행기를 만든 천재였다. 미시건 대학 항공공학과를 졸업한 켈리는 록히드사에 입사하자마자 기존 록히드 비행기의 취약점들을 속속들이 꼬집어 냈다. 사내에서 그는 '맨눈으로 공기의 흐름을 보는 사람'으로 통했다. 록히드의 전폭적인 신임을 받은 켈리는 28세에 록히드

미 항공우주박물관 기념품점에서 판매하는 록히드마틴 스컹크웍스 패치. 지금도 ADP 팀은 공식 명칭 대신 스컹크웍스란 팀명을 사용한다.

비행기를 총괄하는 수석 엔지니어가 되었다.

켈리의 ADP 팀은 캘리포니아 팜데일에서 서커스단이 쓰던 대형 텐트 시설을 개조해 연구실로 사용했다. 텐트 안에서는 서커스단에서 키우던 말의 인분과 인근의 공장에서 흘러 들어온 악취로 숨을 쉬기 어려울 지경이었다. 본사에서 전화가 오면 켈리의 엔지니어들은 "네, 스컹크웍스입니다"라고 대답했다. 당시 미국에서는 〈릴 애브너〉라는 애니메이션이 큰 인기를 끌고 있었는데, 스컹크웍스는 릴 애브너에서 고약한 냄새를 풍기는 비밀 공장의 이름이었다. 이때부터 록히드의 ADP 팀은 스컹크웍스로 불렸다.

스컹크웍스는 록히드가 정부에서 받아온 초단기 비밀 프로젝트들을 순식간에 해치웠다. 2차 대전에서 크게 활약한 미국 최초의 제트기 P-80 슈팅스타도 스컹크웍스가 5개월 만에 개발한 비행기였다. CIA가 운영한 고고도 정찰기 U-2 역시 스컹크웍스의 작품이었다.

CIA는 소련의 대공 미사일을 완벽하게 따돌릴 수 있는 성능을 요구했다. 켈리는 미사일을 피하기 위해서는 고도와 속도뿐 아니라, 비행기 자체가 레이더의 추적을 피할 수 있어야 한다고 생각했다. 켈리는 동체를 쐐기 모양으로 만들어 레이더파의 반향을 산란시키고 비행기에 레이더 파장을 흡수하는 물질을 도장했다. 동체 후방에는 기존의 항공기용 엔진이 아닌 프랫앤휘트니 로켓 엔진 2발을 장착했다.

문제는 열이었다. 물체가 빠른 속도로 대기를 가르면 공기 입자와의 마찰로 열이 발생한다. 여객기가 겨울철 시베리아 항로를 비행할 때는 연료가 빙점까지 떨어지는데, 이때 기장이 속도를 증가시키는 이유도 마찰열을 이용해 연료를 덥히기 위해서다. 스컹크웍스가 개발한 신형 정찰기의 속도는 시속 3,200킬로미터 이상이었고 이 속도에서 동체 표면의 온도는 섭씨 수천 도까지 올라갔다. 스컹크웍스 팀은 열전도율이 낮은 티타늄 합금을 사용해 동체 표면의 온도가 내부로 전달되지 않도록 만들었다.

1964년 12월 22일 켈리는 시제품 A-12을 완성했다. 8만 피트 상공에서 마하 3.4의 속도를 내는, 역사상 가장 빠르고 가장 높게 나는 유인 비행기가 탄생한 것이다. 켈리는 A-12에 블랙버드Blackbird라는 닉네임을 붙였다.

파워스에게 U-2를 브리핑하는 록히드의 전설적인 엔지니어 켈리 존슨(왼쪽)

CIA의 A-12. 미공군에서는 SR-71 버전으로 운영했다.

2발의 거대한 로켓 엔진을 달고, 인류 역사상 가장 높은 고도에서, 가장 빠른 속도로 비행한 A-12는 어떤 무기도, 어떤 방어 시스템도 갖고 있지 않았다. A-12는 오직 고도와 속도라는 비행기의 본질적 속성만으로 그 누구의 방해도 받지 않고 자유롭게 하늘을 날았다.

이슬람 경전 코란에 '서쪽에서 해가 떠오를 때 용서의 문이 닫힐 것'이란 구절이 있다. '서쪽에서 해가 떠오를 때'란 말은 심판의 순간을 의미한다. 나사의 연구에 따르면 모든 행성의 자전은 고무줄을 꼰 것과 같아 어느 순간 회전이 멈추고 다시 반대 방향으로 회전한다. 지구 역시 언젠가는 회전이 멈추고 반대 방향으로 회전한다는 것이다. 블랙버드가 8만 피트 상공에서 지구의 자전 속도를 추월해 날아가면 해는 서쪽에서 떠올랐다. 태양이 서쪽에서 뜨는 광경을 목격한 블랙버드 조종사들은 그때까지 절대적 진리라고 믿어왔던 과학적 신념이 사실은 상대적 관념에 불과하다는 것을 깨달았다.

블랙버드는 속도가 너무 빨라 피치(기수)나 뱅크(비행기의 기울어짐)가 조금만 틀어져도 비행기의 안정성이 무너졌다. 조종사들이 '브레이크가 고장 난 메르세데스 벤츠에 타고 있는 것 같다'고 할 정도로 블랙버드는 비행 중 잠시도 긴장을 풀 수 없는 비행기였다. 3시간 남짓의 비행에도 블랙버드 조종사들은 완전히 녹초가 되어 내려왔다.

블랙버드는 신출귀몰했다. 레이더로 블랙버드를 포착한 국가들은 말로만 듣던 UFO가 출현한 것으로 생각했다. 전 세계에서 1년 동안 수백 발의 요격 미사일이 발사되었지만 블랙버드는 단 한 번도 요격되지 않았다. 미국은 리비아와 베트남, 쿠바에 블랙버드를 띄우면서도 소련을 정찰하는 것은 극도로 조심했다. 블랙버드마저 요격당할 경우 미국이 앞에선 데탕트를 이야기하며 끊임없이 뒤통수를 친다는 국제 사회의 비난을 피할 수 없기 때문이었다.

미사일을 따돌린 소련의 괴 비행기

냉전은 절정을 향해 치달았다. 핵심은 미국과 소련 중 누가 먼저 상대방의 심장부에 핵폭탄을 떨어뜨릴 수 있는 능력을 갖추느냐는 것이었다. 1967년 미국은 소련이 비밀리에 최신예 전투기를 개발하고 있다는 정보를 포착했다. 레이더에 포착된 이 신형 전투기는 폭격기만큼 거대했다.

1971년 3월 이스라엘은 시나이반도 6만 3천 피트 상공에서 음속의 세 배가 넘는 속도로 날아가는 비행체를 포착했다. 당시 서방의 전투기들 중 이런 성능을 낼 수 있는 것은 없었다. 이스라엘과 미국은 시나이반도에서 괴 비행체가 다시 출현하기를 기다렸다. 며칠 후 같은 비행체가 출현하자 미국은 즉각 F-4 전투기를 출격시켰다. F-4는 최고 속도인 마하 2.2로 추격했지만 비행체는 F-4를 따돌리고 유유히 소련 영공으로 사라졌다. 미국의 최신 전투기가 소련 비행기를 놓쳤다는 소식에 미 국방부는 발칵 뒤집혔다. 백악관에서 대책회의가 열렸지만 비행기의 이름이 미그-25라는 것 외에는 아무런 정보가 없었다. 미국은 미그-25의 실체를 파악하기 위한 특별 프로젝트를 가동했다. '파이어배트'로 명명된 이 프로젝트에는 블랙버드를 띄워 소련의 전투기 대대를 정찰하는 방안도 포함되어 있었다.

미국과 이스라엘은 다시 시나이반도에서 미그-25가 나타나기를 기다렸다. 미그-25가 레이더에 포착되자 이스라엘은 곧바로 요격 미사일을 발사했다. 그러나 미그-25는 폭발적인 가속으로 눈깜짝할 사이에 미사일을 따돌렸다. 미국은 소련이 마침내 미국의 대공 방어망을 뚫을 수 있는 전투기를 개발한 것으로 생각했다. 한달에도 수차례씩 백악관과 크렘린에 상대방의 핵미사일이 발사되었다는 오경보가 울리던 시기였다. 미그-25가 미국의 대공 방어망을 뚫고 들어와 워싱턴에 핵미사일을 떨어뜨린다면 어찌할 것인가? 미국은 미그-25가 블랙버드도 요격할 수 있을 것으로 생각했다. 백악관에서 열린 안전보장위원회에서 미그-25를 막을 대공 방어 수단이 없다는 결론을 내리자 국방부는 초비상이 걸렸다.

시나이반도에서 포착된 소련의 미ㄴ-25

1976년 9월 6일 홋카이도의 하코다테 상공에 지축을 울리는 폭음이 울렸다. 잠시 후 구름 속에서 이제껏 아무도 본 적이 없는 거대한 제트기 한 대가 나타났다. 꼬리에는 소련을 상징하는 붉은 별이 선명하게 그려져 있었다. 미그-25였다. 전투기를 몰고 온 조종사는 29세의 소련 공군 중위 빅토르 이바노비치 벨렌코Viktor Ivanovich Belenko였다. 미국이 그토록 두려워하는 소련의 비밀 전투기가 제 발로 서방 세계로 날아든 것이다.

벨렌코는 학창 시절 내내 단 한번도 다른 급우에게 선두를 빼앗기지 않을 정도로 영민했다. 벨렌코의 꿈은 소련 최고의 전투기 조종사가 되는 것이었다. 고등학교를 졸업한 벨렌코는 곧바로 공군에 입대해 염원하던 전투기 조종사가 되었다. 동료들과 달리 벨렌코는 술은

소콜로프카 극동 기지 근무 당시의 벨렌코

물론, 담배조차 일절 입에 대지 않았다. 주말에도 외박은커녕 매뉴얼을 연구하거나 자신의 비행을 복기하는 벨렌코는 소련이 기대하는 가장 이상적인 군인이었다.

수호이 SU-15대대의 수석 파일럿이 된 벨렌코는 블라디보스토크의 극동 기지에 최신예 전투기인 미그-25 대대가 편성된다는 소식을 들었다. 벨렌코는 공군 사령관에게 미그-25 대대로 편입시켜 달라는 편지를 보냈다. 벨렌코의 기록을 살펴본 사령관은 깜짝 놀랐다. 학창 시절부터 현재까지 벨렌코의 모든 기록은 꾸며낸 것처럼 완벽했다. 사령관은 이미 편성이 확정된 소콜로프카 미그-25 대대에 벨렌코를 특별 편입시켰다.

조종사로서, 그리고 소련 국민으로서 벨렌코는 언제나 완벽했다. 그는 항상 최고가 되기를 원했고 남들이 넘볼 수 없는 기준에 도달할 때까지 스스로를 몰아붙였다. 타인의 인정과 무관하게 벨렌코는 늘 스스로의 비행에서 부족한 부분을 찾았다. 벨렌코가 도달하고자 하는 완벽한 비행이란 것이 현실에 존재할 수 있는 것인지, 있다면 과연 그것이 무엇인지 벨렌코 자신조차 알지 못했다. 극동 사령부는 그런 벨렌코를 전적으로 신뢰했다.

그러나 정작 미그-25 대대장은 사령부에서 일방적으로 편입시킨 벨렌코를 달갑게 여기지 않았다. 대대장은 벨렌코가 전입하는 날부터 그를 공개적으로 무시했다. 벨렌코의 비행 실력이 아무리 우수해도 대대장은 그보다 실력이 저조한 다른 조종사를 탑건으로 선정했다. 개인 훈련이 끝나고 편대 훈련이 시작되었지만 벨렌코는 그 흔한 편대장으로조차 임명되지 않았다. 평생 단 한번도 선두 자리를 놓쳐본 적이 없는 벨렌코는 낙심했다. 타인에 의해 강요된 실패이기에 더욱 그랬다.

부대를 떠나기로 결심한 벨렌코는 대대장에게 공군사관학교로 전출시켜 줄 것을 요청했다. 대대장은 그것마저 허용하지 않았다. 벨렌코가 머리를 숙이고 들어오는 것을 보고야 말겠다는 심산이었다. 전출마저 거부된 벨렌코는 대대장의 횡령과 부대 내 살인사건을 상부에 보고하겠다고 위협했다. 대대장은 벨렌코를 정신이상자로 몰아 군의관에게 보냈지만, 경험이 많은 군의관은 벨렌코를 더 이상 자극하지 않는 편이 좋을 것이라고 대대장을 설득했다. 벨렌코가 일본으로 넘어가기 두 달 전, 그는 동료들 앞에서 대대장과 언성을 높일 정도로 관계가 틀어져 있었다.

블라디보스토크의 미그-25 비행대대는 소련군 중에서도 최고 엘리트들이 모인 곳이었지만 대우는 형편없었다. 숙소에는 난방이 들어오지 않았고 휴일엔 제대로 된 식사조차 나오지 않았다. 정작 벨렌코는 환경에 큰 불만이 없었지만 그의 아내는 매일 벨렌코에게 불평을 쏟아냈다.

어느 날 훈련을 마치고 집으로 돌아온 벨렌코에게 아내는 더 이상 이곳에서는 살 수 없다며 모스크바로 돌아가자고 요구했다. 벨렌코가 말없이 다시 비행 매뉴얼을 펼치자 아내는 눈물을 흘리며 이혼을 선언했다. 짐을 싸는 아내를 바라보며 벨렌코는 절망했다. 열악한 환경에 대한 아내의 불만은 아무리 생각해도 자신의 탓이 아니었다. 벨렌코는 소련 체제에 의문이 들었다. 흐루쇼프의 말대로 "자본주의가 소수에게만 주는 소비의 즐거움을 전 국민에서 골고루 주는 것이 사회주의의 목표"라면 그 분배는 과연 누가 결정하는가? 쉼 없이 달려와 최고의 성과를 낸 자신에게는 최소한의 의식주마저 제공되지 않고 있는데, 실력도 없고 노력도 하지 않는 대대장은 왜 나보다 훨씬 풍요로운 혜택을 누리고 있는가?

인생을 포기하기엔 벨렌코는 너무 젊었다. 소콜로프카 극동 기지에서 미군 기지가 있는 삿포로까지는 640킬로미터에 불과했다. 벨렌코는 자신이 조종하는 거대한 전투기가 새로운 인생을 여는 열쇠가 될 수도 있다는 생각이 들었다.

수고한 그대 떠나라

1976년 9월 6일 아침, 아들을 유치원에 데려다 준 벨렌코는 한참 동안 유치원 정문 앞을 떠나지 않았다. 두 살 때 부모가 이혼하고 계모의 손에 자라며 단 한번도 가족애를 느껴보지 못한 벨렌코는 가슴이 미어졌다. 대대본부에 도착해 오후 훈련 브리핑을 마친 벨렌코는 마지막으로 다시 한번 기상을 확인했다. 오후 12시 50분 벨렌코의 미그-25 편대는 극동 기지를 이륙했다. 마지막 비행기가 이륙하자 벨렌코는 편대장에게 엔진에 문제가 생겨 기지로 돌아가겠다고 보고했다. 훈련 비행 중 미그-25의 엔진 이상이 발생한 경우가 자주 있었던 데다가, 비행 실력에 있어서만큼은 자타가 공인하는 벨렌코였기 때문에 그의 말을 의심하는 사람은 없었다. 벨렌코는 레이더에서 벗어나기 위해 해상 50미터까지 수직 강하한 후 곧장 치토세 미군 기지로 기수를 돌렸다.

벨렌코의 미그-25는 10분도 되지 않아 홋카이도의 서해안 상공에 도착했다. 벨렌코는 급상승해 치토세 기지의 미군 레이더에 포착되기를 기다렸다. 치토세 기지에서 비상주파수로 영공을 무단 침입한 비행기를 호출했지만 민항기용 비상주파수를 감청하지 않은 벨렌코는 관제사의 호출을 듣지 못했다. 치토세 기지에서 F-4 전투기가 발진하는 사이 연료를 거의 소진한 벨렌코는 일단 착륙하기로 결심했다. 오후 1시 52분 벨렌코가 최종 접근로에 진입하는 순간 이륙하는 B727 한 대가 활주로에 진입했다. 벨렌코는 다시 상승해 공항을 한 바퀴 선회했다. 연료는 채 1분 체공량도 남아 있지 않았다. 마지막 기회였다. 벨렌코는 활주로 방향으로 비행기를 돌려 그대로 착륙했다.

벨렌코의 미그-25는 활주로 말단을 지나쳐 잔디밭에 멈춰 섰다.

미그-25 비행대대가 있었던 소콜로프카 공군기지

하코다테에 착륙한 미그-25를 덮고 있는 공항 보안 요원들. 《교도통신》

터미널 건물 꼭대기에는 '하코다테 에어포트'라는 대형 간판이 붙어 있었다. 벨렌코는 그제서야 자신이 치토세 미군 기지가 아닌 민간 공항에 착륙했다는 것을 깨달았다. 벨렌코는 조종석 캐노피를 열고 일어나 하늘을 향해 권총을 발사했다. 붉은 별이 그려진 거대한 전투기에서 내린 조종사가 권총을 쏘자 관제사는 깜짝 놀라 비상을 선포했다. 곧 벨렌코의 미그기 주변으로 공항 당국의 차량들이 몰려들었다. 벨렌코는 서투른 영어로 미군 대표를 불러달라고 요청했다. 하코다테 공항은 즉시 폐쇄되었다.

소련 조종사가 미그-25기를 몰고 하코다테 공항에 착륙했다는 소식은 전 세계를 발칵 뒤집었다. 각국의 정보기관이 하코다테로 모여들었고 언론은 하루 종일 특보를 쏟아냈다. 소련의 비밀 전투기에 온통 촉각을 곤두세우고 있던 미국은 눈앞에 미그-25가 서 있다는 사실을 도저히 믿을 수 없었다.

다음 날 벨렌코는 유창한 러시아어를 구사하는 일본 외무성 관리와 함께 도쿄의 해군 본부 벙커로 이송되었다. 벨렌코의 미국 망명 의사를 확인한 일본은 곧바로 미국 대사에게 연락했다. 잠시 후 도착한 CIA 요원은 포드 대통령이 망명을 수락했으며, 일이 잘 진행되려면 반드시 자신의 조언을 따라야 한다고 강조했다. 그날 오후 CIA는 소련 대사관 직원으로 위장한 KGB 장교와 벨렌코의 면회를 주선했다. KGB 장교는 진심 어린 말로 벨렌코를 위로하며 아내가 쓴 편지를 꺼내 건네주었다. 벨렌코는 편지를 그대로 돌려주고, 자신은 자발적으로 일본에 넘어왔으며 미국 망명을 강력히 원한다고 말했다. 그날 저녁 벨렌코는 노스웨스트 비행기를 타고 미국으로 출국했다.

소련의 충격은 상상을 초월했다. 미그-25는 미국의 공중 정찰과

노스웨스트 비행기를 타기 위해 공항으로 이동하는 벨렌코

공습을 차단할 수 있는 소련의 유일한 대공 억제책이었다. 소련은 일본에 미그-25의 즉시 반환과 조종사의 인도를 강력히 요구했다. 그 사이 KGB는 벨렌코의 행적과 주변을 샅샅이 조사했다. 벨렌코의 아파트에서 치토세까지 저공비행에 소요되는 연료를 계산한 메모가 발견되었고, 사건 일주일 전 벨렌코가 비밀리에 모스크바를 방문해 누군가를 만났다는 사실이 밝혀졌다. 소련은 CIA가 벨렌코에 접근해 탈출 작전을 꾸민 것으로 의심했다.

소련은 즉각 일본에 대표단을 파견했다. 국제법상 미그-25의 소유권이 소련에 있다는 것은 명백했다. 일본은 소련 전투기가 불법적으로 일본의 영공을 침입한 데 대해 엄정한 조사와 배상을 요구할 것이라고 엄포를 놓았다. 벨렌코와 미그-25를 잡아 두기 위한 명분이었다.

미그-25가 도쿄 인근의 햐쿠리 항공자위대 기지로 운송되는 동안 미국은 C-5A 갤럭시 수송기를 일본으로 긴급 파견했다. 햐쿠리 기지에 도착한 미국 팀은 곧바로 미그-25를 해체해 수송기에 싣고 네바다의 51구역 공군기지를 향해 이륙했다.

일본이 시간을 끄는 동안 미국은 미그-25의 구조와 성능을 샅샅이 분석했다. 51구역 엔지니어들은 미그-25의 재질이 수천 도의 열에도 변형되지 않는 첨단 티타늄 합금일 것이라 생각했지만, 막상 비행기를 분해한 결과 미그-25의 동체와 날개는 재래식 강철이었다. 소련은 가공이 까다롭고 비싼 티타늄 대신 강철을 두껍게 용접해 마찰열의 문제를 해결했던 것이다. 레이더 역시 50년대 서방에서 사용하던 구형 진공관 레이더였고, 엔진은 미사일에 장착하는 로켓 엔진이었다. 미그-25의 거대한 날개는 고성능 핵탄두를 장착하기 위한 것이

록히드 C-5 갤럭시 수송기. 승용차 130대를 탑재하고 뉴욕과 로스앤젤레스를 왕복할 수 있다.

아니라 육중한 엔진과 강철 동체를 지탱하기 위한 불가피한 선택이
었다.

　하드웨어 조사를 마친 미국 팀은 다시 기체를 조립해 시험 가동을
했다. 엔지니어들은 가공할 추력을 생성하는 미그-25의 엔진이 시속
3,200킬로미터 이상의 초고속에서 문제가 발생하는 것을 발견했다.
압축 공기와 연료의 폭발 압력이 너무 커 엔진의 연소실이 파괴되기
시작한 것이다. 벨렌코는 미그-25 훈련 중 마하 2.8을 초과하지 말라
는 지침이 있었다는 것과, 1971년 이스라엘의 미사일을 따돌렸던 미
그-25의 엔진이 심각하게 손상되어 있었다고 증언했다. 미그-25는
미국이 우려했던 것처럼 미사일 방어망을 뚫고 워싱턴까지 날아와
핵폭탄을 떨어뜨릴 수 있는 비행기가 아니었다. 미그-25의 전술적

효용은 비교적 가까운 목표에 미사일을 발사하거나 정찰 사진을 찍어 오는 것 정도였다. 미그-25가 종이 호랑이에 불과하다는 것을 깨달은 미국은 비행기를 다시 분해해 일본으로 보냈다.

일본은 소련 대표단에 미그-25의 일본 영공 침입 경위에 대한 조사가 끝나는 대로 비행기를 반환할 것이나, 소련 조종사가 미그-25를 조종해 가져갈 수는 없다고 통보했다. 11월 15일 일본은 컨테이너에 실려 있는 분해된 미그-25를 소련에 반환했다. 소련 대표단은 그 자리에서 쇠지렛대로 컨테이너를 뜯었다. 해체된 미그-25를 본 소련 대표단은 분을 삭이지 못했다. 소련은 일본에 미그-25의 장비가 손상된 데 대한 보상을 요구했다. 일본은 미그-25의 해체와 운송에 소요된 4만 달러를 먼저 지불하라고 응수했다.

미그-25를 극동 기지로 가져간 소련은 비행기를 조사했다. 레이더와 항법 장비 일부는 잘못 조립되어 있었고, 엔진이 수차례 최대 추력으로 가동된 기록이 남아 있었다. 동체와 날개에도 재질을 분석하기 위해 샘플을 채취한 흔적이 있었다. 소련은 미그-25가 미국에 완전히 노출되었다는 것을 깨달았다. 반면 미국은 표정 관리가 어려울 지경이었다. 벨렌코는 미국이 골머리를 앓고 있던 미그-25의 설계 도면을 제공한 것으로도 모자라 공개적으로 소련 체제를 강도 높게 비판했다.

9월 28일 소련은 모스크바에서 외신 기자들을 불러 기자회견을 열고 벨렌코가 소련에 대한 불만 때문에 자발적으로 일본으로 날아갔다는 소문은 서방 기관이 날조한 거짓말이라고 주장했다. 이어 등장한 벨렌코의 아내는 남편이 스스로의 의지로 이런 짓을 했을 리가 없다며 그를 돌려보내 달라고 눈물을 흘렸다. 그녀의 옆에는 27년 전 두 살배기 벨렌코의 손을 뿌리치고 떠났던 벨렌코의 생모가 앉아 있었다.

투박하지만 견고하게 제작된 미그-25는 A-12에 이어 역사상 두 번째로 빠른 유인 비행기였다. 체공시간은 다소 짧았지만, 엔진 손상 없이 마하 2.83의 속도로 8만 피트까지 상승할 수 있는 탁월한 성능은 고고도 전략기로 손색이 없었다. 대부분의 소련제 군용기와 마찬가지로 현장에서 특별한 유지 관리가 필요하지 않았던 미그-25는 동유럽과 중동, 아프리카에서 오랫동안 전략 전투기로 운영되었다. 알제리와 시리아는 지금도 미그-25를 운영한다. 인도 역시 25년 동안 미그-25를 정찰기로 운영해 오다가 2006년 교체 부품을 구하지 못해 퇴역시켰다.

KGB는 벨렌코가 미국에서 우연이 아닌 교통사고로 사망했다는 거짓 소문을 퍼뜨렸다. 미래의 배신자들에게 지구상에 KGB의 손이 닿지 않는 곳이 없다는 것을 암시하기 위해서였다.

16장

권력과 돈을 실어 나른 조종사들

대서양을 향한 '죽음의 비행'

냉전 시대 미국과 소련은 전 세계에 자신들의 영향력을 확장하기 위해 수단과 방법을 가리지 않았다. 당시 남미의 군부 독재 정권은 민주주의를 갈망하는 국민들을 잔혹하게 탄압했지만, 미국은 자신들에게 복종하는 정권에 대해서는 그 체제와 성격을 따지지 않았다.

1970년 칠레 국민들은 의사 출신의 살바도르 아옌데Salvador Allende 를 대통령으로 선출했다. 아옌데는 취임하자마자 미국계 회사들이 독점하고 있는 은행과 통신, 철강산업의 국유화를 추진했다. 닉슨은 칠레 주재 미국 대사를 불러들여 무슨 짓을 해서라도 최대한 빨리 그 "개자식"을 끌어내라고 지시했다.

CIA는 아옌데의 개혁에 반대하는 언론에 자금을 지원해 반정부 여론을 조성하는 한편, 피노체트Augusto Pinochet가 장악하고 있는 칠레

군 정보기관과 함께 노동조합과 시민 단체에 가짜 활동가들을 잠입시켰다. 1973년 9월 11일 피노체트는 영국이 제공한 호커 헌터 전투기와 전차를 동원해 단숨에 대통령궁을 장악했다. 피노체트가 아옌데에게 투항하면 망명을 보장하겠다고 회유하자 아옌데는 측근들을 투항시킨 후 대통령궁에서 자살했다. 쿠데타 성공이 발표된 직후 군복을 입고 나타난 가짜 활동가들은 아옌데의 측근은 물론, 아옌데에게 동조했던 시민들과 노동 운동가들을 체포해 산티아고 월드컵 경기장으로 끌고 갔다. 관중석에서 군사재판을 기다리던 이들은 자신에게 어떤 일이 일어날지 상상조차 하지 못했다.

피노체트의 군인들에게 체포되어 산티아고 경기장으로 끌려가는 칠레 시민들, 1973년 ©Koen Wessing, Nederlands Fotomuseum

군 정보부 요원들은 납치한 시민 활동가들에게 차마 입에 담을 수 없는 잔혹한 고문을 가했다. 동지를 배신한 사람도, 그렇지 않은 사람도 운명은 같았다. 고문을 받고 만신창이가 된 사람들은 전신 마취 주사를 맞은 뒤 사망자의 시신과 함께 C130 수송기의 컨테이너에 탑재되었다. 비행기의 목적지는 남태평양이었다. 쿠데타 일주일 만에 피노체트가 이렇게 처형한 시민은 3천 명이 넘었다.

아르헨티나도 상황은 비슷했다. 1976년 3월 CIA의 지원으로 쿠데

반체제 인사들을 실은 컨테이너를 남태평양에 투하하는 일에 동원된 칠레 공군의 C130 수송기(위)와 아르헨티나의 스카이 밴 SC.7

타에 성공한 호르헤 비델라Jorge Videla는 피노체트의 후속 조치들을 답습했다. 민주화를 요구하는 시민들을 납치해 처리하는 방식도 피노체트가 했던 그대로였다. 정보부 요원들은 국적과 성별, 나이를 가리지 않고 활동가들을 납치해 해군학교와 월드컵 경기장 지하에 만들어놓은 취조실로 끌고 갔다. 고문이 끝나고 '처리' 대상이 된 사람들은 강제로 마취 주사를 맞고 컨테이너에 실려 인근의 캄포데마요Campo de Mayo 군 비행장으로 이송되었다.

칠레와 유일하게 다른 것은 납치된 사람들이 던져지는 곳이었다. 칠레 수송기의 목적지가 남태평양이었던 반면, 아르헨티나 조종사들은 매주 수요일마다 남대서양에 사람들을 던지고 돌아왔다. 이름이 알려진 반체제 인사들의 처리는 피노체트의 전용 헬기 조종사가 맡았다. 그가 안데스의 고봉과 호수에 던져 넣은 민간인은 120명에 달했다.

1982년 아르헨티나 군사 정권은 폭정과 경제위기로 인한 국민들의 분노를 밖으로 돌리기 위해 영국령 포클랜드 제도를 전격 점령했다. 전쟁은 75일 만에 영국의 승리로 끝났다. 이듬해 치러진 국민선거에서 대통령으로 선출된 라울 알폰신Raul Alfonsin은 반인륜적 범죄 행위로 기소된 군인들을 보호하는 법을 폐지하고 독재 기간 동안 국가권력에 의해 자행된 범죄들을 조사하기 시작했다. 수사의 핵심은 수만 명에 달하는 사망자와 실종자들을 납치해 고문한 뒤 산과 바다에 던져버린 전직 군경들이었다.

2년에 걸친 수사 끝에 비델라는 살인 혐의로 종신형을 선고받았지만, 막상 시민들을 고문하고 바다에 던져 넣은 자들은 좀처럼 정체가 드러나지 않았다. 1990년 알폰신의 후임자인 카를로스 메넴 대통령에 의해 비델라마저 사면을 받는 등 진실은 그대로 묻혀지는 듯했다. 이른바 '죽음의 비행'에 대한 본격적인 재조사는 2003년 네스터 키르히너Nestor Kirchner 대통령이 집권하면서 다시 시작됐다.

30년이 지난 사건에 단서를 제공한 사람은 다름 아닌 시민들이었다. 사회의 주역으로 성장한 가해자의 자녀들은 어릴 때 아버지가 자랑삼아 하던 이야기를 토대로 고통스러운 진실을 파헤쳐 들어갔다. 열 살 때 아버지로부터 "잠든 사람들이 비행기에서 던져지는 모습이 개미 떼 같았다"는 이야기를 들었던 한 전직 해군 조종사의 딸은 아버지를 조사해 달라고 검사를 찾아갔다. 저녁 시간에 '죽음의 비행' 수사 관련 뉴스를 시청하다 당시의 실제 정황을 자세히 묘사하는 아버지를 추궁해 실토를 받아낸 아들도 있었다. 그날 집을 나간 아들은 다시는 아버지를 보지 않았다.

2년 동안 진행된 청문회에서 8백 명 이상의 증인이 소환되었고, 수백 명의 군인이 기소되었다. 일부 조종사는 '죽음의 비행' 가담 사실을 자백했고, 증거가 드러난 몇몇은 재판이 시작되기 전 자살했다. 2017년 아르헨티나 검찰은 그와 관련된 54명을 기소했다. 네덜란드 트랜사비아Transavia 항공의 B737 기장이었던 훌리오 포흐Julio Poch도 그중 한 사람이었다.

1974년 1월부터 8년간 해군 조종사로 복무한 포흐는 1982년 아르헨티나항공에 부기장으로 입사했다. 1988년 KLM의 저비용 항공사인 트랜사비아에 기장으로 이직한 그는 네덜란드 국적을 취득하고 가족들과 함께 암스테르담으로 이주했다. 2003년 12월, 포흐는 발리 해변의 한 레스토랑에서 동료들과 함께 저녁 식사를 했다. 화

트랜사비아 B737 조종석에 앉아 있는 훌리오 포흐(왼쪽)

제는 1년 전 네덜란드의 왕비가 된 아르헨티나 출신의 막시마Máxima Zorreguieta와 비델라 정권의 장관을 지낸 그녀의 아버지에 대한 이야기로 흘러갔다. 화제가 '더러운 전쟁(Dirty War, 시민을 대상으로 한 남미 독재 정권의 테러)'으로 흘러가자 돌연 포흐는 "우리는 그때 그들을 대서양에 던져버렸다"고 말해버렸다. 그와 같은 테이블에 있던 동료 기장들은 순간 귀를 의심했지만 포흐는 자신이 무슨 말을 하고 있는지조차 몰랐다. 그는 "그들은 테러리스트들이었고, 그땐 전쟁이나 마찬가지였다. 전쟁 중에는 사람들이 죽는 게 정상이다. 비행기에 타기 전 약을 먹였기 때문에 아무 문제가 없었다"고 떠벌렸다.

동료 기장들은 포흐와 함께 비행을 한다는 사실을 도저히 받아들일 수 없었다. 기장들의 보고서를 받은 트랜사비아는 포흐를 사무실로 불러 회식 자리에서의 발언에 대해 물었다. 상황의 심각성을 깨달은 포흐는 "아르헨티나 해군이 그들을 바다에 던졌다는 것이지, 내가 그랬다는 말이 아니었다"라고 해명했다. 경영진은 평소 회사의 지시를 순종적으로 따르는 포흐를 신뢰했다. 포흐가 다시 비행에 투입되자 분노한 기장들은 국제형사재판소와 국가범죄수사국에 포흐를 수사해 달라고 요청했다.

네덜란드 검찰은 아르헨티나 법원에 "트랜사비아에 근무하는 포흐 기장이 '죽음의 비행'에 연루된 것으로 의심된다"는 연락전을 보냈다. 아르헨티나 검찰은 포흐를 수사 대상에 포함하고 인터폴에 그를 지명 수배했다. 두 달 후 아르헨티나 수사관들은 암스테르담을 방문해 그동안 포흐와 함께 비행했던 조종사들을 조사했다. 포흐는 비행 중 부기장에게 자주 해군 조종사 시절의 대서양 컨테이너 투하 비행을 자랑하며 "그때 그 자식들을 전부 매장했어야 했다"고 말했던 것으로 드러났다.

아르헨티나 대표단은 네덜란드 검찰에 포흐의 즉각적인 체포와 인도를 공식 요청했다. 수사망이 좁혀오자 포흐는 트랜사비아에 사직서를 제출하고 아랍에미리트 항공으로 이직을 준비했다. 트랜사비아의 배려로 포흐의 마지막 비행은 트랜사비아 부기장인 아들 앤디와 함께 스페인의 발렌시아를 왕복하는 스케줄로 정해졌다.

포흐가 암스테르담을 출발한 직후 네덜란드 법무부는 아르헨티나와 스페인에 포흐의 출국 사실을 전달했다. 발렌시아 공항에 착륙한 포흐는 제복을 입은 채 공항에서 스페인 경찰에 체포되어 30건의 납치 및 살인 혐의로 아르헨티나로 송환되었다.

검찰 조사에서 포흐는 자신이 발리에서 동료들에게 했던 모든 이야기는 언론 보도와 책에서 읽은 것을 말한 것이라고 주장하며, 사건 당시 자신의 비행기록을 적은 로그북을 증거물로 제출했다. 포흐의

로그북에는 '죽음의 비행'이 행해진 매주 수요일마다 아무 것도 기록되어 있지 않았다.

포흐의 옛 동료들은 '포흐의 정의Justice for Julio Poch'라는 단체를 조직해 네덜란드 기장들이 포흐에게 인종 차별적 편견을 가지고 있으며, 그가 정치적 이유로 범죄자로 몰리고 있다고 주장했다. 아르헨티나의 보수 정당과 언론은 검사가 아무 증거도 없이 포흐를 기소했다며 포흐의 주장을 옹호했다.

아르헨티나 검사는 트랜사비아 조종사들의 증언 외에 포흐의 범죄 사실을 증

2010년 5월 6일 수사관들과 함께 부에노스아이레스로 송환된 훌리오 포흐

명할 수 있는 근거를 제출하지 못했다. 2017년 11월 29일, 아르헨티나 법원은 8년간 미결수로 구치소에 수감되어 있던 포흐를 석방했다. 네덜란드로 돌아온 포흐는 자신을 아르헨티나에 인도한 네덜란드 정부를 상대로 500만 유로의 배상금을 요구하는 소송을 제기했다.

CIA의 무기를 수송한 민간 항공사 기장

남미 군사 독재의 대표주자는 군사 쿠데타로 정권을 잡은 후 무려 43년 동안 니카라과를 통치했던 소모사 정권이었다. 1979년 산디니스타 민족해방전선(FSLN)은 소모사를 몰아내고 사회주의 국가 수립을

선포했다. 소모사는 미국으로 달아났지만 그의 아들은 잔당 세력을 규합해 콘트라를 조직하고 산디니스타에 대항해 게릴라전을 펼쳤다. 콘트라의 자금과 무기는 CIA로부터 받은 것이었다.

미국인들은 유머가 넘치는 레이건을 좋아했다. 레이건은 사람들이 듣고 싶어하는 이야기를 쉽고 명료하게 말하는 재주가 있었다. 콘트라 지원에 대한 의회의 의결이 필요할 때마다 레이건은 티브이에 나와 능숙하게 대본을 읽었다.

"소련의 동맹국인 니카라과는 우리가 살고 있는 곳에서 단 두 시간 떨어져 있습니다. 만약 우리가 지금 조치를 취하지 않으면 머지않아 니카라과는 미국의 안전을 위협할 것입니다."

콘트라의 게릴라전은 소모사 잔당 세력의 '직업'이었다. 콘트라는 미국으로부터 1,900만 달러라는 엄청난 자금을 지원받고도 형식적인 전투만 벌일 뿐, 산디니스타 정권을 전혀 위협하지 못했다. 미국인들은 니카라과 반군 지원이 베트남에서처럼 빠져나올 수 없는 늪이 되지 않을까 우려했다. 콘트라에 대한 지원 반대 여론이 불거질 때마다 레이건은 티브이에 출연해 "여기서 니카라과의 민주화 세력에 대한 지원을 중단하면 니카라과는 전 세계를 위협하는 거대한 세력이 될 것"이라고 목소리를 높였다.

미국인들은 레이건의 틀에 박힌 연설에 식상함을 느끼기 시작했다. 여론의 변화를 감지한 민주당은 재빨리 콘트라 지원을 금지하는 볼랜드 수정 법안을 통과시켰다. 레이건은 의회를 존중하지 않았다. 볼랜드 법안이 통과된 날, 레이건은 국가안보 보좌관인 로버트 맥팔레인을 불러 콘트라를 계속 지원할 수 있는 방법을 찾으라고 지시했다.

때마침 헤즈볼라(레바논의 시아파 정당과 연계되어 있는 이라크의 무장 단체)와 연계되어 있는 이라크의 무장 단체가 레바논에서 30명의 외국인을 납치하는 사건이 벌어졌다. 인질 중에는 6명의 미국인도 포함되어 있었다. CIA는 헤즈볼라에 영향력을 갖고 있는 이란에 '미국인 인질을 석방시켜 주면 미국산 무기를 살 수 있게 해주겠다'고 제안했다. 이란은 미국이 국제 테러 지원국으로 지정한 무기 수출 금지국이었고, 볼랜드 법안에는 '인질범과는 흥정하지 않는다'는 조항이 들어 있었다.

CIA가 이란과 거래를 시도하는 사이, 콘트라 지원을 계속 추진할 방안을 찾느라 고심하던 NSC(국가안전보장회의)의 올리버 노스 중령이 기발한 아이디어를 제안했다. 이란에 무기를 팔아 그 차익으로 콘트라를 지원할 자금을 조성하자는 것이었다. 어차피 의회가 콘트라 지원을 금지한 마당에 더 이상 콘트라를 지원하는 것 자체가 불법이었다. 불법으로 콘트라를 지원하려면 불법 자금이 필요했다.

레이건은 정치적 목적을 위해서라면 외교 원칙은 물론, 자국법도 무시할 수 있는 인물이었다. 미국은 이란에 제공하는 무기에 동맹국에 제시하는 가격의 세 배를 불렀다. 이라크와 전쟁을 벌이고 있던 이란은 가격을 따질 여유도 필요도 없었다. 거래 초기, 미국은 이스라엘을 통해 이란으로 가는 무기를 전달하다가 규모가 커지자 대담하게 이란으로 직접 무기를 보냈다. 미국이 이란과의 무기 거래에서 남긴 차액은 1,200만 달러가 넘었고, 이 돈은 고스란히 콘트라를 지원하는 데 쓰였다.

1986년 11월 3일, 레바논의 한 신문이 "미국이 이란에 무기를 판매하고 있다"는 기사를 보도했다. 이란은 곧바로 보도 내용을 인정했다. CIA가 대책을 마련하기도 전에 니카라과 콘트라에 무기를 전달하던 CIA 요원이 산디니스타 정부에 체포되는 사건이 발생했다. 일이 이 지경에까지 이르자 레이건은 이란에 무기를 판매한 사실을 인정하지 않을 수 없었다. 미국인들은 레이건 정부가 이란에 몰래 미국산 무기를 판매하고 있었다는 사실을 믿을 수 없었다.

레이건의 이면을 본 미국인들의 충격이 가시기도 전에 CIA가 콘트라의 코카인을 미국에 반입해 주었다는 의혹이 제기되었다. 콘트라가 무기 대금을 지불하기 위해서는 유일한 수입원인 코카인을 처리할 시장이 필요했는데, 미국에 콘트라의 코카인을 실어 나른 장본인이 CIA 요원이라는 것이었다.

1980년대 미국은 급격히 확산되는 마약으로 골머리를 앓고 있었다. 레이건은 마약과의 전쟁을 선포했고, 의회는 DEA(마약단속국)에 막대한 예산과 수사 권한을 부여했다. 마약 반대 캠페인 'Just Say No'를 주도하고 있는 사람은 영부인 낸시였다.

신문에 보도가 나오기 이전부터 경찰과 FBI, DEA는 이미 CIA가 마약 밀수에 연루되어 있다는 사실을 알고 있었다. 마약 단속 작전 중 동료를 잃은 DEA와 경찰은 CIA라면 치를 떨었다.

어릴 때 익힌 자전거 타는 법은 아무리 나이가 들어도 잊어버리지 않는다. 자전거에 올라타는 순간 자전거와 몸이 하나가 되는 것이다. 비행기도 그렇다. 비행기가 탄생한 이후 광활한 토지를 경작하는 미국의 농장주들은 단발 개인 비행기로 씨와 농약을 뿌렸다. 걷기 시작할 때부터 아버지와 함께 비행기를 탄 아이들은 열 살이 되면 혼자 비행기를 몰고 나갔다. 이런 식으로 비행을 배운 아이들은 마치 자전거를 타는 것처럼 3차원 공간에서 비행기의 움직임을 몸으로 느낄 수 있다.

1939년 루이지애나 배턴루지의 사탕수수 농장에서 배리 씰Barry Seal이란 아이가 태어났다. 열렬한 공화당 지지자였던 그의 아버지는 KKK단원이었다. 그는 농약을 살포하러 나갈 때마다 아들을 태웠다. 다섯 살 때부터 비행기를 조종한 씰은 엔진 소리만 듣고도 비행기의 상태를 알 수 있었다. 고등학교를 졸업한 씰은 곧바로 뉴올리언스의 레이크프론트 공항 항공 순찰대에 들어갔다. 남미에서 코카인을 싣고 멕시코만을 건너오는 비행기를 단속하는 것이 그의 임무였다. 마약 밀수 비행기들은 해안 경비대의 눈을 피해 주로 밤에 움직였기 때문에 씰은 대부분의 비행시간을 야간 비행으로 채웠다.

말이 항공 순찰대일 뿐, 비행기는 농장에서 지겹도록 탔던 세스나 152였다. 씰은 여객기를 조종하고 싶었지만 경력도 없는 열아홉의 시골 청년을 받아줄 항공사는 없었다. 씰은 미 육군 항공대에 입대했다. 당시 미 육군 항공대는 킹코브라, 슈팅스타, 머스탱과 같은 전투기뿐 아니라, 카리부, 버팔로 등 현대 항공기에 버금가는 성능을 가진 신형 비행기들의 전시장이었다. 비행 감각이 몸에 배어 있는 씰은 평균 35시간이 되면 나가는 솔로 비행을 단 8시간 만에 나갔다. 교관들 사이에서 씰의 탁월한 비행 실력은 큰 화제가 되었다. 씰과 함께 비행을 하고 내려온 담당 교관은 "사람이 조종하는 비행기가 아니라 마치 새가 나는 것 같다"고 혀를 내둘렀다.

CIA는 나이가 어린 조종사를 선호했다. 어린 조종사들은 영민하고 순수하며 무모했다. 육군 항공대의 비행 훈련을 마친 씰은 CIA가 관리하는 군사정보부로 배속되었다.

1959년 쿠바 혁명에 성공한 카스트로는 집권하자마자 미국과의 모든 관계를 단절하고 소련과 손을 잡았다. CIA는 플로리다와 루이지애나에 쿠바 난민들로 구성된 비밀 게릴라 부대를 창설하고 O40Operation 40이라는 카스트로 제거 작전을 수립했다. 케네디는 대통령직에 오르자마자 O40 작전을 승인했다.

1961년 4월 17일 1,500명의 쿠바 출신 대원들로 구성된 O40 팀은 하바나 남쪽의 피그스만을 전격 침공했다. 쿠바 공군기로 위장한 더글러스 A26에는 CIA의 카스트로 제거팀이 타고 있었다. 기장은 씰이었다. O40 작전은 계획 단계에서 실패한 작전이었다. CIA는 쿠바 망명자들로 구성된 군대가 상륙하기만 하면 쿠바 대중이 일제히 봉기할 것이라고 가정했지만 쿠바 국민들은 그럴 생각이 전혀 없었다. 막상 작전이 개시되자 O40 팀은 쿠바군의 상대가 되지 못했다. 상륙한 1,400명 중 100명 이상이 사망하고 1,200여 명이 포로로 잡혔다. 탄약과 통신 장비

1963년 1월 22일 멕시코시티의 클럽에서 O40 CIA 요원들과 함께 한 배리 씰(왼쪽 세 번째)

를 실은 배는 쿠바 해안에 닿지도 못한 채 침몰했고, 출격한 비행기 역시 쿠바군의 대공포에 절반이 격추되었다. CIA는 작전 하루 전 쿠바 공군기지 공습을 취소한 케네디에게 작전 실패의 책임을 돌렸다. 케네디는 CIA와 계획의 타당성을 제대로 검토하지 않은 합참을 비난했다. 미국은 카스트로에게 포로들의 몸값으로 5,300만 달러를 지불했다. 쿠바의 주권을 침해했다는 국제 사회의 비판은 덤이었다.

1966년 TWA(트랜스월드항공)는 "Props Are For Boat(프로펠러는 선박으로)"라는 캐치프레이즈를 내걸고 모든 비행기를 제트기로 교체했다. 본격적인 대륙 간 민간 항공 시대가 열린 1960년대, 팬암과 TWA 조종사는 미국인들에게 선망의 대상이었다. 쎌은 최신예 제트 여객기인 B707로 대서양 횡단 비행을 하고 싶었다. 26세에 불과했지만 그의 비행 경력은 이미 TWA 지원 자격을 충족하고도 남았다. TWA에 입사한 쎌은 미국 역사상 최연소 B707 조종사였다.

2년 만에 미국 최고 항공사의 기장이 된 쎌의 자만심은 하늘을 찔렀다. 쎌은 CIA와의 관계를 정리하지 않았다. 1972년 7월 1일, CIA는 멕시코에서 훈련을 받고 있는 쿠바인 출신 반 카스트로 부대에 전달할 무기 수송 작전에 쎌을 호출했다. 쎌은 CIA 요원들과 함께 루이지애나에서 비행기를 점검하다 이들을 수상히 여긴 세관 요원에 적발되었다. 비행기에는 7톤의 플라스틱 폭탄과 기관총이 실려 있었다. 쎌은 네 명의 CIA 요원들과 함께 체포되었다.

쎌은 CIA의 보호를 받고 있는 자신이 결코 법정에 서는 일은 없을 것이라고 믿었다. 그러나 끈질기게 사건을 물고 늘어진 검사는 쎌과 CIA 요원들을 전격 재판에 회부했다. 검사는 비행기에 실려 있었던 기관총과 폭탄을 증거로 유죄를 주장했지만, 판결 전날 정부 고위층으로부터 '조국을 위한 행위였음을 고려해 합리적 판단을 해달라'는 전화를 받은 판사는 무죄를 선고했다.

회사 몰래 외국의 게릴라 부대에 무기를 수송하는 조종사를 그냥 둘 항공사는 없었다. TWA는 썰을 해고했다. CIA의 비공식 풀타임 조종사가 된 썰은 미제 무기를 니카라과의 콘트라에 전달하는 비행을 전담했다. 돌아오는 비행기에는 그들이 장악한 지역에서 세금 대신 거둬들인 코카인이 실려 있었다.

운송비 1억 달러, 아메리칸 딜리버리 파일럿

1979년 12월 10일 썰은 40킬로그램의 코카인을 싣고 중간 기착지인 온두라스에 착륙했다가 갑자기 들이닥친 세관원에 체포되었다. 온두라스 감옥에서 9개월을 보내는 동안 썰은 뉴올리언스의 코카인 유통망을 장악하고 있는 오초아Jorge Ochoa 패밀리의 공급책을 만났다. 오초아가 마약왕 파블로 에스코바르와 함께 창시한 메데인 카르텔은 2천 명의 중무장 사병을 거느린 세계 최대의 마약 조직으로 매월 미국에서만 6천만 달러어치의 마약을 유통하고 있었다. 메데인 카르텔은 니카라과 콘트라와 동업자 관계였다. 콘트라는 메데인 카르텔의 안전한 코카인 운송을 보장해 주었고, 메데인은 마약을 판 돈을 콘트라와 일정 비율로 나누었다.

감옥에서 나온 썰은 본격적으로 메데인 카르텔의 코카인을 운송하기 시작했다. 활주로도 없는 니카라과의 정글에 착륙해 코카인을 가득 실은 비행기를 미국으로 몰고 들어갈 수 있는 조종사는 흔치 않았다. 씰은 야간 투시경을 쓰고 밤에만 미국 국경을 넘었다. 500피트의 초저공으로 날아가는 씰의 비행기는 국경수비대 레이더에 마이애미 해안을 돌아다니는 관광 헬리콥터로 인식되었다. 씰은 항상 플로리다의 약속 장소에 정확히 코카인을 투하했다.

당시 코카인 1킬로그램은 미국에서 63만 달러에 거래되었다. 씰은 한 번에 100킬로 그램 이상의 코카인을 실어 나르고 에스코바르로부터 150만 달러를 받았다. 마약 수송의 규모가 점점 커지자 씰은 미나 MENA의 산 중턱에 항공화물회사를 차렸다. 해안 경비대의 활동을 감시할 수 있는 첨단 레이더가 갖춰져 있는 그의 회사에는 CIA 소유의 리어젯 비행기도 있었다. 리어젯은 온두라스와 코스타리카의 콘트라 캠프에 무기와 병력을 보내는 비행기였다.

1982년까지 씰이 에스코바르로부터 받은 운송비는 총 1억 달러가 넘었다. 평생을 쓰고도 남을 만큼 큰돈을 벌었지만 씰은 비행을 멈추지 않았다. CIA는 씰을 놓아주지 않았다. 대부분의 조종사에게 그렇듯 씰에게도 비행은 그 자체로 목적이었다. 씰이 니카라과에 도착할 때마다 에스코바르는 "베스트 아메리칸 딜리버리 파일럿"이 왔다며 파티를 열어주었다.

CIA가 니카라과 콘트라의 코카인을 들여오고 있는 한편에서 DEA는 마약 소탕에 골머리를 앓고 있었다. DEA는 남미의 코카인을 운송하는 미국 조종사들의 존재를 알고 있었다. DEA가 입수한 마약 수송 조종사들의 명단에는 씰의 이름도 들어 있었다. 1983년 DEA는 플로리다에서 대대적인 마약 소탕 작전을 벌여 메데인의 딜리버리 파일럿 여러 명을 검거했다. 다음 날 신문에 보도된 밀수범 명단에는 아들러 베리만 씰이란 이름도 포함되어 있었다.

미국 조종사들이 코카인을 밀수하고 있었다는 사실은 미국인들에게 큰 충격을 주었다. 전국에서 마약 밀수범들을 엄벌에 처해야 한다는 여론이 들끓었다. 일이 걷잡을 수 없지 커지자 CIA는 씰을 외면했다. 씰은 검사에게 메데인 카르텔을 소탕할 수 있는 정보를 제공하겠다고 제안했지만 소용이 없었다. 이대로 유죄가 확정되면 최소한 10년 이상을 감옥에서 썩어야 할 판이었다. 씰은 거물 변호사를 동원해 조지 부시 부통령에게 '니카라과의 산디니스타 정권이 메데인 카르텔과 연계되어 있다'는 메시지를 보냈다.

며칠 후 씰은 워싱턴의 호출을 받았다. 안전보장위원회의 비밀 회의실에 불려간 씰은 메데인 카르텔이 산디니스타에 자금을 제공하고 있다는 증거를 만들어주겠다고 제안했다. 그동안 메데인에 앨리스 맥킨지란 가명을 사용해 온 씰은 풀려나기만 하면 카르텔의 내부 정보원이 되기에 완벽한 위치에 있었다. 남미의 사회주의 정권을 마약 카르텔과 연계시킬 수 있는 엄청난 기회였다. 산디니스타 정권이 마약 카르텔과 동맹 관계라는 것을 증명해 보이기만 한다면 산디니스타 정권을 붕괴시키는 것은 시간문제였다.

레이건 행정부는 천금 같은 기회가 굴러들어 온 것을 믿을 수가 없었다. 산디니스타가 미국에 마약을 밀수출 하고 있으며, 그 돈이 산디니스타 정권으로 흘러 들어가고 있다는 것을 증명하기만 하면 의회에서 콘트라 지원 자금을 이끌어내는 것은 식은 죽 먹기였다. DEA는 메데인 카르텔을 소탕하고, CIA는 산디니스타를 붕괴시키고, 자신은 자유를 얻는다는 씰의 계획은 모두를 흥분시켰다. 씰은 니카라과의 산디니스타 군인들이 메데인 카르텔의 보스인 파블로 에스코바르와 함께 코카인을 비행기에 싣는 사진을 찍어 오기로 했다.

썰과 함께 최종 작전 계획을 수립한 CIA는 미나에 주기되어 있는 썰의 C-123K 비상구 도어 상단에 비밀 카메라를 설치했다. 메데인에 카메라가 발견되는 순간 썰은 정글의 물푸레나무에 거꾸로 매달려 말라 죽을 운명이었다. 1984년 6월 25일 썰은 부기장으로 위장한 DEA 요원과 함께 C-123K를 몰고 니카라과의 로스 브라질레스에 착륙했다. 산디니스타의 내무장관과 함께 직접 마중을 나온 에스코바르는 썰을 포옹한 후 코카인 상자를 집어 들어 직접 비행기에 실었다. 산디니스타 군인과 장관이 메데인 카르텔의 보스와 함께 코카인을 적재하는 장면은 이들이 한 패라는 완벽한 증거였다.

썰은 주머니 속에 들어있는 리모컨을 눌렀지만 웬일인지 카메라가 작동하시 않았다. 썰의 눈짓으로 뭔가 잘못되었다는 것을 알아챈 부기장은 코카인 상자를 받는 척하며 수동으로 카메라를 작동시켰다. 카메라에는 소음기가 장착되어 있었지만 셔터 음이 너무 크게 들렸

아칸소 미나 비행장에 주기되어 있는 C-123K. 짧은 야전 활주로에 착륙할 수 있도록 개발한 수송기로 베트남전에서 널리 사용되었다.

다. 씰과 부기장은 등줄기에 식은 땀이 흘렀다. 씰은 비행기 에어컨을 가동하겠다며 보조 엔진을 시동했다.

코카인 선적을 마친 씰의 비행기는 에스코바르의 배웅을 받으며 니카라과를 이륙했다. 플로리다의 늪지대에서 메데인 카르텔의 운반조가 씰의 물건이 투하되기를 기다리는 사이, 씰은 홈스테드 공군기지에 착륙했다. 에스코바르의 '베스트 아메리칸 딜리버리 파일럿'이 배송에 실패한 것은 처음이었다. 메데인 카르텔은 앨리스 맥킨지의 정체를 의심했다.

씰이 찍어 온 사진은 완벽했다. 산디니스타 정부의 핵심 인물이 메데인 카르텔의 보스와 함께 미국으로 보내는 코카인을 싣는 사진을 받아 본 올리버 노스는 흥분을 감추지 못했다. 노스는 사진을 들고 곧장 백악관으로 달려갔다.

씰이 찍어 온 사진. 비행기에 코카인을 싣고 있는 파블로 에스코바르(가운데 줄무늬 셔츠)

루이지애나 법정의 대리 사형 선고

1984년 7월 17일, 아내가 아침 식사를 준비하는 사이 썰은 마당으로 나가 신문을 주워 들어왔다. 식탁에 앉아 신문을 펼쳐 든 썰은 온몸이 굳어버렸다.

"DEA INFORMANT REVEALS
SANDINISTAS LINKS TO U.S. COCAINE"
마약단속국 정보원
산디니스타가 미국 코카인과 연루되어 있음을 폭로

《워싱턴 타임스》의 1면에는 메데인 카르텔의 일인자인 에스코바르와 니카라과의 내무 장관이 코카인을 비행기에 선적하는 사진이 실려 있었다. 뒤이어 사건을 보도한 《월스트리트》저널은 작전을 주도하고 사진을 찍어 온 사람이 전직 TWA 기장인 베리만 썰이라고 폭로했다. 기사에는 TWA 제복을 입은 썰의 얼굴이 실려 있었다. 메데인은 어떤 희생을 감수하더라도 배신자는 끝까지 추적해 살해했다. 그것이 조직을 유지하는 방법이었다. 썰과 그의 가족은 살아도 죽은 목숨이었다.

미국에 마약을 퍼뜨리고 있는 범인이 다름아닌 산디니스타 정부라는 사실에 미국인들은 분노했다. '레이건이 옳았다'는 여론이 부상하면서 남미 콘트라 지원 금지 법안을 주도한 민주당은 사면초가에 몰렸다. 언론은 사진의 제보자를 밝히지 않았다. 목숨을 걸고 사진을 찍어 온 썰을 보호하겠다는 CIA의 약속은 애초부터 의미가 없었다. 이들에게 개인은 조국을 위해 언제든 희생될 수 있는 존재였다. 신문에 사건이 공개되자 CIA는 작전과 관련된 모든 자료와 증거물을 소각했다.

썰의 재판이 열리는 날, 법정은 몰려든 기자와 시민들로 북새통을 이뤘다. 경찰과 FBI, 메데인 카르텔까지 참석한 재판에서 썰은 집행유예를 예상했다. 문제는 자신의 정체가 메데인에 노출된 것이었다. 심리를 받는 썰의 머릿속에는 석방 이후 메데인의 추적을 피할 구상뿐이었다. 그와 작전을 설계한 주체가 정부의 공식 기구인만큼 법리적으로 판사는 썰의 플리바겐을 받아들일 수밖에 없었다. 판사는 마약 밀수범에 불과한 썰을 풀어줄 수밖에 없다는 사실이 불쾌했다. 연방 검사와 격한 언쟁을 벌인 판사는 최종 판결문을 낭독했다.

"법과 사회 질서를 위해 정부의 정보원으로 목숨을 건 피고인의 행위는 정당한 보상을 받아야 한다. 피고인 썰에게 6개월의 보호관찰을 선고한다. 단, 피고인은 총기를 소지할 수 없으며 무기를 소지한 경호원을 둘 수 없다. 또한 보호관찰 기간 동안 매일 오후 6시부터 다음 날 오전 6시까지 배턴루지의 구세군 공동체에 거주해야 한다."

판사는 구세군 건물의 주소를 읽었다. 메데인 카르텔을 대리 집행자로 임명한 사형 선고였다.

1986년 2월 19일 오후 6시, 배턴루지의 구세군 건물 주차장에 도착한 썰에게 두 명의 남자가 다가왔다. 남자는 운전석에 앉아 있는 썰의 머리에 기관총을 난사하고 달아났다. 썰은 즉사했다. 며칠 후 FBI에 체포된 범인의 카메라에서는 사망한 썰의 사진이 발견되었다. 조사를 받는 동안 주범으로 지목된 호세는 자신은 카르텔이 아니라 올리버 노스의 지시를 받은 것이라고 주장했다. 다른 세 명의 용의자는 가석방 없는 종신형을 선고받았지만, 호세는 기소되지 않고 콜롬비아로 추방되었다.

썰이 사망했다는 소식을 들은 아내 데비는 썰이 저녁마다 통화를 하던 번호로 전화를 걸었다. 전화를 받은 CIA 요원은 다시는 이 번호로 전화를 하지 말라는 말을 남기고 전화를 끊었다. 데비는 메데인 카르텔의 보복을 피해 평생을 숨어 살았다.

일주일 후, 레이건 대통령은 티브이에 출연해 "니카라과의 산디니스타 정부가 우리 청년들과 미국을 마약으로 타락시키고 있다"고 연설했다. 배경 화면은 썰이 찍어 온 사진들이었다.

1986년 10월 5일 산디니스타 대공포단은 니카라과 영공을 통과하는 C-123K을 소련제 지대공 미사일로 요격했다. 썰이 에스코바르의 사진을 찍어왔던 그 비행기였다. 새 CIA 기장은 에어 아메리카의 베테랑인 유진 하센푸스였다. 비행기에는 AK-47 소총 수십 정과 5만 개의 탄창, RPG-7 유탄 발사기 수십 개가 실려 있었다. 산디니스타는 생포한 하센푸스로부터 CIA가 작전의 배후라는 사실과 함께, 라파엘 킨테로, 루이스 포사다, 펠릭스 로드리게스 등 남미에서 활동하는 쿠바 출신의 CIA 정보원들의 신원을 알아냈다. 이란-콘트라 스캔들의 시작이었다.

5부

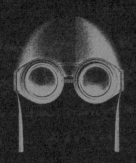

하늘을 지배한
자본주의

17장

금단의
하늘

폴 버니언, 미루나무를 베어라

1953년 정전협정을 체결한 유엔과 북한은 판문점을 공동경비구역으로 남겨두고 남과 북으로 철수했다. 유엔군과 북한군은 다리 하나를 사이에 두고 서로 감시 초소를 운영했다. 1976년 8월 6일 미군은 유엔군 측 초소의 시야를 가리는 '돌아오지 않는 다리' 앞의 미루나무를 잘라내기 위해 병력을 투입했다. 북한 측의 거센 항의로 작업을 포기하고 철수한 미군은 8월 18일 재차 작업팀을 투입했다. 작업자들이 나무를 자르려는 것이 아니라 가지치기만 하는 것이라고 설명하자 북한군들이 가지치기 요령을 참견할 정도로 분위기는 화기애애했다. 그런데 잠시 후 인민군 장교 하나가 나타나 당장 나무에서 내려오라고 소리를 질렀다. 유엔군들이 "불독"이라고 부르는 박철이었다.

박철은 작업을 지휘하는 보니파스 대위에게 즉시 작업을 중단하지 않으면 큰일을 치를 것이라고 협박했다. 보니파스 대위는 박철의 말에는 대꾸도 하지 않고 작업을 계속 하라고 지시했다. 박철은 씩씩거리며 어딘가에 무전을 쳤다. 잠시 후 곡괭이와 몽둥이를 든 북한군 수십 명이 몰려와 현장을 에워쌌다. 공동경비구역의 총기 소지 제한 규정 때문에 보니파스는 권총을 차고 있지 않았다. 박철은 죽여버리겠다고 악다구니를 썼지만, 보니파스는 박철을 쳐다보지도 않았다.

화가 머리끝까지 치민 박철은 차고 있던 손목시계를 풀어 주머니에 집어넣으며 "다 죽여!"라고 소리를 질렀다. 살기등등한 북한군의 위세에 놀란 작업자들이 허겁지겁 달아나는 사이에 북한군 하나가 땅바닥에 떨어진 도끼를 주워 보니파스 대위의 머리를 내려찍었다. 보니파스 대위는 즉사했다. 함께 작업을 감독하던 배럿 중위도 이마에 도끼를 맞고 사망했다.

쓰러져 있는 보니파스 대위(트럭 앞)와 몸을 피하는 배럿 중위(위)에게 도끼를 휘두르는 북한군

전투 준비 태세인 데프콘 3이 발령되었고 워싱턴에서 특별 대책회의가 열렸다. 헨리 키신저 미 국무장관은 북한에 당장 선제 폭격을 해야 한다고 주장했다. 그러나 성급한 공습 작전이 중국과 소련을 자극해 자칫 제3차 세계대전으로 비화할 수 있다는 점을 고려해 미국은 일단 북한의 사과와 배상을 요구하기로 했다. 북한은 나무를 자르려한 미군에 전적인 책임이 있다며 사과를 거부했다.

한반도는 태평양을 방어하는 마지노선이었다. 10년 만에 베트남전의 늪에서 간신히 빠져나온 미국은 한반도에서 전면전을 벌일 생각이 없었지만 대낮에 미군을 살해한 북한을 이대로 둘 수는 없었다. 판문점 사건은 북한이 기대고 있는 중국과 소련에 압도적인 군사력을 보여줄 수 있는 기회였다. 미국은 한반도 일대에서 최신 전략 무기들을 동원해 대대적인 무력 시위를 벌이는 동시에 지상군을 투입해 미루나무를 제거하기로 했다. 작전명은 '폴 버니언(도끼로 그랜드 캐니언을 만들었다는 전설의 나무꾼)'이었다.

다음 날 아이다호 마운틴 홈 기지를 출발한 핵전술기 F111 20대가 대구 기지로 들어왔다. 괌에서는 B52 3대가 출발했고, 오키나와에 주둔하고 있던 F4 24대도 한반도로 전진 배치되었다. 함재기 65대를 탑재한 미드웨이급 항공모함과 순양함 5척이 서해상에 모습을 드러냈고 미해병대 1,800명을 포함해 1만 2천 명의 정예 병력이 속속 입국했다.

B52가 한반도 상공으로 들어온 것을 확인한 북한은 크게 당황했다. B52는 미국이 유사시에 소련을 즉각적으로 마비시키기 위해 개발한 핵 공습 작전용 고고도 전략 폭격기였다. B52가 투입된다는 것은 미국이 계획하고 있는 보복 작전이 단순한 무력 시위가 아니라 전

면전까지 고려한다는 의미였다. 북한은 다급히 소련에 지원을 요청했지만 브레즈네프는 김일성의 모스크바 방문을 거절했다. 미군 장교를 도끼로 살해한 북한의 행위에 질려버린 마오쩌둥 역시 북한을 두둔하는 형식적인 메시지조차 내지 않았다. 중국과 소련이 미국의 보복 작전에 개입하지 않겠다는 뜻을 명백히 하자 북한은 전군에 준전시 태세를 발령하고 만약의 사태에 대비했다. 미국은 중국을 통해 "북한이 만약 폴 버니언 작전에 조금이라도 대응할 경우에는 돌이킬 수 없는 상황을 맞게 될 것"이라고 최후 통첩을 보냈다.

미국이 보복 작전을 준비하는 동안 우리나라는 제1공수여단 특전사 대원들로 보복팀을 조직했다. 카투사로 위장한 64명의 팀원 중에는 문재인 전 대통령도 포함되어 있었다. 사건 발생 사흘 만인 8월 21일 미국은 동해상에 미드웨이호를 대기시킨 가운데 판문점 일대에 AH-1 코브라 헬기를 띄워 돌아오지 않는 다리 주변 시설을 확보했다.

괌 앤더슨 공군기지를 이륙하는 B52 스트라토포트리스. 32톤의 무기를 탑재하고 태평양을 횡단할 수 있다.

미 지상군이 전기톱으로 미루나무를 제거하는 동안 북한은 일절 대응하지 않았다. 미루나무가 넘어지는 순간, 이를 신호로 M16 소총과 수류탄, 도끼로 무장한 특전사 대원들이 갑자기 북한 초소로 뛰어들어갔다. 놀란 미군이 대원들을 제지하려 했지만 소용이 없었다. 북한군은 무장 병력이 직접 초소까지 쳐들어올 것이라고는 상상도 하지 못했다. 비무장 지대에서 무기를 들고 상대방의 초소를 공격하는 행위는 전쟁을 하자는 것과 다름없었다. 특전사 대원들은 살벌한 기세로 도끼를 휘두르며 초소를 완전히 파괴했다. 이들에게는 북한군이 무력 대응을 할 경우 사살해도 좋다는 지침이 내려져 있었다. 상부로부터 어떤 경우에도 절대로 대응하지 말라는 엄명을 받은 북한 병사들은 황급히 초소를 뛰쳐나와 북으로 도망쳤다.

다음 날 북한은 긴급 수석대표 회의를 요청해 미국 대표에게 김일성의 사과 성명을 전달했다. 우리나라와 북한은 팽팽한 긴장 속에서 준전시 태세를 유지했다.

청와대 상공을 침범한 UFO

변변한 간식거리가 없던 1970년대, 청와대 인근의 초등학교 아이들은 수업이 끝나면 으레 인왕산에 올라갔다. 해가 넘어갈 무렵 황학정 활터에서 국사당으로 넘어가는 바위터 곳곳에는 늘 굿상이 차려 있었다. 아이들은 굿상에 있는 떡이며 약과를 주워 먹으며 해가 질 때까지 산 속에서 뛰어놀았다.

판문점 사건으로 한반도가 준전시 상태에 놓여 있던 1976년 10월

14일, 해가 완전히 산을 넘어간 저녁이었다. 갑자기 벼락 같은 발사음이 울리더니 시뻘건 불기둥들이 하늘로 뻗어 올랐다. 바위터에서 놀던 아이들은 깜짝 놀라 하늘을 올려다보았다. 같은 시각, 김포공항에서 이륙한 B707 한 대가 청와대 외곽의 비행 금지 공역을 침입했다. 수방사 방공포대는 곧바로 경고 사격을 개시했다. 대공포 사격은 20분 넘게 계속되었다. 아이들은 대공포 사격이 끝날 때까지 넋을 잃고 바위에 앉아 밤하늘에 쏟아지는 불 포탄을 바라보았다.

다행히 비행기는 격추되지 않았다. 그러나 시내로 떨어진 발칸포 유탄에 학생 한 명이 사망하고 수십 명의 시민이 중경상을 입었다. 정부는 김포공항을 이륙해 일본으로 가던 노스웨스트 902편이 김포공항 관제사의 유도 착오로 비행 금지 공역을 침입했다고 발표했다.

다음 날 열린 국회 국방위원회에서 한 위원이 미국 여객기를 격추시키지 않은 것은 천만다행이지만, 청와대 공역으로 진입한 비행기를 격추시키지 못한 것은 대공 작전의 실패라고 지적했다. 청와대 외곽에 설정된 비행 금지 공역과 대공 작전 계획을 전혀 이해하지 못한 발언이었다. 노스웨스트 비행기는 경고 사격 구역(P-73B)에 진입했다가 격추 공역(P-73A)으로 들어가기 전, 수방사 방공포대의 경고 사격을 받고 황급히 공역을 빠져나갔다.

김포공항의 32번 활주로에서 군사분계선까지의 거리는 25킬로미터에 불과하다. 때문에 김포공항에서 북쪽 방향으로 이륙하는 비행기는 최저 안전고도를 지나자마자 즉시 서쪽으로 선회해야 한다. 선회가 늦어지면 비행기는 곧바로 비무장지대 상공으로 들어간다. 당시 노스웨스트 902편은 최저 안전고도를 통과한 후에도 선회하지 않고 계속 북쪽으로 비행했다. 관제사는 즉시 902편을 호출해 안양 상공으로 비행기를 유도했다. 잠시 후 비행기가 광명 상공에 이르자 관제사는 동해 항로에 진입시키기 위해 조종사에게 100도 방향으로 선회를 지시했다. 그런데 어찌된 영문인지 비행기는 70도 방향으로 선회했다. 70도 방향은 한강 북쪽으로 넘어가는 경로였다.

한강 북쪽의 서울 상공은 우리나라에서 가장 예민한 비행 금지 공역이다. 비행기가 P-73 공역으로 접근하자 관제사는 다급히 조종사를 호출해 남쪽으로 선회할 것을 지시했지만 비행기는 이미 금지 공역에 진입한 상태였다. 수방사 방공포대는 즉각 대공포를 발사했다.

당시 북악산과 인왕산, 정부종합청사 및 서울 시내 대형 호텔 옥상 곳곳에는 방공포대가 배치되어 있었다. 이들의 임무는 24시간 P-73 공역을 감시하고, 공역을 무단 침입한 비행기가 있을 경우 즉각적인 대응을 하는 것이다. 일단 비행체가 P-73B 공역에 진입하면 20밀리 발칸포가 공역을 거미줄처럼 감싸는 이른바 '화망 구성' 사격을 한다. 만약 비행기가 P-73A 공역으로 계속 진입하면 35밀리 오리콘포가 경고 없이 격추 사격을 한다.

노스웨스트 902편의 P-73 공역 진입 사건은 오랫동안 괴소문을 낳았다. 그중 가장 대표적인 것은 청와대 상공에 UFO가 출현했다는 소문이었다. 2011년과 2020년 SBS는 〈그것이 알고 싶다〉라는 프로그램을 통해 노스웨스트 902편의 P-73 공역 침입을 UFO 출현 사건으로 구성해 방송했다. 방송에 출연한 목격자들은 모두 당일 서울 하늘에 UFO가 나타났다고 증언했다.

1976년 사건 당시 나는 인왕산 바위 위에서 방공포대의 대공포 사격을 처음부터 끝까지 목격했다. 그로부터 10년 후, 나는 청와대 외곽을 방어하는 수도방위사령부 30경비단에 배치되어 북악산에서 노스웨스트 902편에 대공포 사격을 했던 바로 그 방공포대와 함께 근무했다. 당시 북악산 방공포대는 매일 오전과 저녁, P-73 공역을 침범한 가상 적기를 대상으로 즉각 대응 훈련을 했다.

P-73 공역에 비행기가 접근하는 것이 레이더에 식별되면 비행기의 경로 데이터가 방공포대에 전달된다. 발칸포에 이 데이터가 입력되면 포신은 비행체의 진행 경로를 리드해 자동으로 회전한다. 사격은 수십 발 단위의 점사로 이루어지기 때문에 포신이 회전하는 방향의 하늘에는 마치 가로등이 늘어선 것 같은 탄착군이 펼쳐진다. 야간 대공 사격 경험이 없는 일반인에게 이 탄착군은 공중에 떠 있는 발광체로 보이기에 충분하다. 방송에 나온 목격자들은 이 탄착군을 UFO로 착각한 것이다.

노스웨스트 902편이 청와대 공역에 침입하기 6년 전, P-73 공역에 진입했던 여객기가 또 있었다. 1970년 9월 22일 저녁 7시 23분 김포공항을 이륙한 일본항공의 컨베어 880 여객기가 청와대 상공으로 들어간 것이다. 수방사 방공포대가 경고 사격을 하자 이 비행기는 황급히 기수를 돌려 강릉 방향으로 빠져나갔다.

다음 날 당국은 김포공항을 이륙한 일본항공 여객기가 항로를 벗어나 청와대 상공으로 진입했다고 발표했다. 대책회의를 주재한 정일권 국무총리는 교통부 장관에게 다시는 여객기가 청와대 상공을 침입하지 않도록 강력한 조치를 취하라고 지시했다. 교통부는 전 세계 조종사들이 사용하는 항로 매뉴얼에 청와대 상공의 비행 금지 구역(P-73A / B)을 표시하고 경고문을 등재했다.

수도방위사 방공포대의 발칸포. 분당 최대 6,600발을 발사할 수 있다. 《국방일보》

35밀리 오리콘포. 스위스가 개발한 중저고도 전천후 자동 방공 시스템으로 단 한 발 만으로도 비행기를 격추할 수 있다.

P-73B 공역으로 들어오는 모든 비행기는 경고 사격을 받는다. 만약 P-73A 공역으로 진입하면 그 비행기는 더 이상의 경고 없이 즉시 격추된다.

국방부는 청와대를 둘러싸고 있는 북악산, 안산, 인왕산 및 서울 시내 고층 건물에 주둔하고 있는 수도방위사 방공포단의 전력을 강화했다. 김포공항 관제사들의 각별한 감시와 조종사들의 주의로 P-73 공역 침입 사건은 한동안 발생하지 않았다. 그런데 판문점에서 벌어진 미군 도끼 살해 사건으로 한반도가 준전시 태세에 놓여 있던 시기에 노스웨스트 902편이 P-73공역에 진입한 것이다.

모든 여객기가 항상 항로를 따라 비행하는 것은 아니다. 뇌우가 솟

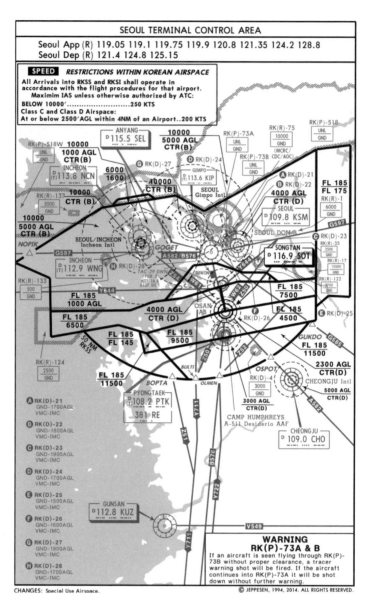

항로 매뉴얼에 등재된 P-73 공역과 경고문

아 있으면 항로 중심을 백 킬로미터 이상 벗어나기도 하고, 관제사의 지시에 따라 항로를 가로질러 비행하기도 한다. 그러나 P-73 공역과 같이 어떤 경우에도 비행기의 진입이 금지된 공역이 있다. 대표적인 금지 공역은 국가 원수의 공식 거처 상공이다. 우리나라의 청와대 상 공처럼 미국의 백악관과 영국 버킹엄궁전, 일본의 왕궁과 총리관저 상공도 모두 금지 공역이다. 국가 원수의 거처뿐 아니라 원자력 발전 소와 핵시설, 우주 발사 기지, 네바다 51구역과 같이 국가 안전과 관 련된 주요 시설의 상공은 모두 비행 금지 공역으로 설정되어 있다.

올림픽과 월드컵, 에어쇼 같은 대형 국제 행사가 열릴 때는 임시 금 지 공역이 설정된다. 그리스는 2004년 아테네 올림픽을 개막하기 6주 전부터 아테네 일대를 임시 금지 공역으로 설정하고 주경기장 외곽 에 수십 대의 패트리엇 미사일을 배치했다. 2008년 8월 베이징 올림 픽 당시 중국도 베이징 상공을 비행 금지 공역으로 설정하고 주경기 장 일대에 훙치 7호 지대공 미사일을 배치했다. 이런 임시 금지 공역 은 항로 매뉴얼에 표시되지 않고, 영공을 관할하는 항공 당국이 '노탐 (NOTAM, Notice To Airmen)'이라고 하는 비행고시보를 발행해 실시간으 로 공표한다.

비행을 계획하고 관제 당국에 비행 계획서를 제출하는 것은 운항 관리사의 역할이다. 비행 계획서에는 비행기의 예정 출발 시간과 항 로, 고도, 속도가 포함되는데, 운항관리사는 비행 계획을 수립할 때 반드시 노탐을 통해 계획된 항로의 제한 여부를 확인해야 한다. 기장 역시 비행을 시작하기 전에 반드시 노탐을 확인해야 한다.

비행을 하다 보면 가끔 솟아오른 뇌우를 회피하기 위해 금지 공역으로 선회를 요청하는 비행기를 보게 된다. 관제사가 "Unable(불가능하다)"이라고 답변하는데도 고집스럽게 금지 공역으로 선회를 요청한다. 주로 그 지역의 민감한 공역에 익숙하지 않은 외국 조종사들이 이런 실수를 범한다. 금지 공역의 존재 자체를 인지하지 못하는 것이다.

조종사는 비행 중 항상 항로 주변의 금지 공역을 인식하고 있어야 한다. 실수든 고의든 어떤 경우에도 민항기는 금지 공역에 진입해서는 안 된다. 항로 매뉴얼에 금지 공역의 관제기관이 명시되어 있지 않은 것은 항공 당국이 금지 공역에 대한 통제 권한을 갖고 있지 않다는 뜻이다. 금지 공역으로 들어간 조종사는 면허를 잃는다. 면허를 잃는 것쯤은 아무것도 아니다. 민감한 시기에 금지 공역에 들어간 비행기들은 미사일이나 전투기의 공격을 받고 격추되기도 했다.

여객기를 격추한 이스라엘 전투기

제2차 세계대전이 막바지에 이른 1944년 11월 1일, 국제선 항공사를 가진 전 세계 52개국 대표는 시카고에 모여 '하늘의 자유 원칙'에 합의했다. 각국이 고유의 영공에 대한 독점적 권리를 갖되, 다른 국가의 비행기가 영공을 자유롭게 통과할 수 있도록 보장해야 한다는 것이었다. 이날 모인 대표들은 민간 비행기가 어떤 경우에도 물리적 공격을 받아서는 안 된다는 기존의 대원칙도 다시 한번 확인했다.

이 원칙은 유엔에서 재확인되었다. 모든 국가는 '국가의 영토 보전 또는 정치적 독립을 해치는 임박한 위협에 대한 자기 방어'의 경우 외에는 영공을 통과하는 비행기에 무력을 사용해서는 안 된다는 것이다. 여기서 '임박한 위협'이란 즉시 압도적인 수단을 사용하지 않을 경우 방어가 불가능한 위협을 뜻한다.

공격과 방어의 주체에 따라 '임박한 위협'은 다르게 해석된다. 주머니에 손을 넣고 있는 상대가 권총을 만지고 있는 것인지, 아니면 지갑을 꺼내려는 것인지 알 수 있는 사람은 없다. 긴장과 두려움 속에 있는 사람은 상대의 작은 몸짓에도 즉각적인 방어 행위를 하게 마련이다.

1973년 2월 21일 10시 30분, 리비아항공 114편이 트리폴리 공항을 이륙했다. 기장은 에어프랑스에서 파견되어 온 자크 부르주였다. 부르주 기장은 리비아 동부의 벵가지에 잠시 착륙해 연료를 재보급한 다음 곧바로 최종 목적지인 카이로를 향해 다시 이륙했다.

GPS가 없던 1970년대의 주요 항법 시스템은 지상 무선국의 전파 신호를 이용한 라디오 항법이었다. 그러나 반복된 비행으로 이집트 노선에 익숙해진 기장들은 복잡한 라디오 항법 대신 리비아 해안을 따라 이집트의 시디바라니까지 해안선을 내려다보며 시계비행을 했다. 부르주 기장 역시 라디오 항법 장비를 끄고 시계비행을 했다.

사막 지역에는 수시로 모래 폭풍이 발생한다. 리비아항공 114편이 시디바라니 상공에 이르렀을 때, 부르주 기장은 순항고도까지 솟아오른 모래 폭풍으로 지형을 확인할 수 없었다. 부르주 기장은 계기비행으로 전환하려고 했지만 공교롭게도 항법 장비가 작동하지 않았다.

오후 1시 45분 비행기는 이미 수에즈 운하 상공까지 와 있었다. 조종사들은 강한 바람에 편류된 비행기가 목적지 카이로를 지나 수에즈 운하까지 밀려온 것을 인지하지 못했다. 1시 54분 비행기는 이스라엘이 점령하고 있는 시나이반도 상공으로 진입했다. 미확인 비행체가 시나이반도 상공으로 진입하는 것을 포착한 이스라엘은 즉시 F-4 전투기 2대를 출격시켰다. 영공을 침입한 비행기가 리비아항공 여객기임을 확인한 전투기 조종사들은 비상주파수로 기장을 호출했다. 수차례의 호출에도 아무런 응답이 없자 전투기는 조종실 옆으로 바짝 따라붙어 기장에게 따라오라는 수신호를 보냈다. 이집트 공군이 모래 폭풍에 휘말린 자신을 호위하기 위해 출격한 것으로 오인한 부르주 기장은 이스라엘 전투기를 따라갔다.

전투기는 이스라엘 레피딤 공군기지의 활주로에 접근했다가 급상

리비아항공 114편 B727과 사고 당일 비행 경로

승했다. 레피딤 기지에 착륙하라는 요격 신호였다. 그제서야 부르주 기장은 이스라엘 전투기가 자신을 레피딤 기지에 강제 착륙시키려고 하고 있다는 것을 깨달았다. 부르주 기장은 레피딤에 착륙하고 싶지 않았다. 리비아와 적대 관계에 있는 이스라엘이 혹여 자신에게 영공 침입이나 정찰 혐의라도 뒤집어 씌우면 언제 풀려날지도 모르는 일이었다. 레피딤에서 이집트 국경까지는 채 5분도 안 되는 거리였다. 부르주 기장은 전투기의 요격 지시를 따르는 대신 이집트 쪽으로 기수를 돌렸다. 어리석고 무모하기 짝이 없는 결정이었다.

전투기 조종사들은 본부로부터 리비아기를 레피딤에 착륙시키라는 명령을 받았다. 명령에 대한 복종은 군인의 의무다. 그러나 평시에 내려진 반 인륜적 명령까지 무조건 복종해야 하는 것은 아니다. 이스라엘 조종사들은 영공을 침입한 비행기가 민항기임을 식별했고, 민간 여객기에 대한 공격이 국가의 안위와 무관한 범죄 행위라는 사실은 조종사가 아니라도 알 수 있는 것이었다.

이스라엘에서 명령을 거부한 조종사는 군에 남아 있을 수 없다. 부르주 기장이 착륙을 거부하고 이집트 방향으로 달아나자 전투기 조종사는 예광탄을 발사했다. 마지막 경고였다. 리비아기가 더욱 속도를 높이자 전투기들은 사격을 개시했다. 수십 발의 20밀리 기관포탄이 날개를 관통하며 유압라인과 연료 탱크를 찢어버렸다.

유압이 모두 상실되면 비행기는 통제 불능 상태가 되어 추락한다. 부르주 기장은 시나이 사막의 모래 언덕에 비상 착륙을 시도했다. 유압 시스템이 손상된 비행기로 사막의 모래 언덕 위에 안전하게 착륙을 한다는 것은 불가능했다. 모래톱에 날개를 부딪힌 여객기는 맹렬히 회전하다 그대로 폭발했다.

이스라엘군이 현장에 도착했을 때 비행기는 온통 화염에 휩싸여 있었다. 불길이 수그러든 후 구조대는 비행기 잔해 속에서 108구의 시신을 수습했다. 기적적으로 목숨을 건진 13명은 병원으로 이송되었지만 전신의 피부가 녹아 붙어 스스로 호흡도 하지 못했다.

리비아항공 114편은 민간 여객기였다. 부르주 기장이 피 요격 상황에서의 표준 대응 원칙을 따르지 않은 것은 명백한 잘못이었지만, 이스라엘 역시 '임박한 위협에 대한 자기 방어의 경우 외에는 민간 여객기에 무력을 사용해서는 안 된다'는 국제법을 정면으로 무시한 것이었다. 설령 이스라엘의 주장대로 리비아항공 114편이 레피딤 기지를 정찰하고 있었다 해도 그것이 '즉시 압도적인 수단을 사용하지 않으면 방어가 불가능한 국가적 위협'은 아니었다. 모래 폭풍과 계기 고장으로 정상 경로에서 벗어난 여객기를 격추한 이스라엘의 행위는 어떤 변명으로도 용서될 수 없는 학살이었다.

사건 직후 이스라엘은 전투기의 공격 사실 자체를 부인했다. 블랙박스를 복원한 보잉이 조종실과 카이로 관제탑과의 교신 내용을 공개하자 그제서야 이스라엘은 격추 사실을 인정했다. 전투기 조종사들에게 격추 명령을 내린 사람은 골다 메이어 이스라엘 총리였다. 이스라엘은 끝까지 사과하지 않았다. 이스라엘은 "긴장된 안보 상황과 리비아기 조종사들의 행동을 감안할 때 이스라엘의 조치는 정당한 자기방어였다"고 주장했다. 곧이어 개최된 유엔 안전보장이사회에서 이집트 대사는 이렇게 말했다.

"시나이반도는 이스라엘이 불법 점령하고 있는 이집트 영토입니다.

310

악천후를 만난 여객기가 시나이 상공으로 들어갔다는 이유만으로 이스라엘은 무고한 시민 108명을 학살했습니다."

유엔은 "주권 국가는 국제법에 따라 자기방어를 할 권리가 있다"며 이스라엘을 두둔했다. 세계 평화를 목적으로 존재하는 유엔이 조난 상태의 여객기에 대한 군사적 공격을 정당화할 수 있는 근거를 남긴 셈이었다. 유엔의 발표에 분노한 국제민간항공기구(ICAO)는 곧바로 민간 여객기에 대한 이스라엘의 공격을 규탄하는 독자 성명을 발표했다. 미국은 공동성명을 채택하는 투표에 기권했다.

18장

비극의
근원

월스트리트 최고의 비즈니스

세계 3대 방위사업체는 미국의 록히드마틴과 노스롭 그루먼, 보잉이다. 이들 세 회사의 연 매출액은 무려 100조 원에 달한다. 2022년 우리나라의 1년 예산이 608조 원인 것에 비추어 보면 이들의 사업 규모를 가늠할 수 있다. 아무리 훌륭한 상품도 수요가 없으면 상품으로써 가치가 없다. 군수산업은 본질적으로 국가 간의 적대적 관계에 의존한다. 세계 군수산업의 지배자인 미국은 그 지배력을 잃지 않기 위해 전세계를 대상으로 끊임없이 새로운 시장을 창출했다.

1951년 이란 국회는 모하메드 모사데크를 총리로 선출했다. 당시 석유는 이란 경제의 유일한 원천이었다. 모사데크는 국민의 압도적인 지지를 기반으로 영국이 독점하고 있던 이란 석유산업의 국영화를 강력히 추진했다. 모사데크가 등장하기 전까지 이란의 석유는 수십 년간 서방의 안정적인 에너지 공급원이었다. 모사데크가 석유 국유화를 단행하자 영국은 미국에 모사데크를 제거하자는 뜻을 타진했다. 미국은 영국의 제안에 동의했다. 1953년 8월 영국의 MI6(대외 정보국)와 CIA는 군부 출신의 파즐롤라 자혜디를 사주해 친서방 쿠데타를 일으켰다. 모사데크는 체포되었고 뼛속까지 친미주의인 팔레비가 권력을 잡았다. 팔레비는 석유 시추권과 같은 국가 기간산업은 물론, 생필품과 농산물 시장까지 미국에 개방했다.

팔레비는 권좌를 지키기 위해 엄청난 예산을 국방비에 투입했다. 미국은 동맹국에조차 일절 판매한 적이 없는 최첨단 F-14 전투기를 이란에만 제공할 정도로 팔레비를 극진히 대우했다. 팔레비가 20억 달러가 넘는 재산을 축재하는 동안 이란의 서민 경제는 철저히 붕괴되었다. 미국 농산물이 물밀듯이 들어오면서 농민들은 하나둘씩 토지를 팔고 도시로 흘러 들어가 일용 노동자가 되었다. 도시 곳곳에 슬럼가가 형성되고 민심은 날이 갈수록 피폐해졌지만 팔레비의 부패는 멈출 줄을 몰랐다.

참다 못한 학생들은 거리로 나와 팔레비 퇴진을 요구했다. 1977년 11월 29일 팔레비 퇴진 투쟁을 이끌던 호메이니의 아들이 사망하자 시민들은 팔레비가 그를 암살했다고 믿었다. 경찰은 추도 시위에 몰려든 군중에게 실탄을 발포했고 선두에 있던 학생 4명이 사망했다. 시위대의 규모는 눈덩이처럼 불어나 1978년 라마단의 마지막 날에는 백만 명이 넘는 시위대가 수도 테헤란으로 몰려들었다. 팔레비는 계엄령을 선포하고 군에 무력 진압을 지시했다. 헬기와 탱크를 앞세운 무차별 진압으로 연일 수십 명씩 사상자가 발생했다. 흥분한 군중의 분노는 들불처럼 번졌다.

프랑스 정보부는 팔레비에게 파리에 체류 중인 호메이니의 암살을 타진했지만 후폭풍을 두려워한 팔레비는 프랑스의 제안을 거절했다. 12월 11일 시위대의 규모는 수백만 명으로 늘어났다. 분노한 시위대의 기세에 눌린 진압군은 더 이상 팔레비의 명령을 따르지 않았다. 팔레비가 상황을 통제할 수 없게 되자 미국은 이란 사태 불개입을 선언하고 팔레비의 퇴진을 종용했다. 이튿날 팔레비는 이집트로 탈출했다.

미국에 있어 중동은 소련의 확장을 저지하고 안정적인 에너지원을 제공하는 정치·경제 전략의 핵심 요충지였다. 미국의 의도대로 중동을 안정시키려면 시아파의 종주국인 이란의 협조가 절대적으로 필요했다. 팔레비가 집권하는 동안 이란은 중동에서 미국의 이익을 충실히 대변하는 미국의 대리 국가나 마찬가지였다. 팔레비가 쫓겨난 후 미국은 곧바로 다음 대리인을 찾았지만, 이란의 상황은 미국의 기대와 정 반대로 흘러갔다.

1979년 1월, 언론을 통해 호메이니가 귀국한다는 소식이 발표되었다. 프랑스는 호메이니에게 에어프랑스 B747기를 제공했다. 기장은 혹시라도 비행기가 테헤란에 착륙하지 못할 경우를 대비해 왕복 연료를 탑재했다. 호메이니가 출발하기로 되어 있는 1월 26일, 이란의 바크티아르 총리는 돌연 테헤란 공항을 폐쇄했다. 이란 국민들은 일제히 거리로 쏟아져 나와 공항 재개를 요구했다. 진압군의 발포로 테헤란에서만 28명이 사망하자 분노한 시위대는 총리 공관으로 몰려갔다. 바크티아르 총리는 테헤란 공항을 다시 열었다.

1979년 2월 1일 테헤란 공항에서 조종사의 부축을 받으며 탑승교를 내려오는 78세의 호메이니

2월 1일 새벽 호메이니를 태운 에어프랑스 4721편은 파리를 출발했다. 비행기에는 호메이니의 보좌진 30여 명과 120명의 기자들이 탑승했다. 대규모 기자단의 기내 취재를 허용한 것은 혹시라도 모를 서방 정보기관의 공작으로부터 비행기의 안전을 확보하기 위해서였다.

테헤란 상공에 도착한 기장은 활주로 상공을 저속으로 선회하며 공항의 안전을 확인했다. 잠시 후 비행기의 랜딩기어가 활주로에 닿자 호메이니의 보좌관들은 "알라후 아크바르(알라신은 위대하다)"를 외쳤다.

호메이니는 곧바로 순교자들이 묻혀 있는 베헤쉬테 자흐라Behesht-e Zahra를 찾아 카터 대통령을 언급하며 "선량한 국민들을 죽이고 이란을 식민지로 만든 팔레비를 지켜주는 것이 인권이냐"라며 목소리를 높였다. 호메이니는 행정부에 일괄 사임을 요구했지만 바크티아르 총리는 티브이에 출연해 팔레비의 서구화 정책을 수정하고 이란을 전면적으로 개혁하겠다고 밝혔다. 바크티아르는 호메이니와 국민 총투표를 통해 과도정부를 수립하는 방안을 협상하려고 시도했지만, 호메이니는 그를 만나주지도 않았다.

팔레비의 총애를 받아온 군부는 분열에 휩싸였다. 호메이니가 도착하기 하루 전 시위대에 참여한 혐의로 165명의 장교를 처형한 팔레비 충성파는 군대를 동원해 호메이니를 몰아내야 한다고 주장했다. 그러나 이미 분위기는 시위대 진압군들이 트럭에 호메이니 포스터를 붙이고 다닐 정도였다. 군인들이 쿠데타에 따르지 않을 것으로 판단한 미국은 쿠데타 모의에 협조하지 않았다.

사흘 후 이란군의 최고 엘리트인 공군 장교들은 호메이니를 찾아가 그의 이슬람 혁명에 대한 충성을 맹세했다. 바크티아르는 통행 금지를 발표하고 호메이니가 임명한 혁명 정부의 명령을 무시하라고 지시했지만, 이슬람 혁명대는 경찰서와 주요 정부 기관들을 속속 장악하며 바크티아르를 압박했다. 전군 지휘관들이 바크티아르 정부와 혁명 정부 사이에서 중립을 발표하자 바크티아르는 프랑스로 망명했다.

호메이니는 이슬람 국가 수립을 공식 선포하고 미국과의 모든 관계를 단절했다. 미국은 쿠데타까지 일으켜 어렵게 만들어놓은 친미 정권이 호메이니에 의해 붕괴되는 것을 도저히 받아들일 수 없었다. 미국은 동맹국들을 압박해 이란으로 통하는 모든 무역과 금융거래를 차단했다. 호메이니는 꿈쩍도 하지 않았다.

316

미국 방위산업의 최대 시장 중동

이슬람은 무함마드의 후계자에 대한 정통성을 둘러싸고 수니파와 시아파로 나뉜다. 서기 632년 무함마드가 사망하자 수니파는 교회 내에서 후계자를 찾았다. 반면 시아파는 순수한 무함마드의 혈통만이 지도자가 될 수 있다고 믿었다. 시아파는 수니파와 갈라섰다. 정통성을 둘러싼 두 종파의 갈등은 1,400여 년이 지난 지금까지도 계속되고 있다.

수니파의 종주국은 메카가 있는 사우디아라비아다. 이집트를 비롯해 리비아, 오만, 아랍에미레이트, 터키, 파키스탄은 수니파 국가다. 이들 수니파 국가의 최고 종교 지도자는 투표로 선출된다. 반면 이란과 이라크, 예멘, 시리아와 같은 시아파 국가의 최고 종교 지도자는 세습직이다. 시아파의 최고 종교 지도자는 영적 존재이기 때문에 법위의 법, 코란을 해석하는 최종 권한을 갖는다. 실질적으로 종교 지도자가 모든 국가 권력을 틀어쥐고 있는 셈이다.

전 세계 무슬림의 85퍼센트는 수니파다. 상대적으로 소수인 시아파는 이단 취급을 받으며 천년이 넘도록 수니파에게 모진 박해를 받았다. 1979년 팔레비 왕을 몰아내고 최고 지도자로 등극한 호메이니의 이란 혁명은 시아파 무슬림들에게 그야말로 복음이 실현된 것이나 마찬가지였다. 호메이니는 수니파의 종주국인 사우디아라비아를 향해 "사우디는 무슬림이 아니다. 그들은 더러운 미국의 앞잡이일 뿐이다. 메카는 진정한 무슬림이 통치하는 땅이 되어야 한다"며 날을 세웠다.

이란의 이슬람 혁명이 중동 전역으로 확산되는 것을 우려한 미국은 이라크에 접근해 이란과의 대립을 유도했다. 이란과 이라크는 같

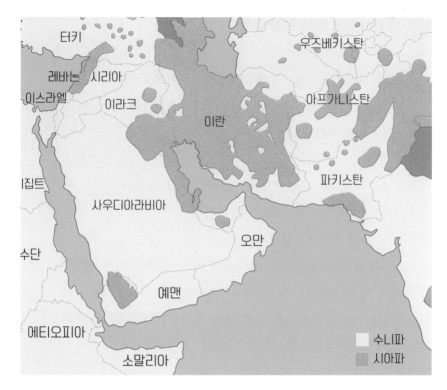

중동의 시아파와 수니파 분포

은 시아파 국가이면서도 샤트 알 아랍 수로의 영유권을 두고 오랫동안 갈등을 겪고 있었다. 미국은 이라크에 수천억 원대의 현대식 무기와 CIA가 수집한 이란군의 정보를 제공하며 무력 도발을 유도했다. 1980년 9월 22일, 미국을 등에 업은 이라크의 사담 후세인은 이란과의 국경 조약을 일방적으로 폐기하고 이란을 전격 침공했다.

이라크는 단숨에 이란의 석유산업 요충지인 호람샤르와 아바단을 함락하고 테헤란을 향해 진격했다. 다급해진 호메이니는 진정한 조국을 위해 충성할 기회를 주겠다며 숙청했던 전 팔레비 측 군부를 풀어주었다. 민족의 반역자에서 하루아침에 백기사로 기사회생한 이들은 한 달도 되지 않아 이라크에 빼앗겼던 영토 대부분을 회복했다. 조급해진 후세인이 전투에 패한 장군들을 총살하며 진격을 독려하자 이라크군의 사기는 곤두박질쳤다. 급기야 이란군이 이라크 국경을 넘어 들어오자 후세인은 생화학전을 펼쳤다. 이라크가 보유하고 있던 생화학 무기의 원료는 미국, 영국, 프랑스, 네덜란드에서 수입한 것이었다.

전쟁은 8년 동안 계속되었다. 이란은 이라크의 정유 시설을 집중 공습하고 유조선의 해상 통로인 호르무즈 해협을 봉쇄했다. 이라크 경제의 숨통을 조여 전쟁을 끝내겠다는 전략이었다. 이라크의 붕괴는 시간문제였다. 미국은 이란이 중동의 맹주가 되는 것을 가만히 보고만 있지 않았다. 미국은 자국의 유조선을 호위한다는 명분을 내세워 페르시아만에 함대를 파견했다. 페르시아만과 오만만을 사이에 두고 미 해군은 이라크를 대신해 이란군과 해상전을 벌였다. 한 달 만에 수십 명의 미군 사상자가 발생할 정도로 전투는 치열했다. 급기야 1987년 이란의 반다르아바스 공군기지에서 출격한 F-14 전투기가 미 함정을 공습하자 레이건은 격노했다. 미군은 페르시아만에 주둔하고 있는 미 함대에 "이란군의 공격이 의심되면 과감한 선제공격을 하라"는 명령을 내렸다.

페르시아만 상공은 하루에도 백여 대의 민항기가 지나는 민항공 노선의 요충지다. 미군에 적극적인 선제공격 지침이 내려지자 미연방항공국(FAA)은 호르무즈 상공을 지나는 비행기들을 대상으로 노탐을 발행했다.

"호르무즈 해협과 인접 공역을 지나는 모든 민항기는 항상 비상주파수 121.5를 감청해야 한다. 만약 미 해군 함정으로부터 확인 호출을 받을 경우 조종사는 지체 없이 응답해야 한다"

미국은 작전 범위를 중립 해역까지 확대하고 24개의 공중 목표물을 동시에 타격할 수 있는 이지스급 빈센스함을 호르무즈 해협에 파견했다. 빈센스함의 함장은 미군 내에서도 호전적인 성격으로 유명한 윌리엄 로저스였다. 로저스는 이란 측 해역을 무단으로 침범해 순찰 중인 이란 경비정을 포격할 정도로 공격적이었다. 미 해군의 쾌속 경비정이 인근에 있는데도 이지스함을 몰고가 직접 공격을 퍼붓는 로저스에게 동료 함장들조차 머리를 내저을 정도였다.

생존을 위한 본능, 두려움

1988년 7월 3일 아침 두바이로 가는 이란항공 655편이 테헤란 공항을 이륙했다. 2시간 후 655편은 중간 경유지인 반다르아바스 공항에 착륙했다. 연료를 재보급한 비행기는 10시 17분 290명의 승객을 태우고 최종 목적지인 두바이를 향해 다시 반다르아바스 공항을 이륙했다. 비행시간이 28분에 불과한 짧은 비행이었기 때문에 순항고도는 1만 4천 피트로 비교적 낮은 고도였다.

655편이 반다르아바스 공항을 이륙한 바로 그 시각, 로저스 함장은 페르시아만을 정찰 중인 미군 헬기가 이란의 경비정에 대공 포격을 받고 있다는 보고를 받았다. 격분한 로저스 함장은 직접 빈센스함을 몰고 이란 경비정을 쫓아갔다. 잠시 후 이란 영해로 침입한 빈센스함의 이지스 레이더에 F-14 전투기의 움직임이 포착되었다. 로저스함장은 반다르아바스 기지에서 이란의 F-14 전투기가 빈센스함 공습을 준비하고 있는 것으로 생각했다.

그 순간 빈센스함의 레이더 스크린에 타깃 하나가 포착되었다. 호르무즈 해협 상공을 지나는 이란항공 655편이었다. 빈센스함은 군용 비상주파수로 비행기를 호출했다. 민항기는 군용 비상주파수를 모니터하지 않는다. 비행기에서 아무 응답이 없자 빈센스함은 다시 민항기용 비상주파수로 비행기를 호출했다. 이번에도 비행기에서는 아무 응답이 없었다.

민항기는 게이트를 출발하는 순간부터 목적지에 도착할 때까지 관제주파수와 비상주파수를 동시에 감청해야 한다. 그러나 두 주파수에서 동시에 교신이 이루어지면 관제 지시를 알아듣기 어렵기 때문에 일부 조종사들은 비상주파수의 볼륨을 줄여 놓는다. 이란항공 655편의 조종사들도 그랬다. 이들은 빈센스함의 거듭된 비상주파수 호출을 듣지 못했다.

극도의 긴장 상황에 처한 인간은 본능적으로 주변의 모든 정보를 위협으로 간주한다. 그래야 생존 가능성이 크기 때문이다. 10시 24분, 빈센스함의 레이더에 비행기가 강하하는 것이 보였다. 비상주파수 호출에 응답하지 않는 비행기 한 대가 빈센스함으로 접근 중이라는 보고를 받은 로저스 함장은 격추 명령을 내렸다.

대공 미사일은 최소 2발을 발사한다. 한 발이 빗나가도 두 번째 미사일은 타깃을 요격하기 위해서다. 빈센스함에서 발사된 첫 번째

SM-2MR 미사일이 이란항공 655편의 조종석 우측을 스치는 순간, 번쩍 하는 섬광과 함께 수천도의 충격파가 비행기를 덮쳤다. 이란항공 655편은 눈 깜짝할 사이에 공중분해되었다. 찢어진 동체 안으로 밀려든 열 폭풍은 비행기에 타고 있던 290명 탑승자들의 옷을 모두 태워버렸다. 평생 히잡을 벗어본 적이 없는 무슬림 여성들이 알몸이 되어 빗방울처럼 떨어져 내렸다.

격추된 이란항공의 A300-600(위)과 SM-2MR지대공 미사일을 발사하는 빈센스함

사건 직후 미 국방부는 호르무즈 해협에서 미 함정을 공습하려던 이란의 F-14 전투기를 격추했다고 발표했다. 몇 시간 후, 격추된 비행기가 이란의 정기편 여객기였다는 보고를 받은 미국은 다시 "이란항공 655편이 항로를 이탈해 갑자기 강하를 시작했고 미군이 이를 전투기로 오인해 사고가 발생했다"고 발표를 수정했다.

미 해군이 여객기를 격추시켰다는 소식은 전 세계를 경악시켰다. 국제 사회의 비판이 잇따르자 미국은 빈센스함의 승조원들이 극도로 긴장한 상태에서 이지스 레이더의 데이터를 잘못 읽는 실수를 했다고 물러섰다. 적기의 공습에 선제공격을 하도록 훈련받은 승무원들이 비행기의 강하 정보만을 선택적으로 받아들였다는 것이다. 그러나 곧 이마저도 거짓 변명임이 드러났다. 빈센스함의 레이더 데이터를 확인한 결과 이란항공 655편은 강하한 것이 아니라 오히려 상승하고 있었으며, IRA655라는 트랜스폰더 식별 코드까지 기록되어 있었다. 빈센스함의 승조원들이 이런 명백한 정보들을 모두 잘못 해석해 미사일을 발사했다는 미국의 설명은 너무 옹색했다.

급기야 미사일이 발사되기 전 빈센스함의 레이더가 655편의 비행경로와 트랜스폰더를 추적했었다는 사실까지 밝혀지자, 이란은 미국의 미사일 공격이 단순 과실이 아니라 의도적인 공격이었다고 맹비난했다. 로저스 함장이 '감히' 빈센스함을 공습한 이란에 본때를 보여줄 기회를 노리다 이란에서 이륙한 비행기를 포착하자마자 기다렸다는 듯 미사일을 발사했다는 것이다.

이때까지 다른 국가들의 민항기 격추를 "용납할 수 없는 야만적 학살"이라고 비난해 온 미국 정부는 자신들의 실수에 대해서는 관대했

테헤란으로 운구된 이란항공 655편 희생자들의 유해를 들고 분노하는 이란 시민들. AP통신

다. 날이 갈수록 국제 여론은 악화되었고 미국 내 신문들까지 무고한
희생자들의 유족에게 사과하라는 사설을 내보냈다. 로널드 레이건
대통령은 "후회한다"는 말로 민간인 희생에 대한 유감을 표명했지만,
며칠 후 보란 듯 로저스 함장과 빈센스함 승무원 전원에게 무공 훈장
을 수여했다.

미국은 끝까지 미사일 공격이 잘못된 것이었음을 인정하지 않았
다. 이란은 국제사법재판소에 미국을 제소했다. 재판이 불리하게 진
행되자 미국은 655편 격추 사건으로 사망한 248명의 이란인 가족들
에게 6천 6백만 달러의 보상금을 지불하겠다고 일방적으로 발표했
다. 사건 발생 1년 전 이라크의 공습으로 호르무즈 해협에서 31명의
미 해군이 사망했을 때 이라크에 요구한 배상액의 10분의 1에 해당하
는 금액이었다.

끝나지 않는 우크라이나의 비극

미사일 요격 시스템이 극도로 정밀해진 2000년대 들어서도 민항기가 격추되는 사건은 계속되었다. 2001년 10월 4일 이스라엘 텔아비브의 벤구리온 국제공항을 출발해 러시아 노보시비르스크로 가던 시베리아항공 1812편이 우크라이나 영공에서 갑자기 관제 레이더에서 사라졌다. 뉴욕에서 911 테러가 발생한 지 한 달도 지나지 않은 시점이었다. 러시아 항공 당국은 하이재킹 테러를 의심했다.

다음 날 미국 언론은 시베리아항공 비행기가 소련의 S-200 미사일에 피격되었다고 보도했다. 피격설이 공식화되자 우크라이나군은 사고 당시 지대공 미사일 발사 훈련을 한 것은 맞지만, 미사일은 하늘이 아닌 바다로 발사되었고 성공적으로 자폭했다고 발표했다. 푸틴까지 언론에 등장해 "미사일의 방향도, 요격 범위도 비행기가 폭발한 위치와 전혀 일치하지 않는다"며 미국의 보도를 거듭 부인했다.

사건 당일 우크라이나군은 러시아군과 합동으로 해상에 드론을 띄워놓고 대공 미사일 요격 훈련을 하고 있었다. 발사된 미사일은 모두 2발이었다. 첫 번째 미사일이 드론을 격추했지만 문제는 두 번째 미사일이었다. S-200 미사일이 자그마치 250킬로미터 밖에서 3만 6천 피트로 순항 중인 시베리아항공 1812편의 신호를 추적해 요격한 것이다.

미사일은 시베리아항공 1812편의 동체 정중앙에서 폭발했다. 조사 결과 미사일은 바닷물의 표면에 반사된 여객기의 신호를 포착했던 것으로 밝혀졌다.

우크라이나의 악몽은 여기서 끝나지 않았다. 2014년 7월 17일 민항 역사상 가장 많은 희생자를 낸 최악의 피격 사고가 또 우크라이나 영공에서 발생했다. 2007년 미국발 글로벌 금융위기가 터지자 동유럽 국가에서는 해외 투자 자금이 썰물처럼 빠져나갔다. 1년 새 우크라이나의 대 달러 환율은 5배 가까이 치솟았고 주가는 80퍼센트나 급락했다. 2013년 우크라이나는 국가 부도 직전까지 몰렸다. 서방은 재빨리 우크라이나에 손을 내밀었다. 우크라이나의 금융위기는 자원이 풍부한 우크라이나의 미래 경제를 장악할 수 있는 절호의 기회였다.

유럽연합과 러시아는 일제히 야누코비치 대통령에게 금융 지원을 제안했다. 국가 파산을 막으려면 야누코비치 정부는 유럽연합과 러시아 중 반드시 어느 한쪽의 손을 잡아야 했다. 우크라이나는 친서방파와 친러시아 세력으로 분열되었다. 결국 야누코비치 정권이 유럽연합의 손을 잡자 크림반도와 우크라이나 동부에서는 친러파의 유혈 시위가 끊이지 않았다. 러시아는 기회를 놓치지 않고 재빨리 국경을 넘어 크림반도 일대를 일방적으로 점령했다. 우크라이나 정부는 강력히 반발했지만 무력으로 러시아를 상대할 수는 없었다.

동부에서 친러파가 격렬한 분리주의 투쟁을 벌이면서 우크라이나는 극심한 내전으로 빠져들었다. 우크라이나 정부는 분리주의 반군의 거점인 도네츠크를 탈환하기 위해 전투기와 특전사를 투입했다. 도네츠크 상공은 유럽에서 아시아로 넘어가는 민항기의 항로가 밀집된 지역이었다.

2014년 7월 17일 오후 8시 30분 쿠알라룸푸르로 가는 말레이시아 항공 017편 B777이 암스테르담 스키폴 공항을 이륙했다. 3시간 후 비행기는 우크라이나의 드니프로 상공을 지나고 있었다. 여름철 강이나 호수 상공에는 급격히 발달한 뇌우가 상승 기류를 타고 올라가 여객기의 순항고도까지 도달한다. 기장은 드니프로강 주변에 발달한 뇌우를 피하기 위해 항로 이탈을 요청했다. 관제사의 허가를 받은 기장은 이리저리 뇌우를 피해가며 비행을 계속했다.

비행기가 국경을 넘을 때, 관제사는 비행기를 항로의 중심으로 돌려놓은 다음 관제기관에 이관시켜야 한다. 인접 영공의 관제기관과 사전 협의를 하면 항로를 벗어난 채로 이관시킬 수도 있지만, 러시아와 중국처럼 영공 통과 절차를 엄격하게 준수하는 국가에서는 이를 거의 승인하지 않는다. 말레이시아항공 017편이 러시아 국경에 근접할 때까지도 항로로 복귀하지 않자 관제사는 기장에게 항로 복귀를 지시했다. 017편이 항로로 복귀하는 사이 관제사는 러시아 관제 당국에 말레이시아항공 017편의 러시아 영공 진입 허가를 요청했다.

잠시 후 러시아 당국의 통과 허가를 받은 관제사는 이를 전달하기 위해 비행기를 호출했다. 그러나 웬일인지 응답이 없었다. 관제사는 재차 017편을 호출했다. 이번에도 아무런 응답이 없었다. 관제사는 모골이 송연해졌다. 말레이시아항공 017편은 우크라이나 분리주의 반군이 장악하고 있는 도네츠크 상공에 있었다. 관제사는 급히 러시아 관제 당국에 전화를 걸어 017편이 레이더에 포착되는지 확인해 줄 것을 요청했다. 도네츠크 상공에는 에어인디아 113, 이바에어 088, 싱가포르항공 351편이 비행 중이었지만 말레이시아항공 017편은 레이더에 없었다. 관제사의 등골에 식은땀이 흘러내렸다.

우크라이나 관제사가 러시아 관제 당국에 말레이시아항공 017편의 영공 통과 허가를 받고 있던 바로 그때, 러시아 국경과 인접한 도

말레이시아항공 017편의 비행 경로와 추락 지점

네츠크 외곽에서 소련제 부크 미사일 한 발이 발사되었다. 미사일은 정확히 비행기의 조종석 앞에서 폭발했다. 298명의 탑승자는 비행기의 잔해와 함께 인근 주택가와 농장에 뿌려졌다.

　말레이시아항공 017편이 추락한 직후 분리주의 반군은 자신들이 도네츠크를 공습하는 우크라이나의 An-26 수송기를 격추했다고 발표했다. 잠시 후 낙하산으로 탈출했을 조종사를 잡기 위해 격추 현장으로 달려온 반군들은 그제서야 자신들이 민간 여객기를 격추했다는 사실을 깨달았다. 반군 측은 재빨리 우크라이나 수송기를 격추했다는 기존 발표를 철회했다. 또 자신들은 여객기의 순항고도까지 공격할 수 있는 대공 미사일을 갖고 있지 않으며, 말레이시아항공 017편의 추락과 자신들은 전혀 무관하다고 주장했다. 우크라이나 당국은 그제서야 동부 우크라이나 항로를 폐쇄했다. 017편이 격추되고 1시간 30분이 지난 후였다.

탑승객의 3분의 2는 네덜란드인이었다. 네덜란드 정부는 직접 사고 조사를 하겠다고 나섰다. 4일 후, 분리주의 반군은 네덜란드가 주축이 된 공동 사고 조사팀의 수색을 받아들였다. 조사팀은 도네츠크 일대에서 282구의 시신과 수십 톤의 비행기 잔해를 수습했다. 흔적조차 남아 있지 않은 16명의 탑승자에 대해서는 결국 유해 수습을 포기했다.

비행기를 격추시킨 부크 미사일은 사고 당일 새벽 러시아 제53대 공미사일 여단이 반군 측에 전달한 것으로 밝혀졌다. 국제 사회의 비난이 쏟아지자 푸틴은 우크라이나 영토에서 발생한 사건에 대한 책임은 전적으로 우크라이나에 있으며, 사고 조사가 정치적으로 이루어져서는 안 된다고 주장했다.

영공 통제 권한을 갖고 있는 우크라이나 정부는 민항기가 도네츠크

격추된 말레이시아항공 B777(왼쪽)과 부크 지대공 미사일

상공을 비행한 것 자체가 잘못이라고 강변했다. 공역이 폐쇄되지는 않았지만 전투 지역의 상공으로 민항기를 띄운 항공사의 잘못이 우선이라는 것이다. 미사일을 제공한 러시아도, 그 미사일을 발사한 반군도, 공역을 폐쇄하지 않은 우크라이나 정부도 모두 잘못한 것이 없다면 말레이시아항공 017편에 탑승했던 298명은 누구의 잘못으로 희생된 것일까? 책임을 명확히 규명하지 않으면 사고의 원인을 밝혀낼 수 없다. 같은 사고가 반복되는 이유는 원인을 제거하지 못했기 때문이다.

마르지 않는 샘물 영공 통과료

우크라이나에서 내전이 치열하게 전개되고 있던 2014년 3월,《뉴욕타임스》와 러시아의 타스통신은 반군이 도네츠크에 부크 미사일을 반입했다고 보도했다. 며칠 후 AP통신은 도네츠크에서 포착한 부크 미사일 발사대를 촬영해 언론사에 배포했다. 우크라이나 반군이 부크 미사일을 가지고 있다는 보도가 나온 직후부터 반군은 우크라이나 공군기를 격추할 때마다 자신들의 전과를 트위터로 중계했다. 반군은 말레이시아항공 017편이 격추되기 한 달 전인 6월 14일 일류신 Ilyushin Il-76 수송기를 격추한데 이어, 사고 발생 사흘 전에는 An-26 수송기를 격추했다. 모든 정황과 확인된 사실로 비추어 볼 때 우크라이나 동부의 민항기 항로는 반드시 폐쇄되었어야 했다.

그러나 우크라이나 정부는 도네츠크 상공을 비행 금지 구역으로 선포하지 않았다. 017편이 격추되기 한 달 전 국제민간항공기구와 미 연방항공국이 우크라이나 동부 지역을 통과하는 비행기들에 각별한

주의를 당부했지만 그뿐이었다. 우크라이나 항로는 유럽과 아시아를 잇는 항공 교통의 요충지였고, 도네츠크 항로를 이용하지 않으려면 항공사들은 4시간 이상을 돌아가야만 했다. 이는 유럽과 아시아를 잇는 직항 노선을 운영하지 못한다는 것을 의미한다. 직항을 포기한 일부 항공사도 있었지만 부크 미사일이 연일 우크라이나 수송기를 격추시키고 있는 상황에서도 전 세계 37개 항공사는 도네츠크 항로를 계속 운항했다. 말레이시아항공 017편이 격추되기 전 일주일 동안 도네츠크 상공을 횡단한 민항기는 무려 900편이 넘었다.

말레이시아 017편이 격추된 7월 17일 0시를 기해 러시아 항공 당국은 자국의 모든 항공사에 대해 도네츠크 상공의 비행을 금지했다. 7월 17일은 러시아가 반군 측에 부크 미사일을 전달한 날이었다. 사고조사위원회가 왜 격추 당일 우크라이나 영공에 대한 비행 금지 조치를 내렸는지 설명을 요구했지만 러시아는 끝까지 답변하지 않았다.

도네츠크 상공은 우크라이나의 영공이다. 자국의 군용기들이 연이어 반군의 미사일에 격추되는 상황에서도 우크라이나 정부는 끝까지 영공을 폐쇄하지 않았다. 다른 국가들과 마찬가지로 우크라이나는 영공을 통과하는 모든 외국 항공사들로부터 연간 수천억 원의 영공 통과료를 받고 있었다. 영공 통과료는 국가 부도 위기에 처해 있던 우크라이나에 있어 마르지 않는 생명수였다.

19장

하늘에는
경계가 없다

카셈 솔레이마니를 참수하라

1989년 호메이니가 사망하자 미국은 이란과 관계 복원을 시도했다. 호메이니의 후계자로 추대된 알리 하메네이는 핵 개발에 몰두하면서도 한편으로 미국과의 대화를 거부하지 않았다. 끈질긴 협상 끝에 2015년 오바마 대통령은 극적으로 이란과의 핵 협상을 타결했다. 이란은 핵무기 개발을 동결하고 미국은 이란에 대한 경제제재를 단계적으로 해제한다는 것이었다. 그러나 이란을 통해 중동 문제를 해결하려던 미국의 꿈은 오래가지 못했다. 2018년 5월 대통령에 당선된 트럼프는 오바마가 맺은 이란과의 핵 협정을 일방적으로 파기하고, 이란에 대해 최고 수준의 경제제재를 선언했다.

이란의 최고 지도자인 하메네이 옆엔 언제나 솔레이마니 장군이 있었다. 하메네이는 핵무기 개발 같은 극도로 민감한 이슈는 하산 로

하니 대통령을 제치고 솔레이마니하고만 논의할 정도로 그를 신뢰했다. 가난한 소작농의 아들로 태어난 솔레이마니는 열세 살 때부터 막일을 하며 자랐다. 솔레이마니는 자신과 조국이 빈곤한 것은 근본적으로 미국과 수니파 국가들의 핍박 때문이라고 생각했다. 솔레이마니의 꿈은 강하고 부유한 새 이란을 건설하는 것이었다.

1980년 이라크가 이란을 침공하자 22세의 청년 솔레이마니는 이슬람 혁명수비대에 지원했다. 솔레이마니는 불굴의 인내력과 담대함으로 전장에서 명성을 쌓았다. 꾸준히 혁명수비대의 계급을 돌파한 솔레이마니는 전쟁이 끝날 즈음에는 사단장이 되어 있었다. 솔레이마니는 부하들로부터 사령관이나 장군이란 호칭 대신 예언자 무함마드의 후예를 뜻하는 카셈으로 불렸다.

솔레이마니는 이라크의 쿠르드족 민병대와 레바논의 헤즈볼라, 팔레스타인의 하마스 등 중동 전역에 시아파를 주축으로 한 대리 부대를 양성했다. 솔레이마니는 중동 전역에서 무슬림의 수호자로 추앙받으며 이라크군뿐 아니라 레바논과 시리아 군대에 대한 실질적인 영향력을 쌓았다. 2019년 9월 14일, 솔레이마니의 지휘를 받고 있던 후티 반군은 드론 10대를 띄워 사우디아라비아의 정유회사 아람코를 공습했다. 대규모 정유시설 두 곳이 완전히 파괴되었고 사우디의 원유 생산량은 절반 이하로 떨어졌다. 이튿날 국제유가는 4개월 만에 최고치를 기록했다. 마이크 폼페이오 미 국무장관은 이란을 공습의 배후로 지목하며 "전 세계 국가들이 이란을 규탄해야 한다"고 압박했다.

그러나 막상 공격을 받은 사우디아라비아의 생각은 달랐다. 국방비 규모에서 미국과 중국에 이어 세계 3위의 군사 대국인 사우디아라비아는 F-15와 유로파이터, 조기 경보기와 패트리어트 미사일 등 세

하메네이에 이어 이란의 실질적인 2인자였던 카셈 솔레이마니(가운데)

계 최고 수준의 대공 방어망을 갖추고 있었다. 수백조 원을 쏟아부은 초현대식 대공 방어망이 반군의 드론 몇 대에 허무하게 무너지자 사우디아라비아는 미국의 무기에 의존한 방어 전략의 한계를 깨달았다. 사우디아라비아는 전쟁과 테러의 위협에서 근본적으로 벗어나 마음껏 자유와 부를 향유하고 싶었다. 유일한 방법은 적을 만들지 않는 것이었다. 사우디아라비아 국왕은 이라크 총리를 통해 하메네이에게 이란과의 관계 개선을 희망한다는 서한을 보냈다. 끝없는 내전과 테러로 지칠 대로 지쳐 있던 주변 국가들은 중동에 대화합의 시대가 올 것으로 기대했다.

미국은 사우디아라비아의 배신을 용납할 수 없었다. 미국에서 수출하는 무기의 3분의 2가 중동으로 수출된다. 그중 절반을 사우디아라비아 한 나라가 사들인다. 사우디아라비아와 이란으로 대표되는 수니파와 시아파가 화해할 경우 미국은 중동이라는 거대한 방위산업 시장을 통째로 잃는 것이었다. 미국은 두 국가가 손을 잡는 것을 방관하지 않았다.

이란은 전쟁 대신 평화를 선택한 사우디아라비아의 결정에 화답했다. 2020년 1월 3일 솔레이마니는 하메네이의 답신을 들고 직접 이라크로 날아갔다. 솔레이마니는 바그다드 국제공항에 도착하는 대로 총리 공관으로 이동해 중재자 역할을 자임한 압둘 마흐디 이라크 총리와 회담을 가질 예정이었다. 공항에 도착한 솔레이마니가 이라크 측이 제공한 차량에 탑승하는 순간, 미국은 아무도 상상하지 못한 공습 작전을 개시했다. 인근 상공에 대기시켜 둔 미공군의 MQ-9 리퍼 드론으로 헬파이어 미사일을 발사한 것이다. 미사일은 솔레이마니가 탄 차량에 명중했고 탑승자 전원은 그 자리에서 즉사했다. 시신이 형체를 알아볼 수 없을 정도로 훼손되어 이라크 구조대원들은 솔레이마니의 반지를 통해 그의 신원을 확인했다.

미 국방부는 "미군은 미국의 해외 인력을 보호하기 위한 방어 조치를 취했다"며 솔레이마니 살해를 공식화했다. 트럼프 대통령은 "솔레이마니를 제거한 것은 미래에 있을 이란의 공격을 막기 위한 정당한 행위"라며, "만약 이란이 보복한다면 즉각 군사 행동에 나서겠다"고 위협했다.

헬파이어 미사일을 장착한 미공군의 MQ-9 리퍼. 연료 재보급 없이 최대 14시간 동안 공중작전을 수행할 수 있다.

피의 복수에 희생된 여객기

전 세계는 또 한번 미국의 민낯을 확인했다. 타국을 공식 방문한 외교 사절을 미사일로 살해한 행위는 그 나라의 주권을 대놓고 침탈한 것이었다. 중동 문제에 대해 언제나 미국의 눈치를 보던 유엔마저 "솔레이마니 살해는 명백한 국제법과 유엔 헌장 위반"이라고 비난할 정도였다. 중동 국가들은 치를 떨었다. 종파와 국가를 떠나 미국이 해도 너무하다는 분위기가 일어났다. '미국은 정당한 방어권을 행사한 것'이라는 베냐민 네타냐후 이스라엘 총리의 두둔은 무슬림들의 분노에 기름을 끼얹었다. 중동 곳곳에서 일제히 미국을 규탄하는 시위가 벌어졌고 이란은 피의 복수를 다짐하며 테헤란의 잠카란 모스크(이슬람 사원)에 붉은 깃발을 내걸었다.

1월 7일 솔레이마니의 고향 케르만에서 거행된 장례식에는 이란 전역에서 몰려든 인파로 압사 사고가 벌어질 정도였다. 40년 동안 철저히 봉쇄되어 온 이란은 미국과 전면전을 수행할 능력이 없었지만, 어떻게든 보복을 하지 않으면 국민들의 분노가 정부를 향해 쏟아질 판이었다.

솔레이마니의 장례식에서 이란은 미국에 대한 보복을 선언했다. 미국의 재보복을 의식한 이란은 "만약 미국이 이란의 보복에 어떠한 형태로든 반격에 나선다면 이스라엘의 하이파와 텔아비브는 가루가 될 것"이라고 위협했다. 미국은 만일의 사태에 대비해 제82공수사단을 중동으로 급파했다.

솔레이마니의 장례가 치러진 2020년 1월 8일 자정, 이란은 압둘 마흐디 총리에게 이라크에 있는 미군 기지에 대한 공습 계획을 통보했다. 1시간 후 이란은 미군이 주둔하고 있는 알 아사드 공군기지와 아르빌 기지에 탄도 미사일 20발을 발사했다. 작전명은 '순교자 솔레이마니'였다. 공습이 끝난 후 이란 국영 방송은 미군 80명을 사살했다고 보도했다. 그러나 미국은 공습이 개시되기 전에 이미 순교자 솔레이마니 작전의 시간과 목표 지점을 속속들이 파악하고 있었다. 이란의 보도 직후 미 국방부는 이란의 미사일 공격에 의한 미군 사망자는 단 한 사람도 없다고 발표했다.

이란의 공습이 있던 날 FAA(미연방항공국)는 노탐을 발행해 모든 미국 비행기의 이란 영공 비행을 금지했다. 타국의 영공에 대한 FAA의 노탐은 미국 항공사에만 구속력을 갖고 있지만, 2014년 말레이시아

항공 017편이 격추된 이후 전 세계 대부분의 항공사들은 FAA의 노탐을 비행 계획에 반영했다. FAA가 이란 영공의 비행을 금지하자 대한항공, 오스트리아항공, 싱가포르항공, KLM, 에어프랑스, 에어인디아, 스리랑카항공, 콴타스, 베트남항공은 이란 영공을 피해 남쪽 항로로 우회했다. 루프트한자, 에미레이트항공, 플라이두바이 및 터키항공은 이란 및 이라크로 가는 정기편을 아예 취소했다.

이란은 영공을 폐쇄하지 않았다. 하메네이 대통령은 영공을 폐쇄하면 이란이 미국과의 전쟁을 공식화했다는 시그널로 받아들여져 통제 불가능한 상황이 초래될 것으로 생각했다. 이란 영공을 통과하는 여객기들이 미국의 보복 공습에 대한 방어막 역할을 할 것이라는 이유도 있었다. 이스라엘이 그랬던 것처럼 자국의 영공을 통과하는 여객기를 잠재적 인질로 삼은 것이다.

이란의 미군 기지 공습이 끝나고 3시간 후, 우크라이나항공 752편은 테헤란 국제공항에서 우크라이나의 수도 키이우를 향해 출발 준비를 하고 있었다. 지상 직원으로부터 승객 탑승과 화물 탑재 완료를 보고받은 기장은 비행기가 최대 이륙 중량을 초과한 것을 발견하고 초과분의 화물을 하기하도록 지시했다. 752편은 예정 이륙 시간보다 57분 지연된 6시 12분 테헤란 호메이니 국제공항을 이륙했다.

같은 시각, 이란의 혁명수비대에는 미국의 보복 공습을 대비한 비상령이 내려져 있었다. 테헤란을 이륙한 우크라이나항공 752편이 항로에 진입하기 위해 선회를 시작하는 순간, 이란의 혁명수비대 미사일 레이더에 빠르게 솟아오르는 물체가 포착되었다. 마침내 미국의 보복 공습이 시작된 것으로 생각한 혁명수비대는 타깃을 향해 러시

우크라이나항공 752편 B737. 167명의 승객과 9명의 승무원이 탑승하고 있었다.

아제 토르 미사일 2발을 발사했다.

잠시 후 752편의 조종석 앞에서 거대한 섬광이 번쩍였다. 탑승자 176명 전원은 비행기와 함께 파편이 되어 들판에 쏟아졌다. 사고 직후 구급차와 헬기를 동원한 응급 구조대가 출동했지만 할 수 있는 일은 지상에 흩뿌려진 시신을 수습하는 것뿐이었다. 희생자 대부분은 이란인들이었다.

다음 날 아침 기자 회견을 자청한 트럼프는 담담한 표정으로 "미국은 우크라이나항공 752편 추락 사건에 전혀 관여하지 않았다. 누군가 실수를 한 것 같다"고 발표했다. 대통령의 기자회견이 끝나자 CIA는 우크라이나 여객기가 이란이 발사한 2발의 대공 미사일에 격추되었다고 발표했다. 이란은 우크라이나 비행기가 자국의 미사일에 격추되었다는 보도를 강력히 부인했다. 이란 공영방송은 우크라이나항공 752편이 이륙 직후 엔진에서 화재가 발생했고 조종사가 통제력을 상실해 추락했다고 발표했다.

미국은 정찰 위성과 레이더 데이터를 기반으로 우크라이나항공 752편이 미사일에 격추되었다는 증거들을 공개했다. 같은 날 테헤란에서 누군가가 인스타그램에 "테헤란 공항에서 이륙 후 러시아의 토르 M1 미사일에 격추된 우크라이나 비행기 실제 영상"이란 제목의 동영상을 올렸다. 비디오에는 발사된 미사일의 궤적과 비행기가 폭발하는 순간까지의 전 과정이 고스란히 담겨 있었다. 영상을 정밀 분석한 《뉴욕타임스》와 《USA 투데이》는 조작된 영상이 아니라고 보도했다.

752편이 미사일에 맞았다는 증거들이 속속 발표되자 이란은 혁명수비대가 극도로 긴장한 상태에서 우크라이나 여객기를 미국의 미사일로 착각해 격추했다고 인정했다. 미국의 보복 공격에 대비하고 있던 혁명수비대가 테헤란에서 빠르게 솟아오르는 비행체를 미사일로 오인했다는 것이다. 혁명수비대의 레이더에는 우크라이나항공 752편이 전송하는 트랜스폰더 코드가 떠 있었다. 그러나 이란항공 655편을 격추시켰던 빈센스함의 승조원처럼, 말레이시아항공 017편을 격추시켰던 우크라이나 반군처럼, 이란 755편을 격추시킨 혁명수비대원도 비행기의 트랜스폰더 식별 코드를 읽지 못했다.

대공 작전은 선 조치 후 보고 시스템이다. 대공 방어 작전에서 요격 미사일 발사 여부를 결정하는 데 주어진 시간은 단 10초에 불과하다. 자신들이 보복 공습의 표적이라는 압박을 받고 있던 혁명수비대원에겐 레이더의 트랜스폰더 코드도, 비행기의 깜빡 거리는 내비게이션 등화도 전혀 보이지 않았다.

추락한 우크라이나항공 752편의 잔해. 신원을 파악할 수 있는 유해가 거의 없었다.

"실수로 여객기를 격추시켰다"는 말은 여객기 격추의 원인을 인간의 실수로 단정한 것이다. 이 명제를 인정한다면 우리는 앞으로도 언제든 여객기가 미사일에 격추될 수 있다는 사실을 인정해야 한다. 인간은 실수를 범하는 존재다. 특히 생사의 갈림길에서 극도로 긴장한 인간에게 실수는 필연적인 것이다. 항공 사고 조사의 기본 원칙은 사고를 발생시킨 원인을 분석해 그 원인이 통제 가능한 것이면 제거하고, 통제가 불가능한 것이면 회피하는 것이다. 미국과 이란이 미사일을 주고받는 상황은 항공사나 조종사가 통제할 수 있는 것이 아니다. 여객기가 미사일 공격을 피할 수 있는 유일한 방법은 그 공역에 들어가지 않는 것뿐이다.

우크라이나 752편에 탑승했던 176명의 희생에 대해 책임을 져야

할 사람은 그 운항을 결정한 사람이다. 우크라이나항공 회장은 "우리는 단 한번도 우리 비행기가 미사일의 타깃이 될 수도 있다는 생각을 해본 적이 없다"고 말했다. 미사일이 오가는 공역에 정기편 여객기를 띄우는 사람이 민간 항공사를 경영한다는 것은 끔찍한 일이다.

목적으로서의 비행

1970년대 이후에만 전투기와 미사일의 공격으로 격추된 민간 항공기는 무려 28대에 달하고 이로 인해 희생된 사람은 700명이 넘는다. 대부분의 비행기는 비정규 무장 단체에 의해 휴대용 로켓 같은 재래식 무기로 공격을 받았지만, 정규군으로부터 최신 전투기나 지대공 미사일 공격을 받고 격추된 경우도 적지 않았다.

 우크라이나항공 752편이 이란 혁명군의 미사일 공격을 받고 추락한 지 한 달도 채 되지 않은 2020년 2월 7일, 172명의 승객을 태우고 시리아의 다마스커스로 가던 A320이 시리아 방공군의 대공 사격을 받고 흐메이밈 러시아 공군기지에 비상 착륙했다. 러시아는 이스라엘 공군이 민간 여객기를 방패로 이용하고 있다고 맹비난했다. 시리아를 공습 중인 이스라엘 공군이 일부러 민간 비행기가 다마스커스에 접근할 시간대를 골라 공습을 했다는 것이다. 러시아의 주장에 대해 이스라엘은 논평을 거부했다.

 에어라인에서 비행의 개시는 전적으로 회사의 권한이다. 일단 이륙한 후에는 회항과 비상 착륙 결정에 기장이 권한을 갖지만, 비행의 개시만큼은 항공사가 결정한다. 기장은 회사의 비행 개시를 거부할 수 없다. 동서양 항공사를 막론하고 비행을 거부한 기장은 곧바로 파면된다.

전쟁 중인 나라에서 연간 수천억 원에 달하는 영공 통과료는 거부하기 힘든 유혹이다. 항공사 역시 직접적인 위협이 확인되지 않는 한 직항 노선을 포기하지 않는다. 말레이시아항공 017편이 미사일에 맞고 떨어진 날에도 소위 선진 항공사라고 하는 전 세계 37개 항공사가 도네츠크 항로를 비행했다.

민항기가 미사일에 격추되는 것은 기술적인 문제가 아니라 두려움 때문이다. 여객기에 미사일을 발사한 대원들은 모두 상대의 임박한 보복 공격에 대한 두려움으로 레이더에 비행체가 포착되자마자 미사일을 쏘았다. 죽음의 공포 앞에 놓인 사람들에게 논리와 이성을 들이대는 것처럼 허무한 것도 없다.

자본주의 체제는 시장 없이 존재할 수 없다. 국내에서 소화하지 못한 잉여 생산은 국가의 경계를 넘는다. 인류 역사상 유례없는 격동의 시대였던 지난 백 년은 산업혁명으로 폭증한 잉여 생산을 처리할 식민지 시장을 두고 벌어진 제국 간의 충돌이었다. 두 차례의 세계대전을 거치며 유럽 경제는 무너졌고 소련은 미국과의 극단적 군비 경쟁 끝에 자멸했다. 최후의 승자인 미국은 세계 유일의 패권 국가가 되었다.

자본주의 질서 아래에서 전쟁은 그럴듯한 명분으로 포장된 비즈니스다. 군수산업을 기반으로 한 자본주의 선진국들은 끊임없이 긴장을 조장해 왔고 앞으로도 그러할 것이다. 그 과정에서 비행기와 조종사는 언제든 다시 살육의 도구로 동원될 수 있다. 그러나 그것이 비행기의 타고난 운명은 아니다. 비행기와 조종사는 하늘을 날고 싶다는 순수한 꿈과 미래를 계산하지 않은 사람들의 열정으로 탄생했다. 자본은 결코 인간의 꿈에 필적할 수 없다.

이념의 시대는 끝났다. 인간마저 상품으로 만드는 자본주의 체제도 스스로의 모순에 의해 언젠가 끝날 것이다. 세상을 변화시키는 것은 정치와 결탁한 자본이 아니라 인간의 양심과 이를 행동으로 옮기는 용기다. 격동의 시대, 이념의 도구가 되기를 거부하고 끝까지 인간의 품위를 지킨 조종사들에게 경의를 표한다.

Souls on Board

비행기가 안전하게 목적지에 도착하는 순간까지 기장에게 가장 중요한 숫자는 탑승자 수다. 탑승자 수를 나타내는 관제 용어는 "Persons on board"지만 조종사와 관제사는 국제민간항공기구가 제정한 표준 관제용어를 무시하고 "Souls on board"라는 용어를 사용한다. 영혼을 지닌 존재, 인간이 탑승하고 있다는 것을 상기하는 주문 같은 것이다.

　동력 유인기가 출현한 이후 지난 백 년간 비행기는 쉼없이 진화했다. 1억 명 이상의 사상자를 낸 두 차례의 세계대전을 거치며 항공 기술은 급격히 발전했지만 끝내 인간의 영혼을 대체하지는 못했다. 여객기가 무인기로 운영되는 일은 앞으로도 영원히 없을 것이다. 예측할 수 없는 비상 상황에서 타인에 대한 연민과 사랑, 책임감과 희생은 인간만이 발휘할 수 있는, 마지막 안전장치이기 때문이다. 비행사를 연구하며 하늘의 별이 되어 사라진 조종사들로부터 배운 것은 기술이 아니라 그런 것들이었다.

　자본주의 체제에서 모든 인간 활동의 가치 기준은 경제 논리가 된다. 직업이 전적으로 이윤 창출을 위한 도구가 될 때 우리는 선택을 요구받는다. 누군가의 충실한 도구로 정해진 체제에 안주할 것인가, 삶의 주인이 되어 스스로의 존엄을 지킬 것인가. 선택은 각자의 몫이다. 분명한 것은 타인의 욕망을 좇다 스스로의 존엄성을 훼손하는 것만큼 공허한 것도 없다는 사실이다. 자아를 잃어버린 사람에게 남아 있을 것은 없다.

우리는 흔히 무엇이 되고 싶어 한다. 되고 싶은 것을 좇다 보니 정작 하고 싶은 것을 하지 못하고 산다. 인간이 하늘을 난다는 것은 얼마나 경이로운가. 비행은 조종사에게 그 자체로 목적이다. 비행을 즐기지 못하는 조종사가 있다면 그는 하늘을 날고 싶었던 것이 아니라 안정된 직업과 타인의 선망을 즐기고 싶었던 것일지도 모른다.

시대를 뛰어넘을 수 있는 사람은 없다. 그러나 조화를 이루기 어려운 시대를 살면서도 행복했던 사람들이 있다. 그들은 어떤 상황에서도 자신의 존엄성과 가치를 포기하지 않았다. 그런 사람들이 사는 세상이 좋은 세상이며, 그런 사람과 함께 하는 삶이 행복한 삶이다. 행복은 시대와 공간을 뛰어넘는다.

세계사를 뒤흔든 19가지 비행 이야기

초판 1쇄 발행 2022년 7월 22일

지은이 김동현
펴낸이 정병철
기획편집 박주연
디자인 thiscover.kr
본문 일러스트 고수영
펴낸곳 ㈜이든하우스출판
출판등록 2021년 5월 7일 제2021-000134호
주소 서울시 마포구 양화로 133 서교타워 1201호
전화 02-323-1410 팩스 02-6499-1411
메일 eden@knomad.co.kr
ⓒ 김동현, 2022
ISBN 979-11-976036-7-9 03900

㈜이든하우스출판은 여러분의 소중한 원고를 기다립니다.
책에 대한 아이디어와 원고가 있다면 메일 주소 eden@knomad.co.kr로 보내주세요.